黄金
高胜算交易

魏强斌　欧阳傲杰 著

第4版
The 4th Edition

经济管理出版社
ECONOMY & MANAGEMENT PUBLISHING HOUSE

图书在版编目（CIP）数据

黄金高胜算交易/魏强斌，欧阳傲杰著. —4 版. —北京：经济管理出版社，2020.9

ISBN 978-7-5096-7364-5

Ⅰ. ①黄… Ⅱ. ①魏… ②欧… Ⅲ. ①黄金市场—投资—基本知识 Ⅳ. ①F830.94

中国版本图书馆 CIP 数据核字（2020）第 152436 号

组稿编辑：郭丽娟

责任编辑：郭丽娟　李月娥

责任印制：黄章平

责任校对：张晓燕

出版发行：经济管理出版社

（北京市海淀区北蜂窝 8 号中雅大厦 A 座 11 层　100038）

网　　址：	www. E-mp. com. cn
电　　话：	(010) 51915602
印　　刷：	三河市延风印装有限公司
经　　销：	新华书店
开　　本：	787mm×1092mm/16
印　　张：	24.25
字　　数：	460 千字
版　　次：	2020 年 9 月第 1 版　2020 年 9 月第 1 次印刷
书　　号：	ISBN 978-7-5096-7364-5
定　　价：	88.00 元

读者赞誉（1~3版）

从 2009 年接触本书开始，我迈上了通向成功的交易之路。在经过一年多的实践和总结之后，我找到了属于自己的持续盈利之道，到今年我已经连续 5 年每年盈利超过 50% 了。桃李不言下自成蹊，感谢您的经典指南，谢谢！

——无忌无言

每个黄金交易者都应该看的好书！很好，看了很受启发！

——沈李昂

第 1 版 10 年前就看了，第 2 版 2012 年买了，第 3 版 2017 年底就读了，书的内容没得说的，坚持看了 18~20 遍，看完完全能跨入赢家俱乐部。这次是给朋友买的。《黄金高胜算交易》能让交易者形成正确的交易思维，但是还不能让其盈利，因为要照搬书中的两个交易系统非一般人能做得到的。一句话，好好研读此书结合自身做实盘反复体悟，你就会走上赢家之路。当你悟透了，自然就会执行交易计划。那时你自然会说交易真的不难，太简单了。当然这个过程最少要三五年，没得捷径可走，这部书就是你的指明灯，就是你最好的捷径。

——jd_650420129

我是看其他人写的书中提到魏强斌老师，才买了这本书。确实不错，这本书提供了一套非常好的短线交易方法，但依品种和周期的不同，还需要因地制宜。理论固然重要，但实践才是最关键的。附录部分还介绍了 MT4 软件的使用方法，是很有价值的内容。

——l***4

魏老师的书可以说是当代中国金融领域分析最到位、最实用、最可验证的实力派之作！

这本书第 1 版我当时看了只知其然不知其所以然就送人了，第 2 版我看了十几遍以上，再加上几年的实盘总结，才领悟到魏老师书中的真谛。今天看到第 3 版出版我又买了，并且我看完两遍后又有了新的启发。真的是中国黄金外汇领域第一人，看看

市场上其他相关的书，再看看魏老师的书，不言自明就是好书！

——jd_650420129

里面的东西与工具确实是好东西，而且好用，盈利也不错，通过几本书的相互搭配，胜率是不错的！

——齐***7

外汇、黄金的大师的杰作，认真学习，受益很深！真正的好书！值得一遍又一遍地拜读！

——彩虹女神20

一看就知道是实战派高手写出来的书，强烈推荐魏强斌全系列的书。

——股***宁

能把完整交易哲学架构于交易之前的人很多，敢完整公布的人不多，这是本系列书特别珍贵的一点。推导交易策略的过程很让人受益，机械交易确实容易计量当前水平和成长空间，比激情交易有益得多，感谢作者。

——碧***天

很厚实的一本书，内容也很精彩，值得购买！疫情宅家，有更多时间可以关注贵金属交易。正好买了补充下知识。书写得很透彻，深入地列举，通俗易懂。好好研读，对自己会有帮助。

——C***g

学习技术分析的实用书籍，无论是股票、外汇，还是黄金都可参考应用，同时还买了《外汇短线交易的24堂精品课》等书，这类技术学习类的书籍最好有一些实战操盘经验，这样才更容易理解。总之，本书是一本不错的技术分析的书！多学习，金融不是那么简单的。

——p***7

很不错的书籍，已经是第3版了，值得黄金投资者学习、借鉴。学了很多东西，大赚了一笔！

——初***照

拜读过《外汇短线交易的24堂精品课》，受益匪浅，现在买来先生的全套书籍，做个系统消化。这是黄金交易方面很好的一本书，对K线和技术形态的分析化繁为简，精简实用！很好，很喜欢，很实惠，一套准备读完！

——jack_choi

非常值得推荐看的书，对黄金交易有很好的帮助。对黄金交易入门学习非常必要，

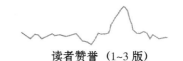

1 小时和 4 小时两种战法非常实用。黄金驱动分析的逻辑关系写得好，精辟之作！非常好，值得收藏。

——Jince

黄金投资分析师推荐的，据说是投资界很经典的书，慕名而来。真的很不错！很好的书籍，必须好好看看。值得看个几十遍的书就是精品！

——房 *** 安

这本书确实很不错，解决了我的出场问题，是一本可以指导实战的书！很棒！魏强斌的书确实大多写得比较好，给人心中有底的感觉。

——j***t

书很好，纸张很厚，内容很详细，各形态也以实图论之，不像有的书一笔代过，是一本好书！不错，有点相见恨晚的感觉，非常实用的！

——宅懒懒 8203

Satisfied！通俗易懂，观点独特，实用，可操作性强。国内交易类图书中的精品！

——qydonkey5

黄金交易方面的好书！理论和实践并重！仅仅是读了序言，感觉就很接地气，读起来也比翻译的书顺畅多了！

——狙 ***l

一本致富的好书，值得一看！写得非常细致，是作者长久经验积累的结果，魏老师很棒！很不错的书，介绍较系统。已经集齐了作者的书，我都要看一遍！

——pppp 屁糟劲

专业性强，很实用，非常好，性价比高！书中有很多实用的例子，黄金交易者必须学习的案头指南！做现货黄金的朋友也值得看看，分析得非常到位！

——我 *** 哦

看了以后胜算果然高了，好书一本！虽然是不同的市场，但操作基本上大致相同。内容充实丰富，讲解清晰，图文并茂，适合自学。我个人的经验是重仓的用 1 小时方法，轻仓的可以用 4 小时方法。

——易 *** 树

这本书太好看了，书中自有黄金屋，书中自有颜如玉！本书见解独到，得多读几遍慢慢消化。

——j***3

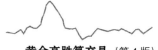

最新版本，要做交易的话一定要读此书，能够让你提升一个等级！

——飞 ***扈

首先要谢谢您慷慨地将自己的心得公布于世。中国金融业需要更多像您这样的人才，这样我们才可以在国际上更强！相信在未来的日子里您和您的战友们会更上一层楼！初九在这里举杯邀祝！若还有其他著作请告知，在下定当拜读。

——初九

难得的好书！看了这本书，对交易有了新的感悟，里面的交易系统和别的书都不同。内容真是不错，不像教科书，总体是专讲一个系统，抛砖引玉，易于理解和操作。看黄金知天下大事，挺好的！

——小 ***2

非常感谢魏老师能回信。恩，是的，做模拟相对于做实盘有很大的差别。《黄金高胜算交易》我已经买回来了，也重复地看了 3~5 遍，在看的过程中，《黄金高胜算交易》给了我很大的帮助，在还没看这本书之前，我的交易系统和魏老师的差不多，我也是用布林带+蜡烛图+移动平均线作分析。在时间周期上，也用到 5 分钟、15 分钟、1 小时、日 K 线、周 K 线。但是看过《黄金高胜算交易》里面的价格二元形态分析后，魏老师的方法可以说把我的交易系统完全系统化了。非常感谢魏老师能介绍这样的好书。

——simon2angel

几乎购买了市场上所有魏强斌所著的外汇和黄金类交易方面的图书，并进行了拜读，认为是目前中国市场上最好的图书，并通过拜读了解了短线交易的思路，受益匪浅。

——Danielluxh

近期依次拜读了《黄金短线交易的 14 堂精品课》《黄金高胜算交易》《解套绝招》，收获巨大，待今后在实战中消化和吸收。

——Jotai

今天把魏老师的书又读了一遍，获益颇多，从交易理念的洗礼，到交易心态的把握，老师潜移默化地把自己的经验无私地奉献了出来，叹息的是自己读前两遍的时候竟然没有体会到。哎，那句话怎么说？过宝山而不入……建议看了此帖的朋友关掉电脑，马上跑去捡起魏老师的书（我想你可能和我一样把它丢在一旁很久），马上闭目沉思，然后彻夜不眠，像和情人促膝一样听魏老师的倾诉吧。天明时分，你会豁然开朗，进而捶胸顿足，方知怀揣美玉而不知。

——jh6y

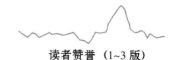

确实是非常不错的一本书，如果你还没有自己的交易系统，你可以考虑从这本书开始。

——Huangzyy

以前很茫然，面对这么多技术指标，孰好孰坏、孰优孰劣，短期、中期、长期；通过读这本书感觉有点豁然，当然，更重要的是运用，通过下载 MT4 进行模拟操作和历史曲线的分析回顾，可以起到理论结合实践的双重效果，推荐！

——风高云淡天地宽

实践性很强的黄金保证金交易必读书目！

——King David9

二元分析法把握市场情绪：势（顾比均线收发）、位（布林带收发）、态（K 线实体收发），N 字法则把握市场趋势。

——Sagittar

黄金 1 小时交易法适用于外汇市场，替换到国内商品期货市场使用 15 分钟周期。从缠论来看，黄金 4 小时交易法（布林下轨看涨吞没）属于缠论第二类买点或第一类买点；黄金 1 小时交易法（布林缩口回档）属于缠论第三类卖点，此法最重要的是使用轴心点混合斐波那契，可以做到小止损搏大收益。另外，布林线收口肯定不是缠论第一类买点，第一类买点只能在跌破布林下轨处，且最后一段下跌与中枢前一段下跌背驰，也就是缠论第一类买点属于抄底型买点。至于缠论第二类买点，就是跌破布林下轨后收上来，再下跌不跌破下轨（阴包阳），接着出现看涨吞没时买入。

——Rover

以前在书店看到过几本关于黄金交易的书，但都是千篇一律地说教黄金交易规则及交易品种，说真的，我觉得这都是些废话。我们交易者需要的是如何能从黄金市场赚到钱的方法，各位朋友，你们说是吧？

收到书的时候真的很激动。急不可待地一口气读完了它。

该书的内容很全面。由二元的哲学分析观点说到具体的 1 小时交易法、4 小时交易法和基本面交易法。本来认为它可能会与作者第一本书《外汇交易进阶》类似，由基础到深入。但它不是，开篇就深入主题。二元哲学分析观的确很新颖，我的感悟就是：利用这个观点，我不用再去钻牛角尖，分析 K 线究竟是不是早晨之星，是穿头破脚还是旭日东升。收敛与发散二元解决了问题。这的确是个创新，值得好好去琢磨。

1 小时交易法再次确认了我的交易观点：那就是发现趋势，追随趋势。系统中的关键是一个"回档"。我的理解是：在趋势形成的开端，只有经过"回档"确认后，趋势

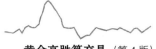

才会明朗。系统中用到的顾比均线系统我还是第一次接触，经过历史数据复盘，觉得指标还不错，比均线系统更直观。

4 小时交易系统很简单，简单到我都不敢相信它能够赚到钱。但大道至简，这句话肯定是有道理的。只是我想这种方法不适合新手，新手没有强烈的盘感，可能又会像我以前一样钻进了 K 线图形的牛角尖。

最后，我重点强调，我认为书中最闪光的地方、最有价值的地方是关于黄金基本面的长线投资交易。有些日内交易者可能会觉得它不实用，或者又是重复前人的观点，如地缘政治、利率等。但我认为，书中一语中的地讲出黄金长期价格最核心的基本面就是地缘政治。基本分析我做多了，但我真没给所有的基本面排定一个座次，作者做到了。我们应该好好地记住作者的那张基本面分析核心图。我想这是任何一个投资者都必须掌握和牢记的。

——Springrain

这本书我还没有读完，但是已经有一种豁然开朗、茅塞顿开的感觉。我是一个股民，有关股票方面的书也看了不少，很多内容都是知其然而不知其所以然。这本书无论对理论还是实战都极具参考价值，我感觉过去的知识一下子融会贯通了，这本书虽然有点啰唆，但非常体系化，犹如《孙子兵法》。

——凹仕玎

这本书非常好，看了一遍，正赶上黄金行情，一实验很准，容易理解，好操作。今年能赚到钱，这本书有很大的功劳。

——闲人获

非常好的书，显然作者水平很高。只是要把书里的内容变成自己的，可不容易，特别是技术方法，要是有机会跟着作者学习，我一定第一个报名。先看了最后一章，至少改变了我的一个观念：我原来以为，只要一打仗，黄金就会涨，作者告诉我，不对，要看这战争对美国是否有利。果然，这次拉登被打死，黄金就跌了，因为拉登对美国是很大的威胁，现在拔掉"眼中钉"，黄金就跌了。白银跌得更狠。

——运幸

比较实际的一本书！技术分析的部分内容很实际，当然并不是照着书本操作就百分百地发大财。还需要操作者自己认真体会实际行情的变化、市场的情绪等因素。基本分析部分言简意赅，比国内同类书籍的分析强太多了。谢谢作者的分享。

——zhdm001

如果你想构建自己的交易系统，那么这本书可以作为一个起点，他讲了两套交易

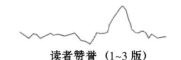

系统，我现在用的就是 4 小时交易方法。不只是黄金交易，股票上也一样。

——冰河 6501

非常实用的一本书，好书！对外汇、黄金技术有研究，需要提升的话，建议读这本书！

——小猪达文

真的不错！这本书不厚，但是完全从实战出发，对炒黄金有一定的参考作用，比市面上单纯讲技术的书好很多，有些技术过于复杂难记，这本书比较浅显。

——麻辣口味虾

好书！是一本实战的教科书，字字是金！

——Kkiaw

不容错过的好书！实战指导意义很强，非同类书可比。

——月光剑气寒

大致翻了一下，总体感觉相当不错，若是结合作者的《外汇交易三部曲》会更好！

——szy08

书的内容非常不错，对 K 线知识以及形态的敛散总结都非常新颖独特，1 小时交易模式和 4 小时交易模式很不错。

——Gchun

很好的一本黄金投资书籍，实用性强，通俗易懂。

——知识财神爷

特别是后面"黄金驱动分析的逻辑层次"这部分讲得很好，是《外汇交易三部曲》的很好补充。可以结合如下几本书展开：《外汇交易三部曲》《大棋局：美国的首要地位及其地缘战略》《石油地缘政治》。如果交易原油的话，这本书也值得一读。

——Jason

我的第一本黄金交易操作学习书，受益匪浅，值得认真阅读与思考。

——Yuewe

交易实战派的书！只要能根据里面提到的方法持续交易，赚钱不是问题！

——饶浩然

本书确实很不错，符合实战，说明作者水平很高。这本书的精华表现在敛散理论，对外汇和股票也有参考价值。

——Stkma

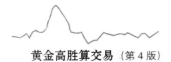

贵金属交易员的入门教材，作者辛苦了！写得很好，受益匪浅。

——qianm

说真心话，没有一点基础，真的看不懂这书。超级棒的黄金交易专著！

——Elian

我买的经济类图书，这个是比较高深的了，建议已经入门的人可以购买学习，新手看着有点吃力。

——杨景宇

讲解非常详细，适合新手学习，可以很快提高操盘水平。

——万水千山7

本书是我涉足黄金交易接触的第一本交易书，很新颖的二元哲学，很具体的1小时、4小时交易系统，说实在的，本书不是教你如何捕捉市场顶部和底部的，是给你一个很高胜算的交易系统，大家翻翻黄金的市场走势就知道确实很高胜算。后面的基本面即市场的驱动因素分析是全书最精彩的部分了。

——索迷

热爱金融，学习技术必备！书的质量很好，内容也非常全面，对于热爱金融，想学技术方面的，这本书值得你们用来学习。

——被遗忘的时光

作为一个没有自己的交易系统的新手，这书真的给了我很大的参考价值！

——没那么累

内容简明扼要！这本书对于新手来说还是比较有实际价值的，非常不错。

——飞扬

好书，顶帖！不好不买，看完电子版再买印刷版。值得细细研读！

——Logen

高胜算交易！一套完整的交易系统，实际操作指导性强的一本书！

——韩彦明

值得买！本书的分析写得很好，准确性也很高，对于初学者来说很实用。

——太阳雨

非常好的国内精品，不只针对黄金交易本身，在其他品种的交易上也很有用。

——Dadunzi

真的是好书，还要多练多复盘。值得购买！投资必备！

——心灵之雪

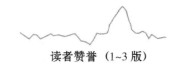

好书，分析到位，简单易学，通俗易懂！

——Zgqfg

看这本书需要有一定的基础，需要借助相关内容才能看懂。内容分为技术指标和波动起因，值得看看！

——东丰

魏老师经典书中的启蒙书，已经说不清楚是第几次购买了。

——EleenZx

不错的书，严格按规则执行，胜算大于失算。

——Qminiup

阅读后真实的内心感受：对炒黄金现货的人来说，很有价值，里面讲的很具有实盘意义。

——lenolee888

无论你是新手还是老手，都会从这本书中找到对你有益的东西。

——我爱黄山

买过一次该作者的书，长见识了，继续购买该作者的书看。认真学习一下，应该会对交易有帮助。魏强斌的书实际作用比较大，而且站在高端看问题，思想很好！

——毗沙门天 2010

系统的基础知识，入门级的学习资料，实用！

——bj_huzzuh

这本书只要你用心去看，去感悟，一定会让你的投资之路走得更加舒心！

——am000000

正版，质量好，高人的书，有独特的思想，值得研习！

——学无止境 2010

书的内容不错，值得购买！西方技术理论讲得比较透彻，适合有一定基础的读者阅读。

——Dike2012

不是讲那些大道理，讲的是能盈利的系统。场内人士写的就是不一样！

——人生很短–必须性感

魏强斌写的书真的蛮好，值得一看。希望京东多上架这样的好书！

——黎明 _ 曙光

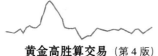

理念独到，技术性强，内容全面，简便易行，不错！

——jd_yq52012

真正具有实战指导意义的好书，理论和实战完美地结合！

——Xfyncwc

魏老师的书经典！精炼！操作性好！推荐！

——wh_12002

本书确实很不错，符合实战，说明作者水平很高！

——dragonsohu123

比较系统的贵金属交易书籍！一本短线交易提高的教材，并不适合入门者。需要一定的入门知识，本书将一些技巧讲得通俗易懂。对黄金交易一语道破。编写引人入胜。可以当宝典使用。

——yang10

如果你是玩贵金属递延和贵金属期货的，那么这本书对你会有很大的帮助，适合初级投资者阅读，里面详细讲解了 K 线和 123 法则等重要的基础知识。

——sanxingyonghusanxing

内容组织合理，没有堆砌概念！充充电吧，炒黄金的帮手。

——艾小兽小黑

这本书是适合黄金短线交易用的书，其中让我印象最为深刻的是序中的一段话，而且是用粗体标出的，这段话充分提醒了投资者应该用什么样的正确方法去投资黄金，我已经从中受益，希望大家看了都能受益。

——瑞客

内容容易理解，很适合初学者使用。不错，值得收藏的一本书！

——军事机密

慕名而来据说不错，学习交易。包装好，质量好，内容也好，看作者写的斐波纳契那本书，感觉不错，没想到这本书也很好，推荐购买。

——Hottuo

黄金现货交易者必备书籍！

——湛琰艳

这本书最大的亮点就是运用势、位、态的理念，完整地介绍了一套交易策略，很有价值！

——掀不起波浪的海

导言　成为伟大交易者的秘密

◇ 伟大并非偶然！

◇ 常人的失败在于期望用同样的方法达到不一样的效果！

◇ 如果辨别不正确的说法是件很容易的事，那么就不会存在这么多的伪真理了。

　　金融交易是全世界最自由的职业，每个交易者都可以为自己量身定做一套盈利模式。从市场中"提取"金钱的具体方式各异，而这却是金融市场最令人神往之处。但是，正如大千世界的诡异多端由少数几条定律支配一样，仅有的"圣杯"也为众多伟大的交易圣者所朝拜。我们就来一一细数其中的最伟大代表吧。

　　作为技术交易（Technical Trading）的代表性人物，理查德·丹尼斯（Richard Dannis）闻名于世，他以区区 2000 美元的资本累积了高达 10 亿美元的利润，而且持续了数十年的交易时间。更令人惊奇的是，他以技术分析方法进行商品期货买卖，也就是以价格作为分析的核心。但是，理查德·丹尼斯的伟大远不止于此，这就好比亚历山大的伟大远不止于建立地跨欧、亚、非的大帝国一样，理查德·丹尼斯的"海龟计划"使得目前世界排名前十的 CTA 基金经理有六位是其门徒。"海龟交易法"从此名扬天下，纵横寰球数十载，今天中国内地也刮起了一股"海龟交易法"的超级风暴。其实，"海龟交易"的核心在于两点：一是"周规则"蕴含的趋势交易思想；二是资金管理和风险控制中蕴含的机械和系统交易思想。所谓"周规则"（Weeks' Rules），简单而言就是价格突破 N 周内高点做多（低点做空）的简单规则，"突破而作"（Trading as Breaking）彰显的就是趋势跟踪交易（Trend Following Trading）。深入下去，"周规则"其实是一个交易系统，其中首先体现了"系统交易"（Systematic Trading）的原则，其次体现了"机械交易"（Mechanical Trading）的原则。对于这两个原则，我们暂不深入，让我们看看更令人惊奇的事实。

　　巴菲特（Warren Buffett）和索罗斯（Georgy Soros）是基本面交易（Fundamental Investment & Speculation）的最伟大代表，前者 2007 年再次登上首富的宝座，能够时隔

多年后再次登榜，实力自不待言；后者则被誉为"全世界唯一拥有独立外交政策的平民"，两位大师能够"登榜首"和"上尊号"基本上都源于他们的巨额财富。从根本上讲，是卓越的金融投资才使他们能够"坐拥天下"。巴菲特刚踏入投资大门就被信息论巨擘认定是未来的世界首富，因为这位学界巨擘认为巴菲特对概率论的实践实在是无人能出其右，巴菲特的妻子更是将巴菲特的投资秘诀和盘托出，其中不难看出巴菲特系统交易思维的"强悍"程度。套用一句时下流行的口头禅就是"很好很强大"，恐怕连那些以定量著称的技术投机客都要俯首称臣。巴菲特自称85%的思想受传于本杰明·格雷厄姆的教诲，而此君则是一个以会计精算式思维进行投资的代表，其中需要的概率性思维和系统性思维无须多言便可以看出"九分"！巴菲特精于桥牌，比尔·盖茨是其搭档，桥牌游戏需要的是严密的概率思维，也就是系统思维，难怪巴菲特首先在牌桌上征服了信息论巨擘，然后征服了整个金融世界。由此看来，巴菲特在金融王国的"加冕"早在桥牌游戏中就已经显出端倪！

索罗斯的著作很多，以《金融炼金术》最为出名，其中他尝试构建一个投机的系统。他师承卡尔·波普和哈耶克，两人都认为人的认知天生存在缺陷，所以索罗斯认为情绪和有限理性导致了市场的"盛衰周期"（Boom and Burst Cycles），而要成为一个伟大的交易者则需要避免受到此种缺陷的影响，并且进而利用这些波动。索罗斯力图构建一个系统的交易框架，其中以卡尔·波普的哲学和哈耶克的经济学思想为基础，"反身性"是这个系统的核心所在。

还可以举出太多以系统交易和机械交易为原则的金融大师们，比如，伯恩斯坦（短线交易大师）、比尔·威廉姆（混沌交易大师）等，实在无法一一述及。

那么，从抽象的角度讲，我们为什么要迈向系统交易和机械交易的道路呢？请让我们给出几条显而易见的理由吧。

第一，人的认知和行为极容易受到市场和参与群体的影响，当你处于其中超过5分钟时，你将受到环境的催眠，此后你的决策将受到非理性因素的影响，你的行为将被外界接管。机械交易和系统交易可以极大地避免这种情况的发生。

第二，任何交易都是由行情分析和仓位管理构成的，其中涉及的不仅是进场，还涉及出场，而出场则涉及盈利状态下的出场和亏损状态下的出场，进场和出场之间还涉及加仓和减仓等问题。此外，上述操作还都涉及多次决策，在短线交易中更是如此。复杂和高频率的决策任务使带有情绪且精力有限的人脑无法胜任。疲累和焦虑下的决策会导致失误，对此想必每个外汇和黄金短线客都是深有体会的。系统交易和机械交易可以流程化地反复管理这些过程，省去了不少心力成本。

第三，人的决策行为随意性较强，更为重要的是每次交易中使用的策略都有某种程度上的不一致，这使绩效很难评价，因为不清楚 N 次交易中特定因素的作用到底如何。由于交易绩效很难评价，所以也就谈不上提高。这也是国内很多炒股者十年无长进的根本原因。任何交易技术和策略的评价都要基于足够多的交易样本，而随意决策下的交易则无法做到这一点，因为每次交易其实都运用了存在某些差异的策略，样本实际上来自不同的总体，无法用于统计分析。机械交易和系统交易由于每次使用的策略一致，这样得到的样本也能用于绩效统计，所以很快就能发现问题。比如，一个交易者很可能在 1，2，3，…，21 次交易中，混杂使用了 A、B、C、D 四种策略，21 次交易下来，他无法对四种策略的效率做出有效评价，因为这 21 次交易中四种策略的使用程度并不一致。机械交易和系统交易则完全可以解决这一问题。所以，要想客观评价交易策略的绩效，更快提高交易水平，应该以系统交易和机械交易为原则。

第四，目前金融市场飞速发展，股票、外汇、黄金、商品期货、股指期货、利率期货、期权等品种不断翻出新花样，这使得交易机会大量涌现，如果仅仅依靠人的随机决策能力来把握市场机会无异于杯水车薪。而且大型基金的不断涌现，使得单靠基金经理临场判断的压力和风险大大提高。机械交易和系统交易借助编程技术"上位"已成为这个时代的既定趋势。况且，期权类衍生品根本离不开系统交易和机械交易，因为其中牵涉大量的数理模型运用，靠人工是应付不了的。

中国人相信人脑胜过电脑，这绝对没有错，但也不完全对。毕竟人脑的功能在于创造性地解决新问题，而且人脑的特点还在于容易受到情绪和最近经验的影响。在现代的金融交易中，交易者的主要作用不是盯盘和执行交易，这些都是交易系统的责任，交易者的主要作用是设计交易系统，定期统计交易系统的绩效，并做出改进。这一流程利用了人的创造性和机器的一致性。交易者的成功，离不开灵机一动，也离不开严守纪律。当交易者参与交易执行时，纪律成了最大问题；当既有交易系统让后来者放弃思考时，创新成了最大问题。但是，如果让交易者和交易系统各司其职，需要的仅仅是从市场中提取利润！

作为内地最早倡导机械交易和系统交易的理念提供商（Trading Ideas Provider），希望我们策划出版的书籍能够为你带来最快的进步。当然，金融市场没有白拿的利润，长期的生存不可能夹杂任何的侥幸，请一定努力！高超的技能、完善的心智、卓越的眼光、坚韧的意志、广博的知识，这些都是一个至高无上的交易者应该具备的素质。请允许我们助你跻身于 21 世纪最伟大的交易者行列！

Introduction   Secret to Become a Great Trader

◇ Greatness does not derive from mere luck!

◇ The reason that an ordinary man fails is that he hopes to achieve different outcome using the same old way!

◇ There would not be so plenty fake truths if it was an easy thing to distinguish correct sayings from incorrect ones.

Financial trading is the freest occupation in the world, for every trader can develop a set of profit –making methods tailored exclusively for himself. There are various specific methods of soliciting money from market; while this is the very reason that why financial market is so fascinating. However, just like the ever–changing world is indeed dictated by a few rules, the only "Holy Grail" is worshipped by numerous great traders as well. In the following, we will examine the greatest representatives among them one by one.

As a representative of Techincal Trading, Richard Dannis is known worldwide. He has accumulated a profit as staggering as 1 billion dollar while the cost was merely 2000 bucks! He has been a trader for more than a decade. The inspiring thing about him is that he conducted commodity futures trading with a technical analysis method which in essence is price acting as the core of such analysis. Nevertheless, the greatness of Richard Dannis is far beyond this which is like the greatness of Alexander was more than the great empire across both Europe and Asia built by him. Thanks to his "Turtle Plan", 6 out of the world top 10 CTA fund managers are his adherents. And the Turtle Trading Method is frantically well–known ever since for a couple of decades. Today in mainland China, a storm of "Turtle Trading Method" is sweeping across the entire country. The core of Turtle Trading Method lies in two factors: first, the philosophy of trendy trading implied in "Weeks' Rules"; second, the philosophy of mechanical trading and systematic trading implied in fund

management and risk control. The so-called "Weeks' Rules" can be simplified as simples rules that going long at high and short at low within N weeks since price breakthrough. While Trading as breaking illustrates trend following trading. If we go deeper, we will find that "Weeks' Rules" is a trading system in nature. It tells us the principle of systematic trading and the principle of mechanical trading. Well, let's just put these two principles aside and look at some amazing facts in the first place.

The greatest representatives of fundamental investment and speculation are undoubtedly Warren Buffett and George Soros. The former claimed the title of richest man in the world in 2007 again. You can imagine how powerful he is; the latter is accredited as "the only civilian who has independent diplomatic policies in the world". The two masters win these glamorous titles because of their possession of enormous wealth. In essence, it is due to unparalleled financial trading that makes them admired by the whole world. Fresh with his feet in the field of investment, Buffett was regarded by the guru of Information Theory as the richest man in the future world for this guru considered that the practice by Buffett of Probability Theory is unparallel by anyone; Buffett' wife even made his investment secrets public. It is not hard to see that the trading system of Buffett is really powerful that even those technical speculators famous for quantity theory have to bow before him. Buffet said himself that 85% of his ideas are inherited from Benjamin Graham who is a representative of investing in a accountant's actuarial method which requires probability and systematic thinking. The interesting thing is that Buffett is a good player of bridge and his partner is Bill Gates! Playing bridge requires mentality of strict probability which is systematic thinking, no wonder that Buffett conquered the guru of Information Theory on bridge table and then conquered the whole financial world. From these facts we can see that even in his early plays of bridge, Buffett had shown his ambition to become king of the financial world.

Soros has written a large bucket of books among which the most famous is *The Alchemy of Finance*. In this book he tried to build a system of speculation. His teachers are Karl Popper and Hayek. The two thought that human perception has some inherent flaws, so their students Soros consequently deems that emotion and limited rationality lead to "Boom and Burst Cycles" of market; while if a man wants to become a great trader, he must overcome influences of such flaws and furthermore take advantage of them. Soros tried to build a systematic framework for trading based on economic ideas of Hayek and philosophic thoughts

of Karl Popper. Reflexivity is the very core of this system.

I may still tell you so many financial gurus taking systematic trading and mechanical trading as their principles, for instance, Bernstein (master of short line trading), Bill Williams (master of Chaos Trading), etc. Too many. Let's just forget about them.

Well, from the abstract perspective, why shall we take the road to systematic trading and mechanical trading? Please let me show you some very obvious reasons.

First, A man's perception and action are easily affected by market and participating groups. When you are staying in market or a group for more than 5 minutes, you will be hypnotized by ambient setting and ever since that your decisions will be affected by irrational elements.

Second, Any trading is composed of situation analysis and account management. It involves not only entrance but exit which may be either exit at profit or exit at a loss, and there are problems such as selling out and buying in. All these require multiple decision-makings, particularly in short line trading. Complicated and frequent decision-making is beyond the average brain of emotional and busy people. I bet every short line player of forex or gold knows it well that decision-making in fatigue and anxiety usually leads to failure. Well, systematic trading and machanical trading are able to manage these procedures repeatedly in a process and thus can save lots of time and energy.

Third, People make decisions in a quite casual manner. A more important factor is that people use different strategies in varying degrees in trading. This makes it difficult to evaluate the performance of such trading because in that way you will not know how much a specific factor plays in the N tradings. And the player can not improve his skills consequently. This is the very reason that many domestic retail investors make no progress at all for many years. Evaluation of trading techniques and strategies shall be based on plenty enough trading samples while it's simply impossible for tradings casually made for every trading adopts a variant strategy and samples accordingly derive from a different totality which can not be used for calculating and analysis. On the contrary, systematic trading and mechanical trading adopt the same strategy every time so they have applicable samples for performance evaluation and it's easier to pinpoint problems, for instance, a player may in first, second...twenty-first tradings used strategies A, B, C, D. He himself could not make effective evaluation of each strategy for he used them in varying degrees in these tradings,

but systematic trading and mechanical trading can shoot this trouble completely. Therefore, if you want to evaluate your trading strategies rationally and make quicker progress, you have to take systematic trading and mechanical trading as principles.

Fourth. Currently the financial market is developing at a staggering speed. Stock, forex, gold, commodity, index futures, interest rate futures, options, etc, everything new is coming out. So many opportunities! Well, if we just rely on human mind in grasping these opportunities, it is absolutely not enough. The emergence of large-scale funds makes the risk of personal judgment of fund managers pretty high. Take it easy, anyway, because we now have mechanical trading and systematic trading which has become an irrevocable trend of this age. Furthermore, derivatives such as options can not live without systematic trading and mechanical trading for it involves usage of large amount of mathematic and physical models which are simply beyond the reach of human strength.

Chinese people believe that human mind is superior to computer. Well, this is not wrong, but it is not completely right either. The greatness of human mind is its creativity; while its weakness is that it's vulnerable to emotion and past experiences. In modern financial trading, the main function of a trader is not looking at the board and executing deals—these are the responsibilities of the trading system—instead, his main function is to design the trading system and examine the performance of it and make according improvements. This process unifies human creativity and mechanical uniformity. The success of a trader is derived from tow factors: smart idea and discipline. When the trader is executing deals, discipline becomes a problem; when existing trading system makes newcomers give up thinking, creativity becomes dead. If, we let the trader and the trading system do their respective jobs well, what we need to do is soliciting profit from market only!

As the earliest Trading Ideas Provider who advocates mechanical trading and systematic trading in the mainland, we hope that our books will bring real progress to you. Of course, there is no free lunch. Long-term existence does not merely rely on luck. Please make some efforts! Superb skill, perfect mind, excellent eyesight, strong will, rich knowledge—all these are merits that a great trader shall have to command. Finally, please allow us to help you squeeze into the queue of the greatest traders of this century!

第三次修订版序
突破胜算率和报酬率的反比曲线

不知不觉，这本教程已经在黄金交易界风行 12 载了，历经多次修订和完善。众多的黄金交易界资深人士，包括黄金分析师和一线交易者都给予了极高的评价，并且大力推荐给新人和同事。一些重要的交易机构和大专院校也采纳本书和《黄金短线交易的 24 堂精品课》作为参考资料或者是课堂教材，对此我们深感欣慰。

现在本书第 4 版即将面世，今年是多事之秋，在疫情之下各国央行大举放水。在此大背景下，黄金和大宗商品，以及证券市场都出现了显著的波动。如果你是一个趋势跟踪交易者，比如采用了本书推荐的方法，那么应该很容易赚钱，而且是大赚。这就是高胜算率和高报酬率兼具的格局。

一个纯技术交易策略，如果不选择格局的话，长期绩效不会兼具高胜算率和高报酬率的特征。同样，如果一个纯技术交易策略的胜算率极高，则其报酬率就不会高；一个纯技术交易策略的报酬率极高，则其胜算率就不会高。

为什么会出现这种情况呢？根源在于市场的敛散周期。

在收敛阶段当中，行情波动不规则，而且波动幅度小。波动不规则，则采用了停损的交易策略往往胜算率低；波动幅度小，则无论是趋势跟踪还是高抛低吸都不会有太高的报酬率。

在发散阶段当中，行情波动较为规则，波动幅度大，因此其胜算率和报酬率都非常高。

较为显著的发散阶段就是所谓的大行情。如何高效率地甄别大行情就是"格局选择"。

要想突破高胜算率和高报酬率的反比曲线，我们必须从这一点入手。本书的第一章介绍了黄金价格走势的格局，这就是敛散周期。第二章和第三章其实是从技术的角度确认和利用敛散周期。第四章则是甄别黄金走势大行情的基础知识。

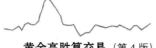

在实际运用中，应该先甄别格局，再利用技术策略。前者是超边际分析，后者是边际分析。前者是定性分析，后者是定量分析。前者是从大处着眼预判，后者是从小处着手捕捉。

书中自有黄金屋，希望本书在你的交易生涯中扮演重要的角色！

魏强斌　　欧阳傲杰

2020 年 7 月 12 日

第二次修订版序
招式与原理

　　《黄金高胜算交易》受到了不少业界人士的肯定，这令我们感到无比的欣慰。所谓教学相长，在写作和修订的过程中我们受益良多，一些迷惑的地方也得到了澄清，一些新的经验升华成了理论，这就是一个螺旋式上升的过程。本书的第1版是2008年完成的，第2版是2011年完成的，目前是第3版，这本书经受了接近8年的考验，期间有不少交易者参考本书步入了黄金交易持续盈利的行列，他们不断来信分享这种喜悦之情，但是由于平时的交易工作和周末的内训工作很忙，所以不能一一回复，在此表示歉意。我们自己也在从事黄金交易，主要是中线交易，从2008~2012年完成一个完整的牛市交易流程，业绩是非常令人满意的，这也表明我们的理论经受住了实践的检验。无论是读者还是我们自己的实践都表明本书是具有实践价值的，前提是你能够坚持不懈地将其变成自己的能力，而不是朝秦暮楚，简单地照搬一段时间就幻想躺着挣钱。游泳的理论再好，也不能保证每个人都会游泳，更不能保证每个人都能成为顶尖的"弄潮儿"。交易的理论再好，也不能保证每个人都能盈利，更不能保证每个人都成为交易高手。全国凡是上过学的人都学过英语，但是能够进行英语听说读写的人又能占到多少比例？所以，不要当懒人，依赖思想害人不浅。如果没有人能够用这套理论持续获利，那么是理论的问题，如果有人能够做到而你不能做到，那是你的问题。如果你的动机、态度、观念和思维问题没有解决，那么不管你换了什么招式，都是一个"亏货"！我们的人生过成什么样，与我们自己内心的问题密切相关，交易何尝不是如此，这些问题只有我们能够接触到，也只有我们能够解决，所以我们要承担起自己的责任，将责任丢给别人只不过是让自己好受一点而已，但却只能原地踏步，于事无补，这就是轮回。因此，招式并不足以依赖，原理才是我们的皈依处。

　　这本书已经出到第3版了，招式层面的东西，也就是所谓技术方面的东西讲得足够多了，还不能够持续盈利的人应该想一下更深层次的东西，已经能够持续盈利的人

则应该百尺竿头更进一步，将自己的境界进一步提升，所谓"以无法为有法，以无限为有限"说的就是这一步。不过，刚开始还是要从有形的招式入手，当招式融贯于心之后，原理就是重点了，这个时候当然就应该清楚有限招式的限制，进而上升到一个新的高度。

招式的有效性是有前提的，这点很多人都忽视了，特别是"技术原教旨主义者"。这个世界上没有任何技术指标是永远有效的，每个技术指标的有效性都是有前提的。例如，均线趋势指标有效的前提是单边走势存在，如果市场走入持续震荡状态，那么根据均线来判断趋势突破和跟踪的交易者就会吃亏。海龟交易法的有效性也是有前提的，当这种前提不能满足的时候，也是持续亏损的下场。任何交易策略都是有"罩门"的，不懂这点就会不断经历"账户净值的轮回"。因此，招式都是有局限性和漏洞的，因为招式都是一个具体的对治方法，所对治的情况也是具体而有差异的，甚至是相反的，而任何一个具体的招式都不能同时对付两种相反的情况。

任何具体招式都是有漏洞的，市场怎么利用这种漏洞呢？市场通过交替出现相反特征的走势来利用漏洞，当走势特征与你采用的具体招式契合时，你会短时间赚钱，这叫"养"，然后当走势特征与你的具体招式相悖时，你会亏钱，这叫"杀"。市场在"养"一批人的时候，必然"杀"另外一批人，长期下来"养"的人必然被"杀"，除非你能够通过仓位管理来"保命"。如果你用震荡指标来操作，那么遇上震荡走势，你是赚的，但是一遇到单边走势你就完了，除非你采用合理的止损和仓位管理，这样回撤的时候亏损就会小一些。如果你用趋势指标来操作，那么遇上单边走势，你是赚的，但是一遇到持续震荡走势你就完了，除非你采用合理的止损和仓位管理，这样回撤就会小一些。当市场之浪符合你的方向和特点时多赚点，当市场之浪有悖于你的方向和特点时少亏点。

招式具有二元性，市场行情也具有二元性，因此具体的招式要想有效就必须"因敌制胜"，前提是"立于不败之地"，如何立于不败之地？搞清楚市场性质和坚守仓位管理的底线。原理是统一的，能够将对立的二元招式统一起来，原理是一种超越，是相对稳定的部分。市场运行的原理和统计原理决定了我们的交易原理，具体就是行情分析原理和仓位管理原理，而所谓心态无非是遵守与否的问题。招式与原理的对立统一如图序-1所示。

招式涉及"怎么样"的问题，原理涉及"为什么"的问题，高手是招式与原理统一的产物。只懂招式的人犯了经验主义的错误，只懂原理的人犯了教条主义的错误。迷信招式导致守株待兔和刻舟求剑，空谈原理导致眼高手低和执迷不悟。高手如太极，招

式和原理分别是阳鱼和阴鱼, 如何练好招式? 多问怎样; 如何通晓原理? 多问为什么。

图序-1 招式与原理的对立统一

以上为一家之言, 大家能够从中拿到自己需要的东西就是本书的价值, 如果能够拿到这样的价值, 那么几十块钱的书价相当于白送; 如果拿不到这样的价值, 那么几十块钱也算浪费。能不能拿到这样的价值取决于两点: 第一, 你是不是有空杯的心态, 带着找茬或迷信的心态都学不到东西; 第二, 你是不是有实践的勇气和总结的智慧。你的日记是你最好的老师, 这本书只能算作教辅, 位置摆正了, 能力是水到渠成的事情。

魏强斌 欧阳傲杰

2016 年 3 月 25 日

第一次修订版序
如何成为一名持续盈利的黄金交易者

《黄金高胜算交易》的出版在当时算得上是一件里程碑的事件，在此之前国内有一些谈论黄金的书籍，除了介绍一些市场背景类知识之外，大多是照搬股票市场上那套技术分析。这些书籍的特点是忽略了黄金市场的个性，同时也对技术分析和交易缺乏创新，真正从事过黄金交易的人估计对这类书是不感兴趣的，因为明眼人一看就知道是外行。

在《黄金高胜算交易》出版以后，国内开始引进一些黄金类的交易著作，其中着重介绍的还是纸币本位制必然让位于黄金本位制的观点，所以基本上可以算作是长期性视角。除此之外，白银开始崛起，毕竟白银就像小盘股，股性活跃便于炒作，投机和投资的起点较低，在2011年第一季度达到了最疯狂的境地。本书的第一次修订正是发生在这样的背景下，白银和黄金在本·拉登被捕后出现了大幅的跳水，这表明美元的一个潜在风险被清除了，这使得非美元资产的持有价值相对降低。

在这个大背景下，我们对影响贵金属，特别是黄金走势的最根本驱动因素进行了甄别，可以囊括为三点：风险偏好、收益率差和资产负债情况。风险偏好来自于政治和经济两个方面的稳定性，当政治出现动乱的时候，相对的避险资产就会受到追捧；当经济出现大衰退和大萧条的时候，黄金其实并不会像其他商品一样价格下跌，因为当经济体出现较大问题的时候，金融机构的可靠性往往为大众所质疑，在这种情况下贵金属往往是人们最后的财产保险。

资产之间的收益率差别也会影响黄金价格的走势，因为黄金本身不能产生孳息，这点与股票和债券相比是劣势，所以在稳定的政治和经济情况下，股票较黄金更能吸引投资者，而投机者则会尾随这个趋势进场，进而推动股票的大牛市。黄金更准确地讲是一个保值的工具，保值是其绝对属性，而升值则是其相对属性。因为当经济体因为纸币本位而出现整体性贬值的时候，黄金就是相对升值了，其实黄金的价值并没有

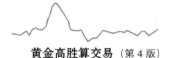

太大变化，只是因为参照资产出现了变化而已，这就发生了价值的相对运动。

那么，风险偏好和收益率差的综合效应是怎样的呢？有风险厌恶的情况下，大众追求低收益率的品种，这时候黄金容易受到追捧；在风险追逐的情况下，大众追求高收益率的品种，这时候创业板股票等高风险资产容易受到追捧，而黄金往往会被忽略。巴菲特本人是不太看好黄金的，他的搭档查理·芒格也是，因为在他们看来黄金只是一个保值工具，属于被动性的投资标的，与优质公司相比缺乏吸引力。不过，这只是一家之言。与此相反的是次贷危机时狂赚130亿美元的约翰·保尔森则坚决看好黄金，这可能是微观交易和宏观交易的区别。巴菲特精于微观交易，他看中的是经济活动基本单元的盈利能力，而保尔森则精于宏观交易，他着重从宏观大势中赚取丰厚的利润。前者是谋万世，后者是谋全局！一概而论，两个人都是系统论的忠实拥趸，而系统论也是本书的基本哲学观和方法论。

除了风险偏好和收益率差之外，各种经济主体的资产负债结构也是影响黄金等资产价格走势的关键因素。例如，由于国际收支出现了变化，会引发外汇储备的变化，进而影响黄金价格走势，或者由于居民资产负债出现了变动，也会引发对黄金的需求或者供给变动。主要的经济主体有国家（涉及国际收支表和央行资产负债表）、商业银行（商业银行的资产负债表）、政府（政府财政预算和决算）、企业（可以通过上市公司的资产负债表掌握）、居民（家庭资产负债情况）等。再举一个市场上经常上会发生的情况，如对冲基金们大量持有黄金合约和美国股票市场，如果美国股票下跌而黄金此前已经大幅上涨，那么这些基金为了让资产负债结构合理，就会卖出黄金来填补亏空或者追加保证金。这就会引起黄金价格的暂时下跌，所以资产负债结构的变化对黄金价格走势有直接的影响。又如中国和印度的家庭收入上涨，他们的资产和负债结构中的现金和储蓄资产太多会引发资产调整行为，所以对贵金属的需求量就会上升，而这会成为推动黄金价格上涨的因素。

上面提出的三个要素可以帮助大家更好地利用黄金驱动分析图，它们是把握黄金趋势的钥匙。但是，要想在黄金交易中做到持续盈利还要做更多的工作，顺势加仓是一个非常重要的思想，在刚开始的时候一定只投入最小的仓量，这点是绝大多数趋势交易者所忽略的，所以往往会被自己的趋势跟踪策略所捉弄，反而认为是趋势跟踪这种思想有问题。当前一单盈利充足之后，才能加仓，这点非常重要。之所以绝大多数人对于趋势交易望洋兴叹，不得其门而入，最为关键的一点就是不知道上述要领，而这些要领在真正的行家手里往往是不会讲明的绝活，他们会告诉你顺势加仓，但是却不会告诉你如何具体操作，更不会告诉你操作的要领。

要成为一个黄金高胜算交易者，必须把握好下述两个方面：一是对驱动大行情的三个要素有深刻的洞见，这三个要素是风险偏好、收益率差和资产负债结构；二是对把握大行情的技巧能熟练地掌握，这就是试探—加仓策略，试探的要点是轻，非常小的仓量，加仓的策略是最近一单盈利充足才加仓。其实，上述两个方面是趋势跟踪交易大手笔的不传之秘，希望大家善加利用，当你能够持续盈利之后，更希望你能够反馈社会，这样才能获得更多的财富，形成良性循环。在贵金属市场中，任何持续的成功都建立在理性的基础上，同时也离不开满怀善意地对待市场！

魏强斌　欧阳傲杰

2011 年 5 月 30 日

帝娜黄金交易系统结构图

Part 1　行为分析（短期交易）

形态分析理论

敛散性	蜡烛线	价格密集度	走向特征	市场情绪	市场状态	交易含义
收敛	小实体蜡烛线	成交密集区	区间震荡市场	犹豫	均衡	提醒信号
发散	大实体蜡烛线	成交稀疏区	趋势单边市场	坚决	失衡	确认信号

1 小时图交易理论

进场信号（加仓信号）		出场信号（减仓信号）		
顾比复合均线	回档［交叉］	大幅度运动		布林带外轨
布林带	收口［乖离］		收盘价	
随机震荡指标	过度			
轴心点混合斐波那契分割线	乖离	小幅度运动		布林带中轨
蜡烛翻转	影线［渐短］			

4 小时图交易理论

进场信号（加仓信号）		出场信号（减仓信号）	
涨跌吞没		价格大幅度运动	收盘于布林外轨
启明黄昏	出现在布林带的轨道上	价格小幅度运动	收盘于布林中轨
刺透盖顶		出现反向进场信号	

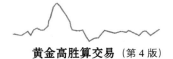

Part 2　驱动分析（长期交易）

◇ 货币属性：①地缘政治；②经济增长。

◇ 投资属性：①利率水平；②资本流动。

◇ 商品属性：①金饰需求；②工业用金。

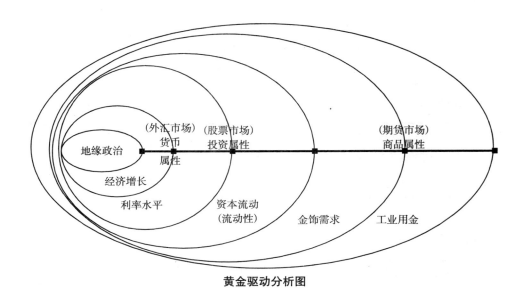

黄金驱动分析图

前　言
交易黄金，感受世界的脉搏和呼吸！

　　黄金是最终财富的代表，被誉为"囚禁的货币之王"。现代宏观经济学的奠基人约翰·梅纳德·凯恩斯虽然力促布雷顿森林体系，但是他以黄金作为该体系的最后支柱，以保证国际收支体系的自我修复功能；美国的大战略家、前国务卿基辛格博士殚精竭虑地废除美元与黄金的关系，以保障美国财富不外流，同时通过石油美元谋求美元纸币的商品支持；享有世界央行之称的"美联储"有着格林斯潘这样的"无冕之王"，要知道他在以非官方身份发表真知灼见时都大赞黄金的不可替代性；欧洲央行持有的国际储备主要是黄金，而不是美元，这是欧洲两次大战和持续不断的地缘政治动荡带来的治国睿智。讲了这么多恢弘的历史人物和金融治国之道，无疑就是想指出一个关键句：黄金极其重要，它是世界经济的锚！

　　欧洲资本主义的关键发展阶段长达上百年，此阶段的最关键特征就是货币的稳定，而当时的货币制度就是黄金本位制度。黄金供给量的增速每年在2%左右，这是一个货币主义者一直想通过纸币制度模仿的水平，即使再独立的中央银行也无法避免党派政治，无法避免短视压力，所以企图用信用本位模仿黄金本位最终都会败给人类的天性。

　　信用本位的基础在于强大的中央权力，不过帝国的特点是喜欢扩张，而帝国疆界的推广往往使得其统治边际利润递减，最后使得整个统治收益下降，从而导致帝国的财政赤字，当赤字难以为继的时候，统治者为了苟延残喘就不得不通过准信用本位或者信用本位来解决问题。罗马帝国的衰亡与其不计成本的过度扩张有关，由此引发的赤字问题使得当政者不断降低货币中的贵金属含量，这就是一种准信用本位，随着恶性通胀的出现，罗马帝国寿终正寝了。元朝的短命与此差不多，扩张导致赤字，从而引发纸币的滥用，这就是利用信用本位的滥发纸币来解决财政问题，帝国在恶性通胀的推动下很快夭折。

　　黄金总是从衰落的国度流向崛起中的国家，从一个老去的文明流向新兴的强者。

当美洲的部落文明敌不过西欧的蛮力和病菌征服时，金银从美洲流向了欧洲，而欧洲也不过是欧亚大陆上的文明尾随者，金银流向了更加强大的中国。随着中华文明和印度文明在19世纪的衰落，金银又流向了欧洲，流向了大不列颠治下的西欧。第一次世界大战和第二次世界大战的爆发，将西欧打得气数将尽，金银流向了美国。第二次世界大战后随着德国和日本的战后重建和崛起，金银开始从美国回流，但是美国的战略家们通过牙买加体系和石油美元，加上美国的军力力图阻止这一进程。这些措施减缓了美国的衰落，作为帝国衣钵的当代传人，美国像历史上那些帝国一样，过度的扩张使得帝国的统治收益急剧下降，美国的鹰派战略家头脑中的国家利益已经超过了美国的国力，美国兴起的根源在于独立于欧亚大陆事务，但是兴起后它也不可避免地要抑制欧亚大陆上新兴帝国的出现，所以这种"大国政治的悲剧"使得美国不得不宿命地走向帝国的谢幕。中国最近两年的民间黄金热潮，使得金银开始向中国和印度聚集，虽然美国力保其财富，但是一旦中国官方开始做出相应动作，则一次新的财富转移势不可当。

我用了不足2000字将近代和现代的文明兴衰与黄金的流向联系起来，只是希望读者明白，如果你要长期投资黄金，那么你一定要从全球战略的角度来看待黄金的价格，这需要你懂得国家政治，特别是现实主义的均势理论和地缘政治学，同时你要懂得货币经济学。地缘政治学比较好的读物是布热津斯基的《大棋局》、基辛格的《大外交》、马汉的《海权论》、麦金德的《历史的地理枢纽》，关于均势理论，我们推荐你阅读《东周列国志》和《三国演义》，国内地缘战略大师张文木和何新的相关著作也可以一看。货币经济学我们推荐贡德的《白银资本》、弗里德曼的《货币的祸害》及奥地利学派的相关内容，国内的泛货币主义著作，我们推荐张宇燕的《美洲金银与西欧的兴起》、王建的相关著作，以及与奥地利学派有一定渊源的《货币战争》。

通过全球政治和经济变化，我们可以洞悉黄金的长期走势，而通过黄金的走势我们也可以把握全球的格局和走向。如果你投资黄金，你就是在对世界的未来下注；如果你投机黄金，就是在对群体的心理下注。无论是投资还是投机，你都是在交易，也是在把握世界的脉搏。

在本书中，我们将介绍给你两套交易技术。第一套交易技术是从短期入手，满足杠杆黄金交易者的需要，主要是针对交易保证金黄金、交易纸黄金或交易期货黄金。这套技术的关键在于通过价格的趋势和水平把握进出的节奏，通过找到具有良好风险报酬比的交易结构获得短期交易的成功，价格具有记忆，这是这套系统有效运作的前提。第二套交易技术是从长期入手，满足投资实物黄金的需要，主要是针对最具投资

价值的投资性金条。这套技术将决定黄金的众多因素层次化，使得重点突出，便于分析多个因素对黄金的最终合力。

任何交易都离不开三个问题：风险报酬率、胜率和周转率。人的天性使得我们一开始往往追求胜率和周转率，从而得到一个极差的风险报酬率，如果你不明白这一点，那么本书对你黄金交易的实际效果将下降80%。

以黄金为鉴，可以知文明兴衰；以黄金为镜，可以明国家得失；以黄金为友，可以握天下乾坤！可以毫不夸张地说，明白了黄金，你就明白了"齐家，治国，平天下"之道！

魏强斌　欧阳傲杰

2008 年 8 月 19 日

目　录

真正的交易高手，心中可能只有两个要素，两个对立的因素，所以他们考虑问题的时候能够直指核心所在。宏观层次的敛散是单边市与震荡市的二分，中观层次的敛散是成交稀疏区和成交密集区的二分，微观层次的敛散是大实体蜡烛线和小实体蜡烛线的二分。

一个完整的黄金短线交易系统必然涉及"加、减、进、出"四个环节，所谓"进"就是进场的充分必要条件，"出"就是出场的充分必要条件；"加"就是加仓，相当于"进"，"减"就是减仓，相当于"出"。绝大多数炒家对于进场和出场根本没有清晰的概念和准确的认识，所以操作起来往往是率性而为。不少交易者失败就因为进场条件不明确，不完备，更多的交易者失败是因为他们往往没有出场策略，或者是出场策略零碎，没有涵盖多样的市场情况。

第三章　4小时图交易理论 ⋯⋯⋯⋯⋯⋯⋯⋯⋯⋯⋯⋯⋯⋯⋯⋯⋯⋯⋯⋯ 145

如果你要想真正依靠这套系统赚取利润，你需要做三件事情：第一，除去你的错误交易观念，以三个帝娜投机交易定律和两个学习法则作为正确理念；第二，花上半载的工夫去实践书中的具体方法，找到适合自己的道路；第三，利用足够的小额资金进行真实的交易。

第四章　黄金驱动分析的逻辑层次 ⋯⋯⋯⋯⋯⋯⋯⋯⋯⋯⋯⋯⋯⋯⋯⋯ 175

在中长期交易中，我们重点考虑的是黄金的三重属性。"道生一，一生二，二生三⋯⋯"黄金最根本的属性是商品属性，这是黄金最古老的属性，此后衍生出货币属性，在货币属性和商品属性的作用下衍生出投资属性。对金价影响最大的是黄金的货币属性，其次是投资属性，影响最小的是商品属性。也可以从影响的时间跨度上理解这三重属性的重要性：黄金的长期走势受到货币属性的制约；黄金的中期走势受到投资属性的制约；黄金的短期走势受到商品属性的制约。

形态敛散分析理论

单根价格线、两根价格线、多根价格线、一群价格线，带来了诸如号称"一百零八招"的蜡烛图谱，也带来了西方技术分析的各种价格形态，当我们将形态细化的同时，应该反省这样做是否有效果，对交易是否有所帮助。在我们这本书出版之后，这种风气更加普遍，因为大量交易书籍来自于非专业人士，来自于所谓的"写手"，这帮人或许根本没有进行过任何实际的交易，更谈不上以交易为生。他们将 K 线图的细化当作是扩充篇幅的主要手段，其实 K 线图本来就只是对市场的一种主观呈现，过度的细化只是在愚弄自己而已。

"有效果比有道理重要"，在交易中恐怕很多人都会与我们一样得到同样的结论，那就是绝大多数所谓的形态并不能带来高于 50% 的胜率，绝大多数所谓的价格形态都是重复的。中国古代的拳法很精简，不过后来招式越来越复杂、套路越来越多，弄得习武者无所适从，这与今天我们在价格形态分析上遭遇的情况一样。不过，就技击的效果来看，只有大成拳和咏春拳能够长期称霸实战格斗，"北大成，南咏春"就是这一事实的真实写照。无论是大成拳还是咏春拳都强调简捷和有效，大成拳将桩功看作根本，咏春拳将腰马看作根本。化繁为简是一项技术发扬光大、历久弥新的原因之一，黄金交易中的价格形态分析，我们也需要去做这样一个工作，要让交易者们知道什么是价格形态的根本，掌握了这个根本，

交易首先要有正确的观念和框架，然后在这个基础上才是具体的方法和工具，如果一来就沉迷于细节的东西，大多数情况下都是南辕北辙。

越不繁，越不凡！集中精力于最关键点，这样才能获得最大的效用和收益。平均用力，撒大网的做法是行不通的，越这样做越是心中没底。

才不会拘泥于具体的某一形态的涨跌研判，不被书上那些未经统计验证的教条误导和束缚。但是，有些没有从事过交易的读者却认为这只不过是对K线的改头换面而已，这其实是一种表面的认识，因为他们没有搞清楚我们的出发点。

任何价格形态，无论是一根蜡烛线还是两三根蜡烛线，以及西方的价格形态，如对称三角形等，都是一个二元市场力量的体现，这个二元不是涨跌，而是市场心理的犹豫和坚决，市场心理是一切基本因素的合理体现，而价格则是市场心理的体现，所以价格的二元性能根植于市场心理的二元性，只要搞清楚这种基于市场心理的二元性，则一切价格的运动形式都不会让你迷茫，你不需要借助于几百种复杂的蜡烛图具体形态去把握黄金价格的走势，仅需要明白这个价格形态二元分析表（见表1-1）。技术分析的"圣杯"是什么，那就是能够预先洞察出市场接下来的二元性，不过这点却恰恰是技术分析不可能完成的任务。所以，我们能够做到最好的水平就是能够把握市场当下的二元性。

> 驱动因素影响心理因素，心理因素影响价格走势。无论是价格还是基本面动向都折射出了心理层面的动向。

表1-1 价格形态二元分析

敛散性	蜡烛线	价格密集度	走向特征	市场情绪	市场状态	交易含义
收敛	小实体蜡烛线	成交密集区	区间震荡市场	犹豫	均衡	提醒信号
发散	大实体蜡烛线	成交稀疏区	趋势单边市场	坚决	失衡	确认信号

价格形态本身就可以作为交易的信号，当市场意愿表现出明显的运动方向时，我们应该跟随；当市场意愿表现出犹豫不决时，我们应该观察和等待。价格形态的正确研判能力就可以成就一个伟大的黄金交易者。不过，比伟大更为重要的是能够持续伟大！

> 市场的明星多，寿星少。专家多，赢家少！

在本章中，我们就将向大家详细演示如何运用二元分析法去把握市场的情绪，如何运用N字法则去把握市场的趋势。关于N字法则大家可以详细参阅《短线法宝——神奇N结构操作法》这本小册子，这个N字不仅是道氏理论入场点和出场点的基础，更是所谓的洛氏霍克结构的基础，也是杰西·利莫佛关键点位理论的基础。顺着趋势去操作，风险报酬率将

> 杰西·利莫佛通过关键点位来观察市场的心理。

变得合理，胜率将提高。不过，大家需要区分的一点是短线交易不是交易的基本面，不是去验证市场是否有效率。这里我们要提出一个重要的命题，这个命题将决定你是否正确地使用基本分析和技术分析。这个命题就是：

基本分析的根本前提是市场永远都是错误的，技术分析的根本前提是市场永远都是正确的。

索罗斯是基本面分析大师，他告诫交易者：努力去寻找市场和大众的错误！巴菲特也强调投资者的成功建立在市场估值的错误上，也就是价格偏离长期价值的市场错误，他认为这样的错误来自人类的有限理性。技术分析大师无论是杰西·利莫佛还是理查德·丹尼斯都强调一点：与市场趋势为友，不要与市场争论！我相信不少从事交易多年的人都没有搞清楚这个命题，这个观念上的错误导致他们对待亏损的态度显得不恰当，从而导致了错误的交易行为。一个失败的交易员无论从事什么交易，无论是黄金还是外汇，无论是做投资还是投机，最根本的原因是他的错误观念。观念不去，难成大器！对于黄金高胜算交易者而言，如何将上述两种看似矛盾的观念有机结合起来是非常关键的一项工作。

> 从基本面看来，价格走势就是不断从一个极端错误走向另外一个极端错误的过程。基本分析/驱动分析的目的在于寻找机会，而技术分析/行为分析的目的在于把握机会，仓位管理是后者的强项。

请大家搞清楚下面这个交易员心理结构图，要成为一个成功的黄金交易员，要跻身于最伟大的黄金交易员行列，必须从内在入手。但是这里需要注意一个误区，那就是用一些模棱两可的抽象词汇来评判具体的交易心理和行为。当一项交易成功后，我们称为勇敢或者谨慎，如果失败了，我们则可能归结为贪婪或者恐惧，这种根据单一交易结果来贴心理标签的做法对提高交易绩效毫无意义。不过，关于这样的教诲和反省，你可以在不少交易教程和日志看到：我贪婪了，所以这次交易最终失败；我恐惧了，没有果断止损，所以这次交易很糟糕。诸如此类的事后分析是毫无用处的，这类马后炮式的行为长期下来只能让交易者像无头苍蝇一样乱撞一气。你必须找到导致失败的具体观念，最后从行为层面入手去解决这一观念，否则扣上一些"贪婪"或"恐惧"的大帽

> 将看似对立和矛盾的观点和观念用统一逻辑整合起来，这就是高手之道，也即是太极阴阳所蕴含的根本哲学。

> 将交易者的心态标签用来解释操作的绩效，这是一种原地踏步的做法。

技术分析是有用的，但不是万能的，基本分析是有用的，也不是万能的。明白它们的局限性，这是正确运用它们的前提。但是，又有多少人搞清楚了这些前提呢？

子毫无指导意义。让你不恐惧和不贪婪的说法，一点可操作性都没有。不过可笑的是，绝大多数贩卖技术分析理念的"大师们"却正是这样教导大众的。从我们下面给出的这个分析图入手（见图1-1），找到制约你交易的观念，看看它们怎样影响你对交易机会的价值判断，怎样影响你对盈亏的态度，怎样决定你的交易行为。如果你知道这样去分析，那么成为一个高胜算的黄金交易者肯定指日可待。

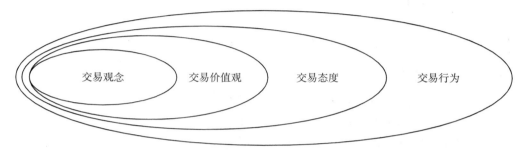

图1-1　交易者行为制约

仓位管理上的最大错误就是"倾向效应"导致的！

我们认为犯错次数越少越好，因为交易亏损的次数越少越好，所以会使得我们变得具有倾向性，那就是卡尼曼所说的"倾向性效应"，盈利的边际效用下降，亏损的边际厌恶也在下降，所以有一点盈利就会跑掉，而浮亏很多也会继续持仓。最终，我们平均亏损就会大于平均盈利，期望值为负，最终不亏损才怪。这就是交易观念对交易行为进而对交易绩效产生致命影响的一个最典型案例。

记住，交易观念决定交易价值观，交易价值观决定交易态度，交易态度决定交易行为，交易行为决定长期的交易绩效！请你重视这里扼要介绍的交易观念问题，此后我们将直接进入具体的交易行为层面，所以交易观念方面还需要读者长期的自我努力。

第一节　形态敛散的二元哲学

本来蜡烛图或者说 K 线就只有两种形态，那就是阴线和阳线，这非常符合古代道家的二元哲学和黑格尔的唯理主义辩证法，这在太极图中得到了最好的体现（见图 1-2）。真正的交易高手，心中可能只有两个要素，两个对立的因素，所以他们考虑问题的时候能够直指核心所在。

围棋也是阴阳太极哲学的体现，规则比国际象棋简单很多，但是复杂程度却远胜过国际象棋。据说宇宙中的亚原子数目都没有围棋棋局的数目多。

图 1-2　太极

太极图可以很好地表达本章的形态分析要点，在用太极图展开形态分析理论之前，我们先用太极图将本书的整个框架彰显出来（见图 1-3）。

我们在本书中介绍了两种交易方法：一种是投机性为主的，它是以分析价格行为，即所谓的技术面为主的中短线交易；另一种是投资性为主的，它是以分析驱动因素，即所谓的基本面为主的中长期交易。在《外汇交易进阶》一书中，我

二元性是分析事物的方法，而统一性则是驾驭事物的方法。

们也曾提到了基本面和技术面的二元性。知道交易的方法分为两类是很重要的，不要将投机和投资搞混，我们需要记住下面这个二元性，也就是我们在本章开始提到的交易命题的二元性（见图 1-4）。

行为分析
技术面
短线交易

驱动分析
基本面
长线交易

图 1-3　太极图与本书的整个框架

技术分析的前提——
市场永远都是对的

基本分析的前提——
市场永远都是错的

图 1-4　技术分析与基本分析的前提

本书的二元性介绍完后，大家就可以很好地利用本书介绍的两种对立的交易方法了，不会像看了投机的书就把投资当投机做，看了投资的书就把投机当投资做。失败的投机最后成了无可奈何的投资，失败的投资往往都是由冲动的投机造成的。一个理性的投机者和一个理性的投资者必然有很多不同，而其根本前提的不同则是最大的不同，你清楚了这一区别也就清楚了一切交易的法门，大师的命门也在你之手，假以时日，必定有所成就！

我们接下来介绍形态分析涉及的二元性，请看前面的表1-1，之前大家也看到过，这样做的目的是反复强化读者的二元交易思维，并对本书的交易系统有深入的本能感知，潜意识是技能提高的关键，而潜意识对形象的东西很敏感，也受到重复法则的影响，所以在本书中我们将通过形象的逻辑图示和重要方法的反复示范来刺激你的交易潜意识。

我们从表1-1的左边开始介绍，第一列是敛散性。著名的短线交易大师法高在《高明的波段交易师》一书中反复强调了市场的收敛发散交替规律，也就是说市场总是在收敛后发散，发散后收敛，他通过布林带这样的工具来掌握市场的波动性，图1-5就是一张黄金国际现货市场的小时图走势，可以从较为宏观的层面看到黄金市场中无处不在的敛散交替特性，敛散在下面是宏观的体现，我们其实也可以从微观层面看到这种特性，那就是蜡烛图中的敛散、价格密集度中的敛散、市场趋势特征中的敛散。市场运动的最基础结构——N字结构其实也是"发散—收敛"的体现。由此看来，敛散性是市场形态中非常重要的元素。

宏观层次的敛散是单边市与震荡市的二分，中观层次的敛散是成交稀疏区和成交密集区的二分，微观层次的敛散是大实体蜡烛线和小实体蜡烛线的二分。

敛散背后的市场意愿更为重要，做敛散的二元区分，就是为了"顺着趋势去操作"，而市场趋势是市场意愿的直接体现。发散显示了市场意愿对目前的方向很坚决，我们切不可

搞清楚前提，你会少走很多弯路！

潜意识与为什么相关，表意识与怎么样相关。

敛散性是交替出现的，具有周期性，也就是说震荡走势和单边走势是交替出现的，高手会在收敛出现之后等待发散的机会。

回撤属于收敛，回撤包括回调和反弹。

图1-5 黄金国际现货市场的小时走势

与市场争辩，而收敛显示了市场意愿需要重新确认市场方向，这时候我们应该等待和观察，而不应该试图为市场指出正确的方向。发散和收敛与进场点也有密切的关系，发散往往与破位进场点相关，而收敛则往往与见位进场点相关。市场的发散代表着失衡，此时是获取利润的绝佳时机，因为市场有了显著的实力对比差异；市场的收敛代表着均衡，此时是保住利润的绝佳时机，因为市场没有明显的实力对比差异。市场收敛，提醒我们市场在抉择，我们此时应该待机而起；市场发散，确认了我们的某些看法，我们此时应该立即介入交易。收敛意味着观察和退出，发散意味着介入和持仓。

驱动因素与发散和收敛的关系是什么呢？大家开动一下脑筋。

第二节　收敛形态和提醒信号

收敛形态分为好几个层次，从最微观的蜡烛线到中观的

价格小范围运动，再到宏观层面的整个市场走向特征，我们下面就按照从微观到中观，再到宏观的顺序来分析和演示如何利用收敛形态识别黄金价格走势的意图，并在此基础上制定一般的交易策略。表 1-2 将本小节的内容直观地展示了出来。

> 我们这里是从微观到宏观讲解的，但是运用这套方法的时候则需要从宏观到微观。

表 1-2　收敛形态和提醒信号

敛散性	蜡烛线	价格密集度	走向特征	市场情绪	市场状态	交易含义
收敛	小实体蜡烛线	成交密集区	区间震荡市场	犹豫	均衡	提醒信号
—	微观	中观	宏观	—	—	—

在本小节我们以介绍收敛特性为主，但是只有在与发散特性的对比中才能看得出收敛特性，所以我们也会引证一些发散特性，以便交易者能够在具体操作过程中快速识别出收敛形态。蜡烛线直观地演示了市场力量的变化，我们这里不是去探究空方和多方的力量变化导致的蜡烛线颜色变化，而是力图通过前后蜡烛线形态的变化揭示出市场意愿的变化。如果目前这根蜡烛线相对于此前的蜡烛线实体更短，则表明市场由先前的坚决变为现在的犹豫，也就是说市场到了一个决策期，市场供求双方在此价位上暂时取得均衡，我们会告诉大家这对于具体操作而言意味着什么，怎样去定义这一信号，怎样去交易，这就是一个由知到行的过程，也是一个认识市场到顺应市场的过程。道家的最高法则是"顺其自然"，这里的"自然"就是内在的规律和趋势。顺势而为与顺其自然其实是一个道理，都体现了市场和自然的同质性，所以道家的思想对我们交易者而言具有很强的指导意义。我们就是要识别收敛形态的含义，具体而言收敛形态是一个"提醒信号"，向我们表明市场可能反转，准备调整头寸和仓位，而具体怎么操作，则留待"确认信号"，也就是紧接着的发散形态来显示。

> 认识世界，才能改造世界。认识市场，才能顺应市场。认识对方，才能影响对方。认识自己，才能改变自己。认识是一切变化的前提，觉察是认识的本质！没有觉察，就没有改变！觉察—接纳—替换—改变！

市场一般会给出一个提醒信号，然后再给出一个确认信号，但是也可能在一个确认信号之后直接给出一个相反的确

认信号。所以，我们可以得到基本的三种敛散模式：第一种是"发散—收敛—反向发散"；第二种是"发散—收敛—同向发散"；第三种是"发散—反向发散"（见图1-6）。在下面的详细讲解中，我们将结合具体的实例来阐述这些理论和相应的操作技巧。

出现在关键点位或者与关键驱动信息同时出现的敛散形态是观察的重点。

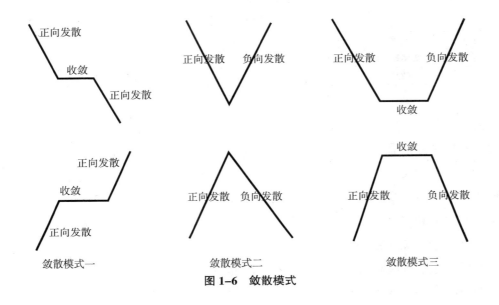

图1-6　敛散模式

首先，我们从微观层次的蜡烛线谈起，看看收敛特性在蜡烛线这个层面的识别和运用。蜡烛线的敛散主要是根据实体大小来定义的，如果相对而言实体较大，则是发散形态；反之，则是收敛形态。我们下面就结合大家已经比较熟悉的蜡烛线形态来具体阐释其中的收敛特性，从中可以发现，一旦收敛形态出现，则表明一个潜在的进场点正在形成，等待进一步的发散形态确认就可以进场了。所以，收敛形态是一个提醒交易者注意的信号。

为什么会收敛？为什么会发散？收敛之后什么情况下会出现发散？

为了讲清楚蜡烛线的收敛形态，我们就必须借助于发散形态，两者是相互区分的，没有一方做陪衬和对比，则很难清晰地定义另一方，这也是市场变化的相对性。也就是说没有绝对的高点和低点，也没有绝对的强势和弱势，一切都是相对而言，有特定的时空限制和前提条件，这就是任何交易

中，包括黄金交易中需要注意到的一个交易哲学问题。图 1-7 展示了大实体蜡烛线和小实体蜡烛线的相对性，这是蜡烛线交易的起点。

图 1-7　大实体蜡烛线和小实体蜡烛线的相对性

　　我们接下来就对传统的蜡烛线形态进行敛散性方面的介绍。第一个形态被称为弃婴，弃婴（Abandoned Baby）是一个少见的反转模式。其特点是一个跳空缺口之后紧接着一个十字，然后又是另外一个反方向的跳空缺口。同时，需要特别强调的是该十字星的影线应该没有填补完前后的缺口。标准的弃婴由三根蜡烛线组成，如图 1-8 所示，可以发现第一根和最后一根都是大实体蜡烛线，而中间一根则是小实体蜡烛线，这就是一个典型的"正向发散—收敛—反向发散"的形态。我们已经反复提到，一旦市场出现了收敛，则相当于发出了一个提醒信号，也就是提醒交易者存在一个潜在的进场机会，不过需要进一步的确认。这种形态在黄金交易中的意义很大，不过较少出现。

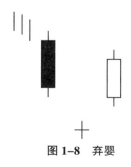

图 1-8　弃婴

它在黄金期货交易中出现的频率要大于黄金现货交易，所以黄金期货交易者应该对此加以留意。

下面黄金 5 分钟走势图中出现一个弃婴形态（见图 1-9），标准弃婴形态中要求出现一个十字星，而且要求两个跳空缺口，这在黄金现货走势图上很难找到，只有在 5 分钟图以下的时间结构中可以找到。弃婴中的十字星是一种典型的收敛形态，在图 1-9 中三根蜡烛线，第一根和第三根都是发散形态，第一根是正向发散，也就是跟此前的趋势一致的发散形态，第三根是反向的发散形态，也就是跟此前的趋势相反的发散形态，中间的蜡烛线是一个几乎没有实体的十字星，这是"墓碑十字"，一个极端的收敛形态。收敛形态是一个提醒信号，这个"墓碑十字"提醒交易者等待接下来的确认信号，也就是等待交易机会的立即出现。图 1-9 中出现了一个上升趋势末端的弃婴形态，相反的弃婴形态发生在下降趋势末端。

图 1-9　黄金 5 分钟走势图中的弃婴形态

乌云盖顶（Dark Cloud Cover）是一个看跌的反转模式。其特点是在上升趋势中出现了一根长实体的阳线，接着第二天开盘创出新高，但是收盘价却跌到了前天阳线实体的中线以下（见图 1-10）。这是没有收敛形态的模式，也就是说是一个典型的"正向发散—反向发散"形态，这种形态没有发出提醒信号，所以很难让交易者提前做好准

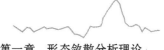

备，不具有良好的交易结构。这个形态我们放在下一小节详细探讨。

股市中的天量乌云盖顶倒是比较有用。

图1-10 乌云盖顶

十字（Doji）是最极端的收敛形态，一旦看到这种形态，交易者就应该打起十二分的精神等待交易确认信号的出现。当收盘价和开盘价相等的时候就会出现十字（见图1-11）。上下影线的长短可以变化，由此可以得到各种不同的十字。十字的出现表明市场出现了犹豫和拉锯战，因此价格在开盘之后经过盘中的震荡又回到了开盘价的位置收盘。这种形态在黄金交易中的意义很大，需要特别留意。

十字是反映均衡还是分歧？

图1-11 十字

下面是黄金5分钟走势图中出现的十字，十字是比较极端的收敛形态，它出现时发出的提醒信号意味比较浓。但是需要注意的是十字只是提醒交易者可能出现交易机会，并不表明交易机会一定出现，也不确认交易方向。只有等待十字之后出现的发散形态来提供确认信号，进而获得进场交易的方向和位置（见图1-12）。在后面两章提到的黄金短线交易中，我们往往需要借助这种极端的收敛形态识别出有效的阻力支撑位置，同时借助此后发生的发散形态确认交易方向和位置。在见位进场中，也就是调整（反弹）进场中，十字总是充当一个提醒信号。

十字之后可能行情继续前行，也可能反转。

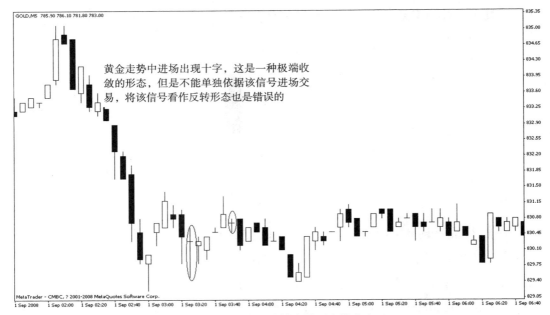

GOLD,M5 785.90 786.10 781.80 783.00

黄金走势中进场出现十字，这是一种极端收敛的形态，但是不能单独依据该信号进场交易，将该信号看作反转形态也是错误的

MetaTrader - CMBC, ? 2001-2008 MetaQuotes Software Corp.

图1-12 黄金5分钟走势图中的十字

向下跳空并列阴阳线（Downside Tasuki Gap）通常定义一个持续形态。如图1-13所示，其特点是长实体阴线后出现向下跳空，得到一根阴线。第三根价格线为阳线，其开盘价处在第二根价格线实体内，同时其收盘价位于缺口之间，但是并未填补缺口。这是一种典型的发散后收敛的形态，应该属于成交密集区的类型，正确的交易方法应该是等待此成交密集区的突破，因为这两根蜡烛线的重叠是一个发散形态，是一个提醒信号，并不足以构成交易信号，通常这种形态在黄金交易中的意义不大，了解即可。

成交量大的价位表明多空分歧很大。成交量小的价位表明多空分歧很小。黄金期货的成交量比较容易看到，黄金保证金交易的成交量则很难获得。

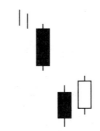

图1-13 向下跳空并列阴阳线

图 1-14 是黄金 5 分钟走势图，其中标注了向下跳空阴阳线模式，这是并列蜡烛线，其实就是一种典型的价格密集走势，属于中观层面的收敛现象，也是一种提醒信号，其最终的含义取决于其后出现的蜡烛线发散的方向。在下面这个例子中，黄金在向下跳空阴阳走势之后陷入了长期盘整。

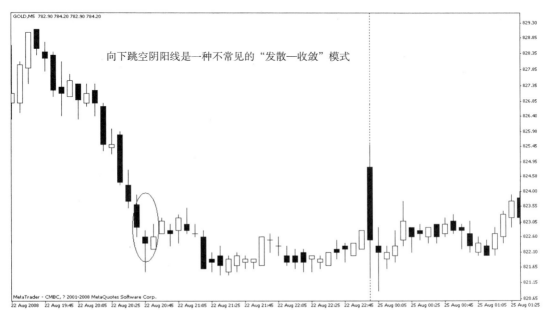

图 1-14 黄金 5 分钟走势图中的向下跳空阴阳线模式

蜻蜓十字（Dragonfly Doji）的特点是收盘价和开盘价都等于最高价（见图 1-15）。其含义与其他十字线相似，通常认为它经常出现于市场转折点。这是一种极端的收敛形态，在我们的体系里面将其定义为一个提醒信号，而不是交易信号，也就是趋势可能反转，也可能持续，一个蜻蜓十字仅表明市场处于犹豫和均衡状态，正确的交易方向并没有出来，需要扩散形态，也就是大实体蜡烛线来确认。无论是黄金还是白银交易，无论是商品期货交易还是股票交易，这个形态的意义都是非同寻常的，特别是日线上的该形态。

蜻蜓十字相当于是日内 V 形反转，什么样的因素导致了这样的情况发生呢？

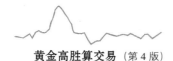

图 1-15　蜻蜓十字

图 1-16 是黄金 5 分钟走势图，其中标注了蜻蜓十字，这个蜻蜓十字位于局部低点，这在交易中是一个提醒信号，但是并不足以说明这是一个反转点。蜻蜓十字也是收敛形态的极端形式。

图 1-16　黄金 5 分钟走势图中的蜻蜓十字

为了让大家明白蜻蜓十字不是一个反转信号的意义，我们再举一个实例，下面还是黄金的 5 分钟走势图，其中标注了一个蜻蜓十字，需要注意的是这个蜻蜓十字处于上升趋势之中（见图 1-17），与图 1-16 中处于转折点的蜻蜓十字情况有所不同。从这里可以看出，蜻蜓十字不是一个能够确认反转或者持续的信号，它是一个收敛形态，仅是提醒交易者注意即将出现的交易信号。

出现在持续走势中的蜻蜓十字

图1-17 蜻蜓十字处于上升趋势之中

　　吞没（Engulfing Pattern）通常被认为是一个反转模式，分为看跌吞没和看涨吞没，图1-18中的是看涨吞没。在趋势中出现了跟趋势意义相同的小实体线（下跌趋势中出现小实体阴线，上涨趋势中出现小实体阳线），然后出现颜色相反的蜡烛线，其实体覆盖了前一根蜡烛线的实体。这是一种"正向发散—收敛—反向发散"形态，小实体表明了一种市场的犹豫，而接下来的大实体表明了市场对此后的方向已经有了很明显的意图。这种形态在黄金交易中的意义很大，需要特别留意。

　　看涨吞没就是多头盖过了空头的势力。

图1-18 看涨吞没

　　图1-19是黄金5分钟走势图，其中的吞没形态都标注了出来，有看跌吞没，也有看涨吞没。无论是看跌吞没还是看涨吞没，其第一根蜡烛线都相对小于第二根蜡烛线的实体大

小，而且差异程度越大信号越好。第二根蜡烛线是一种相对收敛状态，其实一切收敛形态都是相对的，收敛只有与发散形态放在一起才能表明其意义。吞没形态中的第一根蜡烛线显示出一种市场的犹豫和均衡，这是一个提醒信号，提醒交易者注意交易机会的出现。看过蜡烛图的人都知道，面对纷繁的走势和无数的形态，我们需要一个简单而明确的提醒信号，提醒我们即将来到的交易信号。

我们这里是拆开了讲形态和驱动面的，用的时候你要结合起来才行，光看一个形态，那是不靠谱的。

看涨吞没，一种典型的"收敛—发散"形态，第一根蜡烛线是收敛形态，一个提醒信号

图1-19 黄金5分钟走势图中的看涨吞没形态

图1-20是黄金5分钟走势图，其中标注出了看跌吞没形态，第一根蜡烛线相对于第二根蜡烛线是收敛的。其实，看跌吞没的提醒信号可能与确认信号一同出现，也就是说两个实体大小存在相对差异的蜡烛线同时存在时，交易者才能识别出提醒信号。看过《外汇交易圣经》和《外汇交易三部曲》的读者一定会对"势、位、态"这个三要素法则印象深刻，这是我们所有技术交易方法的基石，现在我们介绍的"敛散"就属于"态"的范畴，而且是最高范畴。我们在交易中，首先要找到的是可能性较高的市场未来运行方向，在此基础上标出市场现价附近的几个进场位置（如果是短线交易，则需

《外汇交易三部曲》属于高级课程，《外汇交易圣经》属于中级课程，《外汇交易进阶》属于初级课程。

要同时找到潜在的出场位置），然后等待价格在潜在的进场位置附近触发后出现特定的敛散形态，此时就可以入场了。对于短线交易而言，一旦价格在特定位置出现了反转敛散形态，则应该平仓；对于中线交易而言，只有当价格确认了转势才能平仓。这里顺带提下"势、位、态"中的"位"，因为在后面的黄金交易中我们在 1 小时图上的技巧中有一项"分割线适离"就涉及"位"的相关范畴，具体而言是见位。"位"有四种：见位、破位、顶位和间位，在《外汇短线交易的 24 堂精品课：面向高级交易者》中专门有介绍，在本书的第二章中我们主要使用见位交易。

图 1-20　黄金 5 分钟走势图中的看跌吞没形态

　　黄昏十字星（Evening Doji Star）是一个看跌反转形态，跟早晨十字星相反。在上升趋势之后出现了长阳线，接着高开出现了一个十字，然后一根阴线收盘低于长阳线的中点（见图 1-21）。这个形态在黄金交易中不时出现，是一种具有较高指向意义的形态，应该认真掌握。该形态也是典型的"正向发散—收敛—反向发散"模式，具有很高的可操作性，十字星发出了一个"提醒信号"，而大实体阴线给出了一个

黄昏之星和早晨之星是我们比较偏爱的形态。

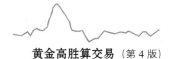
"确认信号"，此后交易者就可以立马入市交易了。

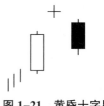

图 1-21　黄昏十字星

图 1-22 是黄金 5 分钟走势图，其中标注出了黄昏十字星形态，这种形态在黄金走势中出现的频率越来越高了，因为在黄金大牛市上涨过程中进行大幅调整也越来越频繁了。第一根蜡烛线是一个正向发散信号，第二根蜡烛线是一个收敛信号，提醒交易者注意紧随而来的交易机会，而第三根蜡烛线则确认了交易机会，这就是进入做空。当然，我们需要注意的是，单凭蜡烛线出现的这个形态，我们无法发出完整的趋势交易信号，任何交易都是"势、位、态"，只有在"势"和"位"的要素已经具备的前提下出现了这一敛散形态，我们才能进入交易。在本章中，我们不会反复提到这一点，不过读者在阅读和实际操作时不应该漏掉这一点。

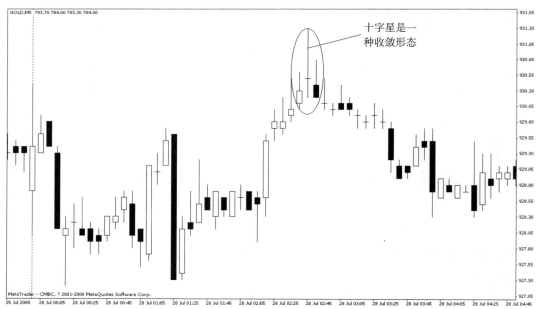

图 1-22　黄金 5 分钟走势图中的黄昏十字星形态

　　黄昏之星（Evening Star）是一个看跌的反转模式，其特点是上升趋势之后出现了一根长阳线，接着出现高开的小实体线，然后一根阴线收盘低于长阳线的中点（见

图 1-23）。这与黄昏十字星一样，是一个典型的"正向发散—收敛—反向发散"形态，具有很高的可操作性。这种形态在黄金交易中的意义很大，需要特别留意。为什么很多 K 线形态要求以前一日的中点为基准呢？其中有多方面的原因，如 50% 回撤点位，或者是价格重心论，又或者是 Camrilla 操作法的广泛使用等。

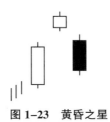

图 1-23　黄昏之星

黄昏之星较黄昏十字星出现的频率更高，图 1-24 是黄金 5 分钟走势图，其中标出了黄昏之星。无论是黄昏之星还是黄昏十字星，以及其他类似的变异形态，其实都是"正向发散—收敛—反向发散"模式，只不过其中的收敛部分存在差异而已，这种差异或许体现为收敛的程度不同（十字星和小实体的差别），或者是收敛时间的差别（一根蜡烛线和一根以上蜡烛线的差别）。

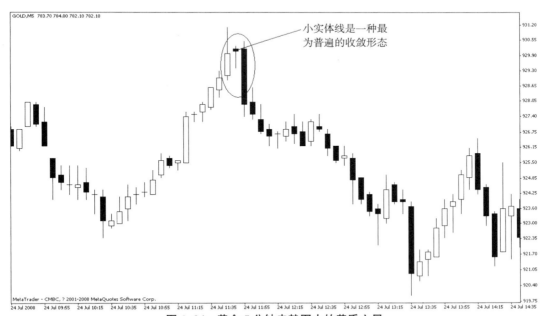

图 1-24　黄金 5 分钟走势图中的黄昏之星

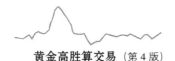
一阴吞三阳，多空谁更强？

下降三法（Falling Three Methods）是一个看跌的持续模式。其特点是一根长实体阴线后面接着三根小实体线，且这三根线都被第一根的实体阴线所覆盖，第五根蜡烛线为阴线创出新低（见图1-25）。这是一种典型的"正向发散—收敛—正向发散"形态，中间三根蜡烛线构成了一个成交密集区，是一种中观层次上的收敛形态，提醒交易者注意交易机会，最后一根阴线实体确认了这一交易机会，并指明了交易方向。这种形态在黄金交易中的意义很大，需要特别留意。

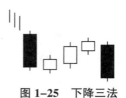

图1-25　下降三法

在交易黄金走势的实际操作中，我们不能拘泥于传统蜡烛图的定式和窠臼。图1-26是黄金5分钟走势，其中标注的部分近似于下降三法，不过这不是"三法"而是"四法"。下降三法的实质是"正向发散—收敛—正向发散"，其中收敛持

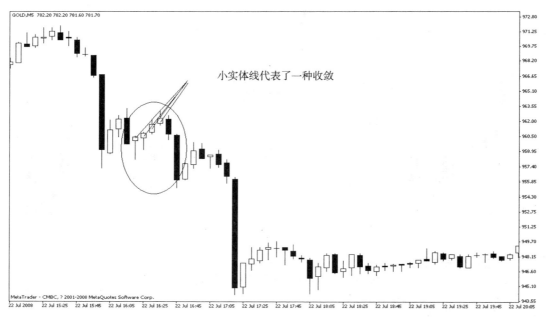

图1-26　黄金5分钟走势图中的准下降三法

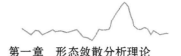

续时间的不同可能得到的就是"两法"、"四法"等。如果死记硬背蜡烛图定式，不仅将交易过程弄得复杂，而且往往交易结果也并不令人满意，所以交易者在考察蜡烛图形态的时候，把握"敛散"这个二元结构就能够透彻和高效地把握市场运动的短期意向。

墓碑十字（Gravestone Doji）是一种特殊的十字线，也就是收盘价、开盘价和最低价处于同一价格的十字线（见图1-27），在传统蜡烛理论中这被认为是一个反转信号，不过我们持有更为谨慎的态度。我们认为一个墓碑十字的出现仅意味着市场处于犹豫中，市场力量达成了暂时的均衡，无论是持有仓位还是空仓，都应该把这个看成一个提醒信号，注意此后相对较大的实体蜡烛发出的确认信号。墓碑十字仅代表市场处于收敛、处于平衡、处于犹豫，仅仅如此！我记得有个交易员反而认为墓碑十字应该叫"仙人指路"，主力通过这种方式先行试盘，为向上推动价格摸清情况。

公布一个市场期待已久的利好之后，出现墓碑十字，你认为这是反转还是中继呢？

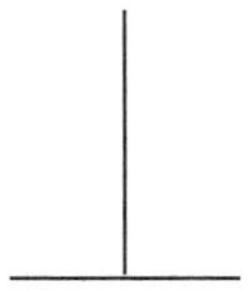

图 1-27　墓碑十字

图1-28是黄金1小时走势图，其中标注出了墓碑十字。不管十字还是一般的小实体蜡烛线，其实都是收敛的一种具体形态，只不过十字比一般小实体蜡烛线反映的收敛程度更深而已。收敛形态并不意味着市场处于反转前夜，它的作用仅是提醒交易者可能出现顺向或者逆向的交易机会，具体是顺向还是逆向需要此后的大实体蜡烛线提醒。在图中，墓碑十字前后出现了很多小实体蜡烛线，同时也构成了成交密集区，这就提醒交易者应该密切注意交易机会，关注大实体线出现。

图 1-28　黄金 1 小时走势图中的墓碑十字

锤头（Hammer）是一个收敛信号，锤头形成于下降趋势中，开盘后价格出现大幅度的下降，在收盘时价格回升到开盘附近，从而留下较长的下影线，这就是锤头（见图 1-29）。传统的蜡烛图理论认为这是一个看涨反转模式，我们认为这反映了市场的均衡，无论是将这个锤头看作空转多的信号，还是空头暂时调整的信号都是不准确的，只有此后出现了实体相对较大的阳线才能确认多头获得了优势，只有此后出现了实体较小的阴线才能确认空头继续保持了优势。

> 影线越长的锤头意义越大。

图 1-29　锤头

图 1-30 是黄金 1 小时走势图，其中标注了符合传统锤头定义的蜡烛线，通常认为锤头是反转信号，不过我们并不这样看，主要是因为锤头作为反转信号和持续信号的概率基本

接近于 1 : 1。那是不是说锤头对于交易就没有任何用处了？也不是，锤头是一个很好的收敛信号，可以作为很好的交易提醒信号，提醒交易者关注即将到来的交易机会，这个机会可能是逆向的，也可能是顺向的，锤头本身并不足以告诉你这个机会的交易方向，它只是提醒你。在股票交易中，如果能够结合成交量分析则可以做到更加准确地识别锤头的性质。看看图中那些位于不同位置的锤头吧，仔细品味这段话。

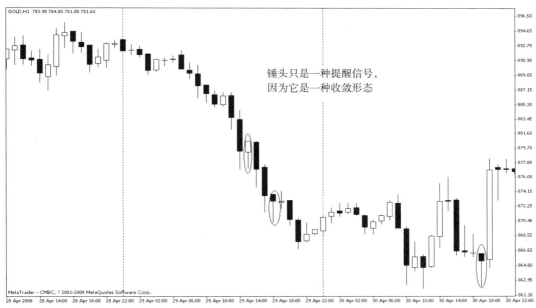

锤头只是一种提醒信号，因为它是一种收敛形态

图1-30 黄金1小时走势图中的锤头

吊颈（Hanging Man）是一个收敛信号，吊颈形成于上升趋势中，开盘后价格出现大幅度的下降，在收盘时价格回升到开盘附近，从而留下较长的下影线，这就是吊颈（见图1-31）。传统的蜡烛图理论认为这是一个看跌反转模式，我们认为更为可靠的做法是在出现吊颈后等待市场出现确认信号：一根较大的实体蜡烛线，如果出现了实体阳线，则应该继续看多；如果出现了实体阴线，则应该做空。

A股中的吊颈线出现后往往意味着市场还会再次下探低点。黄金走势中的吊颈则并不一定。

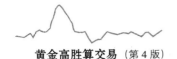

图 1-31　吊颈

图 1-32 是黄金 1 小时走势图，其中标注了 3 个吊颈形态，也就是出现上升走势之后的特殊形态。吊颈也仅是一个收敛形态，一个交易机会即将来临的提醒信号。一般认为吊颈是一个反转信号，但是根据实际的黄金交易经验来看，这是一个错误的认识，因为吊颈既没有指出市场继续上升的概率大，也没有指出市场转而下跌的概率大。吊颈仅是一个提醒信号，在图中的 3 个吊颈信号都处于持续上升走势的水平调整走势中，而不是通常认为的那样是顶部信号。

图 1-32　黄金 1 小时走势图的三个吊颈形态

孕线（Harami）在上升趋势中，首先出现了一根阳线，之后出现一根实体较短的阴线，且该阴线的实体完全处于该阳线实体之内（见图 1-33）。传统蜡烛图理论认为这是一个看跌的反转形态，但是意味没有看跌吞没那么浓。不过，就形态敛散理论来看，这仅是一个收敛信号，表明市场由坚决向上变得犹豫，这或许是调整，又或许是转折，我们需要一根实体较大的蜡烛线来确认这一提醒信号。

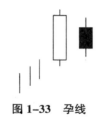

图 1-33 孕线

孕线是一个收敛信号，其第二根蜡烛线的实体相对较小，代表了一种收敛，表明市场力量处于均衡，市场意愿处于犹豫。孕线有两种具体类别：一种处于下跌之后；另一种处于上升之后。图 1-34 是黄金 1 小时走势图，其中将两种孕线都表示了出来。孕线在传统蜡烛图理论中被看成是反转信号，其强度弱于吞没形态。之所以这样，主要是因为吞没形态包括了一个收敛之后的发散，而孕线仅是一个收敛。孕线只是一个只有提醒信号的形态，而吞没则包括了提醒信号和确认信号。

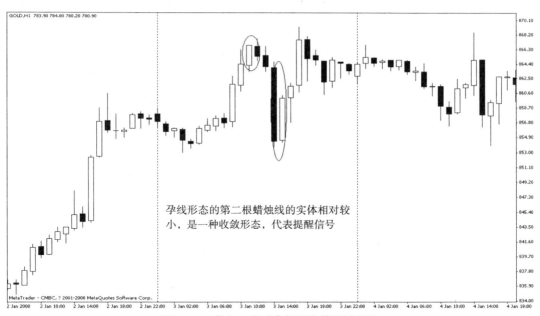

图 1-34 黄金 1 小时走势图中的两种孕线

孕十字线（Harami Cross）是一个收敛信号，是孕线的一种特别形式，跟孕线的含义相同，只是收敛意味更浓一些，是一个提醒信号（见图 1-35）。一旦市场出现了这样的信号，我们就需要进一步等待确认信号。孕十字线与西方所谓的内部日形态有密切的关系，只是孕十字线看重的是开盘价和收盘价，而内部日则是根据最高价和最低价进行分析的。如果次日的最高价低于前日最高价，次日的最低价高于前日最低价，那

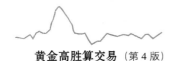
么就构成了一个内部日。西方短线理论大师杰克·伯恩斯坦对于内部日情有独钟，他着重从"突破而作"的角度来对待内部日。

图1-35 孕十字线

倒锤头（Inverted Hammer）在传统蜡烛图理论中被认为是一个看涨反转模式。其特点是在一个下降趋势中，一根蜡烛线的开盘较低，但是盘中大幅度上升，而收盘时又跌到开盘价附近（见图1-36）。这是一个收敛信号，相当于"扩散—收敛—扩散"类型，最后一个扩散如果是正向扩散，则继续持有空仓；如果是反向扩散，则做多。在下跌趋势中，出现倒锤头意味着反弹乏力，这种情况类似于我们在《外汇狙击手》一书中所提到的"砸地生金"模式。

反弹无力的表现！

图1-36 倒锤头

图1-37是黄金1小时走势图，其中标注出了一个倒锤头形态，处在一个局部低点。该锤头后出现了两根小实体蜡烛线，表明市场一直在发出提醒信号，提醒交易者注意即将到来的交易机会。此后一根大阳线出现，确认了向上做多的交易信号，交易者应该在此大阳线之后的蜡烛线进场做多。在《外汇交易圣经》中，我们将蜡烛线归纳为几种，在本书中我们将所有蜡烛线，甚至西方技术形态全部归纳为两种："收

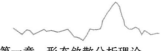

敛"和"发散"。无论是蜡烛线的倒锤头，还是西方形态里面
的对称三角形，都属于收敛形态。

图 1-37　黄金 1 小时走势图中的倒锤头形态

　　长实体线（Long Day）是实体很长的阴线和阳线，表明势
头强劲，这代表了一种坚决和非均衡市况（见图 1-38）。当确
认信号是长实体蜡烛线时，确认效果很好。长实体蜡烛线代
表了发散的状态，在下一小节我们将详细介绍。

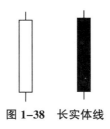

图 1-38　长实体线

　　长腿十字（Long-Legged Doji）是上下影线都很长的十字，
反映了市场情绪的犹豫，是一种收敛状态，长腿十字没有实
体部分或者极小（见图 1-39）。很多蜡烛图将长腿十字看作反
转信号，不过这既不是一个必要条件，也不是一个充分条件，

影线越长，则十字的解读
价值越大。

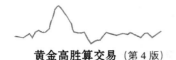
如果你见到长腿十字就去反向操作的话，胜率极低，正确的办法是等待较长实体蜡烛线来确认持续或者反转。长腿十字是一种极端收敛的形态，市场提醒你注意交易机会的出现，在第二章的黄金小时图交易理论中，我们会利用到长腿十字等小实体蜡烛线作为翻转信号。

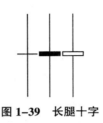

图 1-39　长腿十字

长影线（Long Shadows）一般指较长的上影线和较短的下影线，传统蜡烛图理论认为这表明盘中买方势力强盛；而较长的下影线和较短的上影线则表明盘中卖方势力强盛。我们仅将此看成一个收敛，一个提醒信号。

图 1-40 是黄金 1 小时走势图，其中标注了常见的收敛形态，蜡烛图理论家会津津乐道地告诉你其中每种形态的含义，甚至会告诉你它们的细小差别。但是，在实际交易中，这种纸面上的理论往往使得你无可适从，很多所谓的反转形态经常失效，其有效性趋近于 50%，所以并不能提供有效的交易信号。之所以这样，最为关键的原因有三点：第一，传统的蜡烛图分析方法着力于细化形态分类和定义，这使得一个蜡烛线分析人士显得很专业，毕竟他们能记得如此多的名称，但他们往往忽略了钻研蜡烛图的本质；第二，传统蜡烛图分析人士混淆了提醒信号和确认信号的区别；第三，传统蜡烛图分析人士往往忽略了蜡烛线提供的是局部信号，而不是整体信号，所以适合短期内的局部走势研判，必须与具有全局意义的市场方向和位置结合起来才能发挥作用，仅依靠蜡烛线就想"踏浪而行"无疑是痴人说梦话！

K 线形态是现象，从中推出的市场心理才是本质。

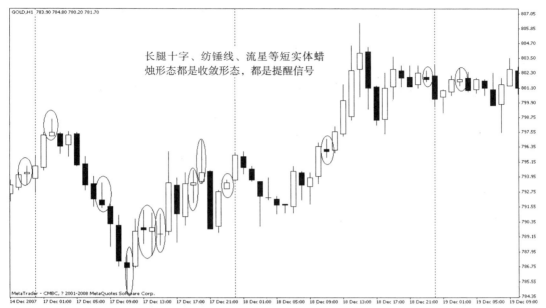

图1-40　常见的收敛形态

纯实体线（Marubozo）又称光头光脚线，反映了市场势力强大和市场意愿的坚决，是一种发散形态，在下一章详细介绍（见图1-41）。

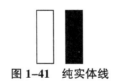

图1-41　纯实体线

早晨十字星（Morning Doji Star）与黄昏十字星相反，是一个三根蜡烛线组成的看涨反转模式。这是一个"正向发散—收敛—反向发散"的典型，其中的十字星是一个提醒信号，而最后那根阳线则是一个确认信号（见图1-42）。我们可以将这个形态看作一个完整的交易触发信号。

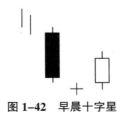

图1-42　早晨十字星

早晨十字星容易出现在杰西·利莫佛所谓的关键点位附近。

图 1-43 是黄金 5 分钟走势图，其中标注出了一个早晨十字星。对于传统蜡烛图分析人士而言，其中的十字星如果换成了其他小实体蜡烛线或者形态就需要更换名称，但是在我们看来换成其他收敛形态仍不改变这一模式的根本特点，那就是"正向发散—收敛—反向发散"。

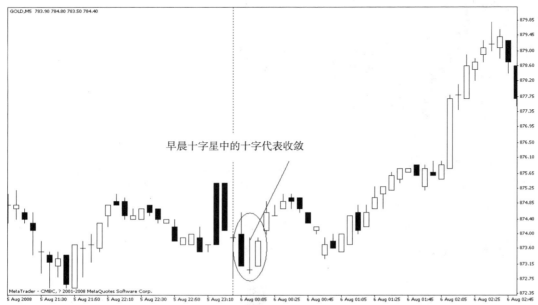

早晨十字星中的十字代表收敛

图 1-43　黄金 5 分钟走势图中的早晨十字星

早晨之星（Morning Star）与黄昏之星相反，是一个三根蜡烛线组成的看涨反转模式。这也是一个典型的"正向发散—收敛—反向发散"的模式，第二根蜡烛线是一个提醒信号，最后一根蜡烛线是一个确认信号（见图 1-44）。

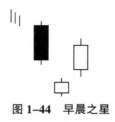

图 1-44　早晨之星

刺透线（Piercing Line）是一个看涨反转模式，与乌云盖顶相反。刺透线出现在下跌趋势之后（见图 1-45）。这是一个

刺透线我们用得较少。

"正向发散—反向发散"的典型，没有提醒信号，只有确认信号。这是一个典型的扩散为主的形态，我们在下一小节介绍。

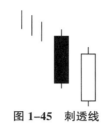

图1-45　刺透线

上升三法（Rising Three Methods）是一个看涨的持续形态，与下降三法相反。这是一个典型的"正向扩散—收敛—正向扩散"类型（见图1-46）。其间的小实体代表了提醒信号，而最后的大实体则代表了确认信号，确认了向上的走势。

一阳吞三阴！

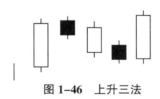

图1-46　上升三法

流星（Shooting Star）在传统的蜡烛图理论中被认为是一个看跌反转模式。其特点是出现在上升趋势之后，开盘较高，盘中更是大幅度上涨，但是收盘却又回落到开盘附近（见图1-47）。我们认为这是一个收敛模式，是一个提醒信号，不能单凭此就介入交易。

图1-47　流星

短实体线（Short Day）的实体长度很短（通常影线也很短），反映了市场的犹豫情绪（见图1-48）。这是一个收敛形态，提醒信号往往以这样的形式出现。

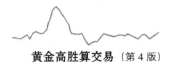

图 1-48　短实体线

纺锤线（Spinning Top）是较短的实体加上很长的上下影线，反映了市场的犹豫不决和僵持（见图 1-49）。这是一个收敛形态，提醒信号也经常以这样的形式出现。

图 1-49　纺锤线

星线（Stars）是一个实体很短的蜡烛线，向上跳空或者向下跳空就处于一个星位，这根蜡烛线就叫星线（见图 1-50）。星线就是典型的收敛形态，是一个提醒信号，不能单独触发交易。

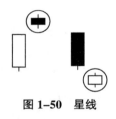

图 1-50　星线

> 三明治线其实就是我们 A股市场人士经常说的空方炮。

三明治线（Stick Sandwich）是一个看涨反转模式。其特点是两根阴线夹着一根阳线，而且两根阴线的收盘价必须相等，这表明了支撑线的存在（见图 1-51）。这是一种比较特殊的"正向发散—收敛—正向发散"形态。这种模式不太好交易。

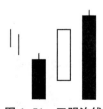

图 1-51　三明治线

三只乌鸦（Three Black Crows）在传统蜡烛图理论中被认为是一个看跌反转模式（见图1-52）。我们认为这种态势表明市场一直处于发散当中，下跌意愿很坚决，失衡中我们不能螳臂当车。下一小节我们将详细介绍这一形态。

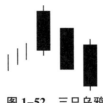

图1-52　三只乌鸦

三个白兵（Three White Soldiers）在传统的蜡烛图理论中被认为是一个看涨反转模式（见图1-53）。我们认为这是一个持续上涨的模式，除非有收敛和反向发散稍后出现。下一小节我们将详细介绍这一形态。

三个白兵演变成下降三法也不是不可能，这就是K线的高度不确定性。

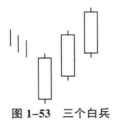

图1-53　三个白兵

向上跳空两只乌鸦（Upside Gap Two Crows）在传统蜡烛图理论中被看作一个看跌反转模式。其特点是出现于上升趋势之后，第一根为长阳线，接着出现一根小实体的向上跳空阴线，第三根阴线较第二根线的实体更长并且吞没第二根线。第三根线的收盘仍然高于第一根线的价格范围（见图1-54）。我们认为这是一个"发散—收敛"模式，此后的走势取决于接着出现的发散模式是正向发散还是反向发散。

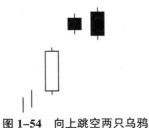

图1-54　向上跳空两只乌鸦

向上跳空并列阴阳线（Upside Tasuki Gap）在传统蜡烛图理论中被看作一个看涨持续模式，与向下跳空并列阴阳线相反（见图 1–55）。后面两根蜡烛线形成了价格密集区，相当于一个收敛形态，是持续看涨还是反转，取决于此后的价格走势是正向发散还是反向发散。

缺口是不是完全回补是市场大众观察的一个重点。

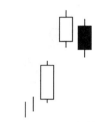

图 1–55　向上跳空并列阴阳线

从中观层面分析形态敛散，主要是从价格密集度来分析。当某一价格区域的价格线很少时，我们就称之为成交稀疏区；当某一价格区域的价格线很多时，我们就称之为成交密集区。有些交易理论和技术专门利用如此简单的区分来进行交易，衍生出了很多冠以"混沌"和"空间"的交易方法。其实，这些方法都能够在下面的太极中得到说明（见图 1–56）。成交

图 1–56　成交稀疏区与成交密集区

稀疏区是市场非均衡的状态，金价在此状态下表现出坚决的单向运动意愿，这时候市场有方向性；成交密集区是市场均衡的状态，金价在此状态下表现出犹豫的无向运动意愿。黄金交易者的目的在于抓住市场由成交密集区向成交稀疏区转变的这个过程，也许有不少交易者热衷于在成交密集区高抛低吸，但是这样的操作通常面临极差的风险报酬比，当市场陡然变得有趋势时，交易者要么错失赚大钱的良机，要么犯下让亏损惨重的错误。

我们首先来看看黄金走势中，什么是成交稀疏区，什么是成交密集区。图 1-57 是国际金价走势的小时图，图中标注了三个区域，第一个区域是成交密集区；第二个区域是节点，也就是交易者介入交易的理想位置，为了得到恰当的风险报酬比，我们应该尽量靠近该点介入，要知道如何在行情走出来前发现该点是所有黄金交易操作的核心所在；第三个区域是成交稀疏区。我们这里先讲讲第一个和第三个区域，最后再讲如何在成交稀疏区走出来之前尽可能靠近节点入市。

图 1-57 国际金价走势小时图中的成交稀疏区与成交密集区

成交密集区不必进行定量化的定义，大家只要知道价格在此位置进行了 4 根蜡烛线以上的盘整即可，如果低于 4 根蜡烛线则可以看作微观层面上的收敛。在市场冷清的亚洲时段和欧洲早段及美国晚段时间，市场往往走出这样的走势。成交密集区的出现表明市场处于均衡和犹豫的状态，这是一个提醒信号，一旦市场走出这样的走势，

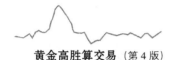

那么交易者就要打起精神等待确认信号出现，所谓的确认信号往往出现在节点位置。

成交稀疏区对于入场的意义不大，对于持仓的意义更大，当市场回归到成交密集状态或者微观收敛状态时，我们就应该减仓或者平仓了。那么，如何把握入场的节点呢，可以说黄金短线交易的核心就在这个地方，微观层面的蜡烛线敛散信号只是起到辅助研判的作用，用于极短期内的走势判断，而且不能单独使用，而趋势市场和震荡市场的区分适合于宏观层面的研判，对于实际操作没有太多指导意义和可操作性，往往是用于总体指导和事后复盘，更多的是用于交易哲学的探讨。

那么，如何把握节点呢？我们要使用的工具主要是布林带，其他把握节点的工具包括我们在蜡烛线中曾经提到的敛散形态，以及在本书第二章要提到的其他工具。我们在第一章提到的内容主要是为第二章和第三章的交易理论打下理论基础。

具体而言，我们这里使用的布林带是参数为（13，0，1.618）的布林带，我们使用MT4.0上面的Bands指标调整得到我们想要的布林带，关于该指标的使用办法参看附录的《本书所用技术指标的官方指南》。下面我们详细讲解如何在黄金短线交易中利用Bands（13，0，1.618）这个指标去把握节点。

在图1-58中，有三个节点，节点处存在一个重要的特征就是张口，也就是布林带的上下轨道突然扩展。这也是布林带发明人布林格最为推荐的信号之一。从布林带的变化可以很好地识别出中观层面的敛散模式，布林带可以很清楚和快速地标注出78%的节点，这对于波段交易者而言是很不错的比率了。关于寻找节点，我们暂时讲到这里，更为系统和全面的节点寻找方法请阅读第二章。最后需要说明的一点是不少整理形态和转折形态，如水平三角形、旗形、楔形和双顶、双底及矩形，这些绝大部分都属于收敛形态，最后都在等待一个突破，通过画出边界线，可以大致识别出突破，也就是

收敛之后必有突破。

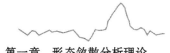

扩散的发生，突破处就是节点，不过通过我们介绍的方法，你就不用去下功夫熟记和识别千奇百怪的形态了，"以一对万"，这就是我们敛散形态分析理论的优势。

图1-58　布林带的三个节点

宏观层面的敛散形态涉及区间震荡市和趋势单边市（见图1-59），我们这里结合起来讲讲，关于趋势单边市的具体介绍留到下面一小节。区间震荡市场显示了市场的均衡，在此市态中，交易者大多都喜欢高抛低吸，这种做法胜率很高，但是一旦市场启动了单边走势，如果没有止损，则会带来灾难性的后果。当交易者企图从区间震荡市场获利时，他们需要预先设定盈利目标，启动止盈程序，一旦遇到单边趋势市，那么就会放弃盈利大好机会。而交易者始终都专注于趋势单边市则不会有这样的问题，即使交易者在区间震荡市里按照趋势市场在交易，那么也不会有太多的亏损，顶多亏手续费（在合法的经纪商那里，单笔手续费并不高，但是一旦把握对方向则盈利巨大。在犹豫的市场里，不应该去交易，不要为了蝇头小利而错失良机和犯下大错，这是我们告诫那些想成为高胜算黄金交易员的读者的话。

图 1-59 区间震荡市和趋势单边市

第三节 发散形态和确认信号

趋势是持续的，也是稀缺的，震荡是反复的，也是常见的。

在前一小节我们全面介绍了收敛形态，期间也夹杂介绍了发散形态，毕竟收敛和发散是相比较而言，没有了发散也就没有了收敛。两者是相互依存，对立互斥的。行情的走势往往是两种形态的交替发展，而这种交替发展就使得市场对交易的行为强化具有随机性，所以交易技能的掌握非常困难，这也是我们在《外汇交易三部曲》中深入探讨的一个主题，这里不再赘述。下面我们专门介绍发散形态，收敛形态是市场中持续时间更久的部分，但是利润大部分来自于发散形态。表 1-3 就是发散形态在三观层次上的表现。

表 1-3 发散形态在三观层次上的表现

敛散性	蜡烛线	价格密集度	走向特征	市场情绪	市场状态	交易含义
发散	大实体蜡烛线	成交稀疏区	趋势单边市场	坚决	失衡	确认信号
—	微观	中观	宏观	—	—	—

在微观层次上，大实体蜡烛线是代表；在中观层次上，成交稀疏区是代表；在宏观层面上，趋势单边市场是代表。本章的内容实际上是详述"势、位、态"三要素中的"态"要素的，你可以把本章传授的知识融入你的交易体系，前提是你能够很好地判定"势"和"位"，任何交易体系必然具备这三项要素，不过市面上那些提供市场评论和交易分析的"大师"们通常只会告诉你是涨是跌，也就是说他们仅告诉你"方向"，这样的分析和指令是极其不完善的。你通常需要知道一个市场的可能方向，然后找到一个阻力支撑位置，如果你是见位交易，那么等待价格触及这个位置形成收敛形态，然后反向发散（甚至直接出现反向发散，而没有收敛在前），你就可以进入交易了；如果你是破位交易，那么等待价格以正向发散突破这个位置，你就可以进入这个交易了。

我们将在第二章介绍的 1 小时黄金交易理论可能不适合你，但是你可以从它的构造中体会出"势、位、态"三要素。该交易系统的顾比复合均线（详见第二章第二小节）提供了交易方向，也就是"势"；该交易系统的分割线（详见第二章第五小节）提供了交易位置，也就是"位"；该交易系统的蜡烛线小实体信号（详见第二章第六小节）提供了确认交易方向和位置的信号，也就是"态"。另外几个指标主要是进一步确认交易时机的有效性。

知道了敛散形态的用处，我们就可以开始下面的具体介绍了。

紧接着小实体蜡烛线之后的大实体线蜡烛线是确认信号，由小实体线到大实体线，这是一个很重要的信息，对于交易者而言这是扣动扳机的信号，"收敛—发散"出现后，交易者应该立即介入交易。介入交易后，理想的情况是市场走出并立即走出单边走势，这样我们就不用面对出场的难题了。不过，现实没有这么简单，所以我们在决定出场的时候还需要用到"势"或者是"位"、"态"，这与进场存在差别，进场要求"势、位、态"都有。

大实体的意义在于确认某一方向和位置作为交易的合理性，而小实体的意义在于提醒交易者马上就要出现这一信号了。大实体线是市场坚决向某一方向运动的信号，请多读几遍这句话。判断中国 A 股市场是否处于大盘底部有一个比较有效的经验法则，那就是看看日线走势图上在长期下跌之后是否出现了超级大阳线，这其实就是运用了关于大实体和发散的原理，图 1-60 是小实体蜡烛线和大实体蜡烛线的太极图。

底部大量大阳线，谁在进入？

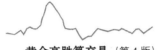

图 1-60　小实体蜡烛线和大实体蜡烛线

下面我们就从交易的角度来介绍发散形态的意义。在上一小节中我们已经从收敛的角度提到了其中绝大部分形态，现在我们从发散的角度来剖析这些形态。

弃婴（Abandoned Baby）前面已经提到，这是一个在黄金走势中少见的反转模式。弃婴有时候也被称为岛形反转，这种概念在西方技术形态中比较常用。其特点是一个跳空缺口之后紧接着一个十字，然后又是另外一个反方向的跳空缺口。同时，需要特别强调的是该十字星的影线应该没有填补完前后的缺口。弃婴的第一个缺口一般被称为衰竭缺口，第二个缺口则被称为突破缺口。我们这里把重点放在该形态中的第一根和第三根蜡烛线上，这两根蜡烛线都是发散形态的体现，它们一个是正向发散，另一个是反向发散，这个反向发散构成了一个确认信号，确认了交易方向和时机（见图1-61）。

图 1-62 是黄金的 5 分钟走势图，其中圈注了一个不太标准的弃婴形态，第一根大实体阴线是一个下跌的发散形态，第二根小实体蜡烛线提醒交易者注意交易机会即将来临，第三根大实体阳线确认了交易方向为上，确认交易者可以在此

突破缺口、度量缺口、衰竭缺口怎么区分？

位置介入做多。当然这是仅针对"态"的分析而言，真实的交易判断过程还应该分析"势"和"位"，在此前提下才有我们这里的"态"分析。

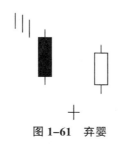

图 1-61 弃婴

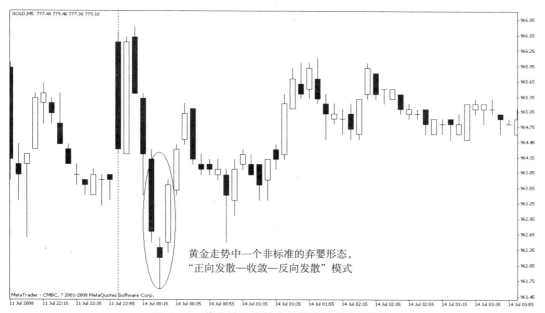

图 1-62 黄金的 5 分钟走势图中的准弃婴形态

乌云盖顶（Dark Cloud Cover）是一个看跌的反转模式。其特点是在上升趋势中出现了一根长实体的阳线，接着第二天开盘创出新高，但是收盘价却跌到了前天阳线实体的中线以下（见图 1-63）。这种形态缺乏收敛模式，也就是没有提醒信号，一根实体

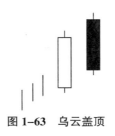

图 1-63 乌云盖顶

较大的阴线直接发出确认向下的交易信号。这是一个没有收敛模式的"正向发散—反向发散"模式。

图1-64是黄金1小时走势图，图中标注了一个乌云盖顶形态，其中的实体大阳线代表"正向发散"，大阴线代表"反向发散"。微观层次上的这种敛散模式相当于中观层次上的V字反转走势，这两种不同层次上的形态体现了同一种敛散模式。

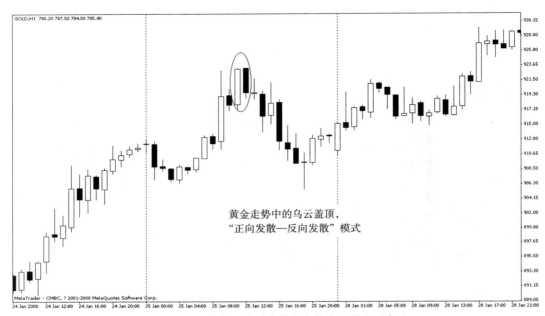

黄金走势中的乌云盖顶，"正向发散—反向发散"模式

图1-64　黄金1小时走势图中的乌云盖顶形态

上一小节，我们已经提到吞没（Engulfing Pattern）是一个反转模式，分为看跌吞没和看涨吞没，图1-65是看涨吞没。在趋势中出现了和趋势意义相同的小实体线（下跌趋势中出现小实体阴线，上涨趋势中出现小实体阳线），然后出现颜色相反的蜡烛线，其实体覆盖了前一根蜡烛线的实体。第二根蜡烛线相对于第一根蜡烛线而言是发散形态，也就是一个交易确认信号。在看涨吞没形态中，第二根蜡烛线是大实体阳线，这个发散形态确认了进场做多的信号；在看跌吞没形态中，第二根蜡烛线是大实体阴

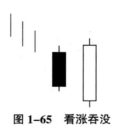

图1-65　看涨吞没

线，这个发散形态确认了进场做空信号。

　　图 1-66 是黄金 1 小时走势图，其中标注了看涨吞没形态，在该图中，如果你根据我们的 N 字法则，可以在该看涨吞没发生之前就初步断定向上的概率更大，然后寻找进场位置，当看涨吞没出现时，确认了上涨方向和进场位置。

> 任何形态必须与关键点位结合，所谓"势、位、态"，"态"是排在最末一位的因素，不考虑"位"和"势"是不行的。

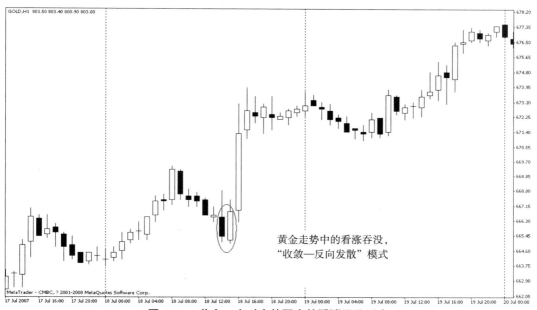

图 1-66　黄金 1 小时走势图中的看涨吞没形态

　　图 1-67 是黄金 1 小时走势图，其中标注了看跌吞没形态。其中第二根蜡烛线是大实体阴线，这个阴线发出了确认信号，确认市场方向向下。

　　前面已经提到，黄昏十字星（Evening Doji Star）是一个看跌反转形态，跟早晨十字星相反。在上升趋势之后出现了长阳线，接着高开出现了一个十字，然后一根阴线收盘低于长阳线的中点。这里主要介绍其中发散形态的意义。其实，这个形态与弃婴形态类似，都是"正向发散—收敛—反向发散"模式，第一根蜡烛线是正向发散，最后一根蜡烛线是反向发散，确认了此后走势与此前走势相反（见图 1-68）。

> 黄昏十字星中的三根 K 线分别意味着什么，与什么样的基本面相对应，你这样去思考过吗？

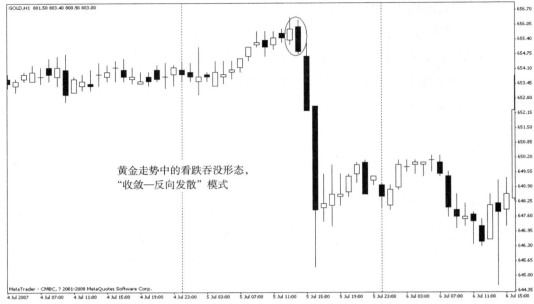

图 1-67　黄金 1 小时走势图中的看跌吞没形态

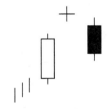

图 1-68　黄昏十字星

　　图 1-69 是黄金 1 小时走势图，其中标注了黄昏十字星，其中的十字星是一个提醒信号，而最后一根大阴线则是确认交易信号，确认了空头交易。这里需要反复强调的一点是，只要此前的趋势分析判断市场走势为跌，同时位置分析确定了此处存在阻力，那么出现了这一形态才能被采纳为进场做空信号。不过，在介绍这部分内容时，我们假定趋势分析和位置分析得到的条件都是具备的。

　　与黄昏十字星一样，黄昏之星（Evening Star）也是一个看跌的反转模式，其特点为上升趋势之后出现了一根长阳线，接着出现高开的小实体线，然后一根阴线收盘低于长阳线的中点。第一根蜡烛线和最后一根蜡烛线分别是"正向发散"和"反向发散"（见图 1-70）。

黄昏之星的星体在什么样的基本面背景下出现？

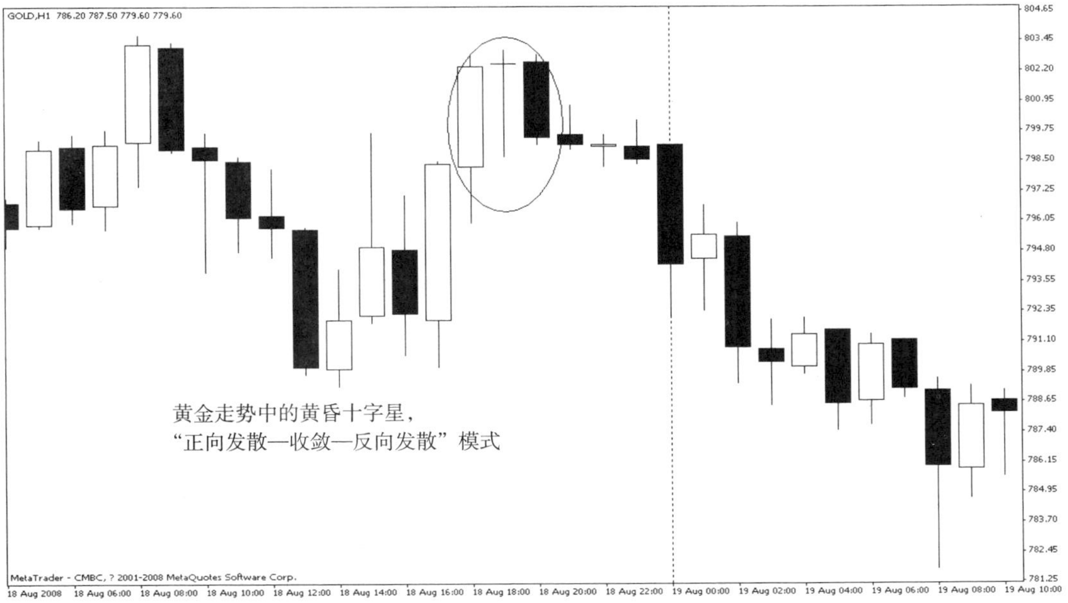

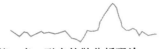

图 1-69 黄金 1 小时走势图中的黄昏十字星

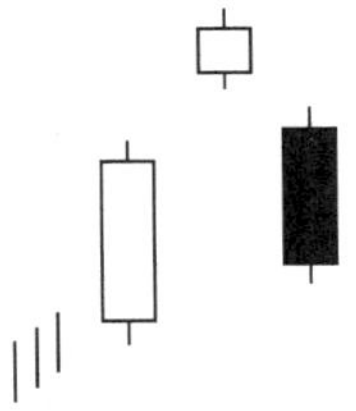

图 1-70 黄昏之星

图 1-71 是黄金 1 小时走势图，其中标注了黄昏之星，我们故意给了一个不标准的黄昏之星，其实这种不标准的黄昏之星更为常见。在该图中，变异的黄昏之星中间的收敛部分由两根小实体蜡烛线组成，这就是其"变异"之处。不少蜡烛形态的收敛部分都存在这样的情况，不过发散部分只需要一根蜡烛线足以构成。

在上一小节我们已经提到下降三法（Falling Three Methods）是一个看跌的持续模式。其特点是一根长实体阴线后面接着三根小实体线，且这三根线都被第一根的实体阴线所覆盖，第五根蜡烛线为阴线创出新低。其实，对于这个形态而言，最为关键的部分是最后一根覆盖前面小实体线的大

反弹的三根阳线在什么样的背景下会出现？这个时候市场可能会有些什么类型的消息和数据公布？市场可能会有些什么心理情绪出现？哪些人还在这个位置去做多？哪些资金会利用这个反弹去做空？

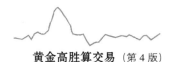

实体阴线，这是一个发散形态，也是一个确认信号，确认了进场做空信号（见图1-72）。

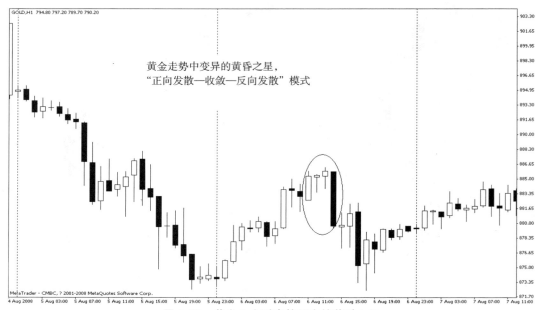

图1-71　黄金1小时走势图中的黄昏之星

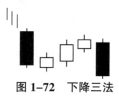

图1-72　下降三法

图1-73是黄金1小时走势图，其中标注了一个不标准的下降三法，其间的收敛部分是由十字星和一根纺锤线构成的，对于我们而言，这样的收敛部分提醒意味更浓，信号的有效性更高。

孕线（Harami）是在上升趋势中，出现了一根阳线，之后出现一根实体较短的阴线，且该阴线的实体完全处于该阳线实体之内，这是一个看跌的反转形态，但是意味没有看跌吞没那么浓（见图1-74）。孕线的第一根蜡烛线是一个发散形态，确认趋势继续向上，直到第二根小实体蜡烛线出现，并发出了提醒信号。

低开但又不破前低是什么原因呢？

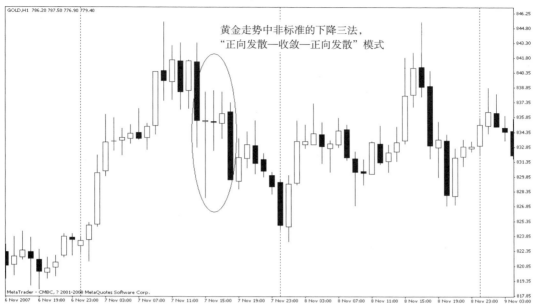

图 1-73　黄金 1 小时走势图中不标准的下降三法

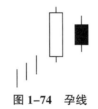

图 1-74　孕线

图 1-75 是黄金 1 小时走势图，其中标注了孕线形态。第一根蜡烛线是正向发散形态，确认了此前的走势，不过紧接着的小实体阴线发出了提醒信号。

孕十字线（Harami Cross）是孕线的特别形式，跟孕线的含义相同，只是意味更浓一些。在上一小节，我们专门讲到了这一形态，这里我们提醒大家注意的是第一根蜡烛线代表的扩散形态（见图 1-76）。

图 1-77 是黄金 1 小时走势图，其中标注了孕十字形态，这种发散后收敛的形态只是一个提醒信号，此后的大实体蜡烛线将告诉交易者交易的方向。在该图中，孕十字出现后接连出现了好几个小实体蜡烛线，然后出现了大实体阳线，确认了继续向上的交易方向。

为什么市场在持续上涨之后出现了犹豫，有什么利空数据出现吗？这个时候你要综合去分析。

图 1-75　黄金 1 小时走势图中的孕线形态

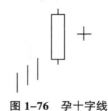

图 1-76　孕十字线

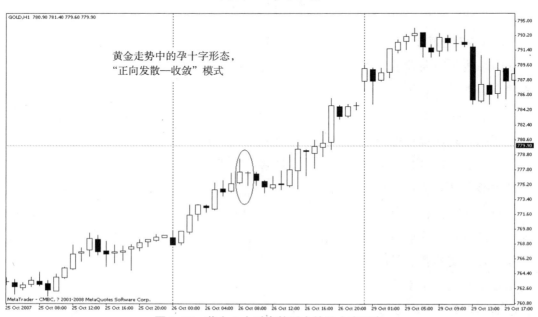

图 1-77　黄金 1 小时走势图中的孕十字形态

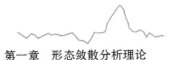

长实体线（Long Day）是实体很长的阴线和阳线，表明势头强劲，是发散形态的一种表征（见图 1-78）。

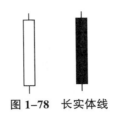

图 1-78　长实体线

图 1-79 是黄金 1 小时走势图，其中标注了显著的长实体线，这些都是最为明显的发散形态，这些阳线表明交易者继续持仓做多的必要。在黄金短线交易中，加仓的频率要少得多，所以持仓的技巧显得更加重要。

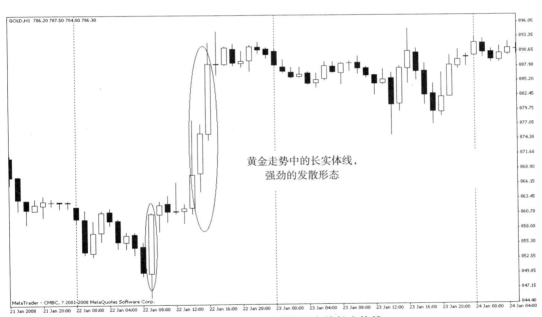

图 1-79　黄金 1 小时走势图中的长实体线

纯实体线（Marubozo）又称光头光脚线，反映出市场势力强大（见图 1-80）。这也是一种典型的发散形态。对于大实体蜡烛线而言，所见即所指，见大实体阳线就确认向上做多，见大实体阴线就确认向下做空。当然，任何交易都是一个系统过程，做空和做多需要"势"和"位"条件的相应具备。

市场这样走，有什么强劲的消息吗？这个驱动因素能够持续吗？

纯实体线是非常好的破位进场信号，纯实体阳线突破前高是破位做多的机会，纯实体阴线跌破前低是破位做空的机会。

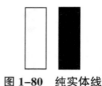

图1-80　纯实体线

图1-81是黄金1小时走势图，其中标注了一根纯阳实体和一根纯阴实体，第一根纯阴实体线会误导我们的交易方向（如果你注意结合"势"、"位"因素来考虑则不会），第二根阳实体线发出的继续持仓信号则会成功地引导我们的交易方向。

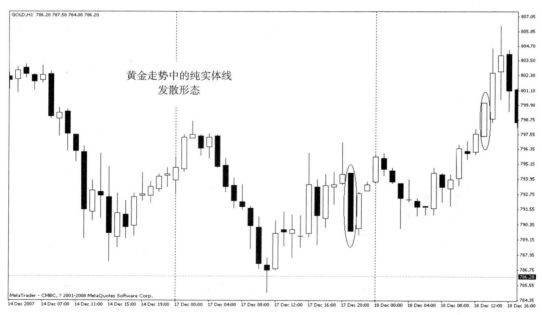

图1-81　黄金1小时走势图中的纯阳实体和纯阴实体

十字星这天发生了什么导致市场转而看多？这个消息或者数据具有持续重大的影响吗？

上一小节已经提到了早晨十字星（Morning Doji Star）与黄昏十字星相反，是一个由三根蜡烛线组成的看涨反转模式。第一根阴线是正向发散形态，最后一根阳线则是反向发散形态，也是一个确认信号，确认了做多交易（见图1-82）。

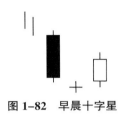

图1-82 早晨十字星

图1-83是黄金1小时走势图，其中标注出了早晨十字星。除考虑"势"和"位"两个因素之外，这个早晨之星的第二根蜡烛线发出了提醒信号，而第三根蜡烛线则发出了确认进场做多的信号。价格线发出的信号一般有三种，它们是提醒信号、确认信号和进场信号，其中提醒信号与收敛形态有关，确认信号与扩散形态有关，进场信号则涉及进场类型。有效的进场类型是见位进场、破位进场和顶位进场。

图1-83 黄金1小时走势图中的早晨十字星

前一小节已经提到早晨之星（Morning Star）与黄昏之星相反，是一个由三根蜡烛线组成的看涨反转模式。它的第一根蜡烛线和最后一根蜡烛线分别是正向发散和反向发散信号。最后一根大实体阳线确认了向上的交易方向（见图1-84）。

图1-85是黄金1小时走势图，其中标注了早晨之星。第一根蜡烛线是一个正向发散形态，第二根蜡烛线是一个反向发散形态，确认了做多的交易方向。

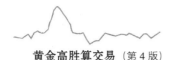
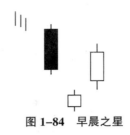

图 1-84　早晨之星

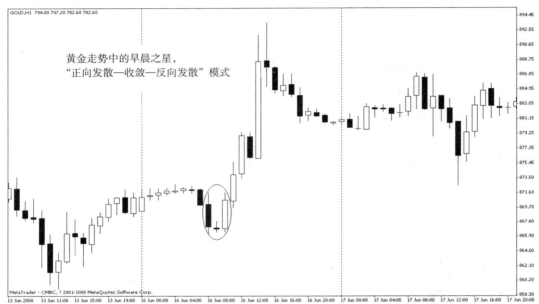

图 1-85　黄金 1 小时走势图中的早晨之星

　　图 1-86 是黄金 1 小时走势图，其中标注了一个变异的早晨之星形态，其收敛部分由多根蜡烛线组成。这些小实体蜡烛线持续发出提醒信号，此后的大实体阳线则发出了向上做多的确认信号。

　　刺透线（Piercing Line）是一个看涨反转模式，与乌云盖顶相反。刺透线出现在下跌趋势之后。这是一个没有提醒信号的"正向发散—反向发散"模式，最后一根大实体阳线发出了确认上涨的信号（见图 1-87）。

　　图 1-88 是黄金 1 小时走势图，其中标注了刺透形态，第一根大实体阴线是正向发散形态，第二根大实体阳线是反向发散形态，确认了进场做多的信号。

结合数据和消息来看刺透形态才能极大提高胜算率。

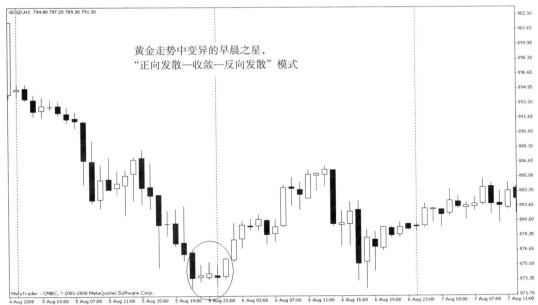

图 1-86 黄金 1 小时走势图中的变异早晨之星形态

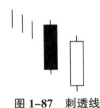

图 1-87 刺透线

图 1-88 黄金 1 小时走势图中的刺透形态

上升三法（Rising Three Methods）是一个看涨的持续形态，与下降三法相反。这个形态反映了一种进场思路，那就是回调买入，也就是"见位做多"（见图1-89）。见位做多的方式主要有两种：一种是回调买入，另一种是反弹卖出。

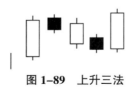

图 1-89　上升三法

图1-90是黄金1小时走势图，其中标注出了上升三法。不过这是一个不标准的上升三法，其实我们并不在意遇到的价格走势标准与否，无论是怎样的走势都可以在"敛散形态"分析中得出具有交易价值的信息。所谓标准形态只是符合教科书的不切实际的理想形态而已。图1-90中的走势呈现出"正向发散—收敛—正向发散"模式，最后一根大实体阳线覆盖了此前的小实体阴线，发出了进场做多信号。

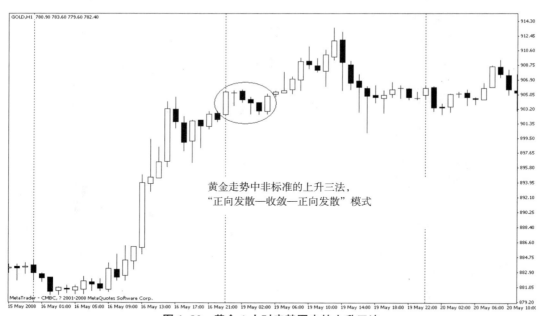

图 1-90　黄金1小时走势图中的上升三法

三只乌鸦（Three Black Crows）是一个发散模式，是确认看跌的发散模式（见图1-91）。

图1-92是黄金1小时走势图，其中标注了一系列的大实体阴线，它们持续发出下跌的信号，直到收敛信号出现，交易者才开始考虑转变交易方向。

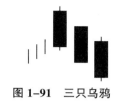

图 1-91　三只乌鸦

不断出现的较大实体阴线
只是下跌发散信号而已

图 1-92　黄金 1 小时走势图中的一系列大实体阴线

三个白兵（Three White Soldiers）发出了持续看涨的确认信号，这是发散形态的聚集（见图 1-93）。如果你是看多的持仓者，那么见到此信号应该继续持仓做多，如果你是做空交易者，那么看到此信号应该转而进场做多。

发散形态之后可能接着还是发散形态，但是收敛形态必将到来，关键在于什么时候会到来？你用什么方法来判断这个节点？

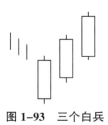

图 1-93　三个白兵

图 1-94 是黄金 1 小时走势图，其中标注了一系列的大实体阳线，这些都是发散形态，是确认做多的信号。

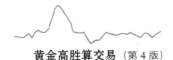
GOLD,H1 780.90 783.60 779.60 780.80

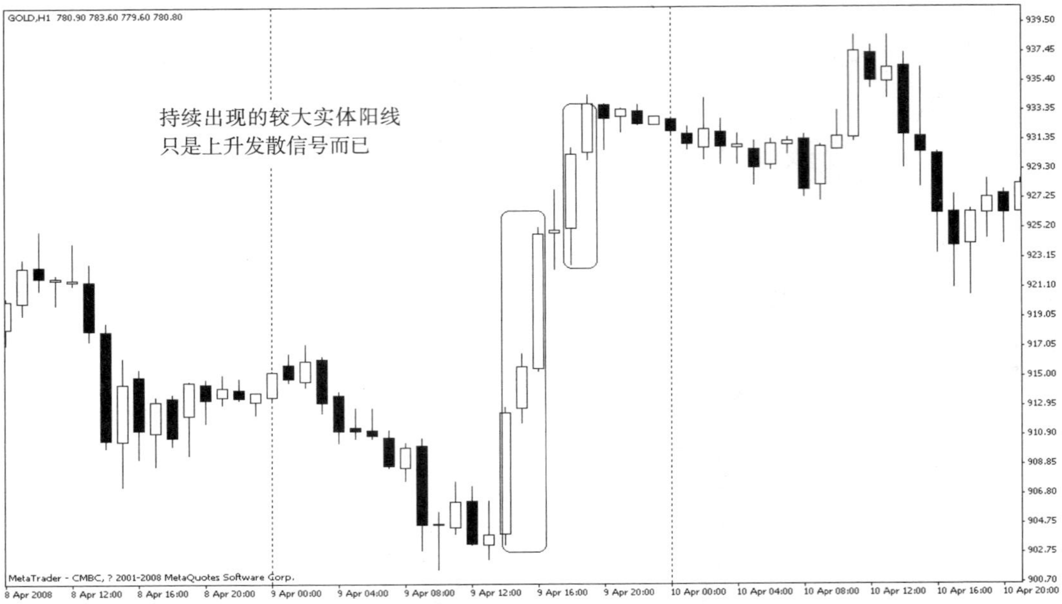

持续出现的较大实体阳线
只是上升发散信号而已

MetaTrader - CMBC, ? 2001-2008 MetaQuotes Software Corp.

8 Apr 2008　8 Apr 12:00　8 Apr 16:00　8 Apr 20:00　9 Apr 00:00　9 Apr 04:00　9 Apr 08:00　9 Apr 12:00　9 Apr 16:00　9 Apr 20:00　10 Apr 00:00　10 Apr 04:00　10 Apr 08:00　10 Apr 12:00　10 Apr 16:00　10 Apr 20:00

图 1-94　黄金 1 小时走势图中的一系列大实体阳线

　　微观层次上，我们结合具体的蜡烛线形态讲解了发散模式，这里我们接着讲解中观层次上的发散模式。成交密集区是中观层次收敛模式，而成交稀疏区则是中观层次的发散模式。西方技术理论有很多种三角形和其他调整形态，如旗形、楔形等，以及一些转折形态，如双顶等，这些都是各种类型的成交密集区。西方经典技术分析强调了当价格在这些形态的边缘发生突破时，就是介入交易的好时候，因为此后价格很可能走出爆发行情，也就是形成成交稀疏区，这个突破就是成交密集区转换到成交稀疏区的节点。图 1-95 是成交稀疏区和成交密集区的太极图，两者之间的转换就是节点。节点除了具有技术意义上的临界点性质之外，同时也是主力意图的体现。一个高胜算的黄金交易者必然寻求节点介入，也就是说把握金价从成交密集区到成交稀疏区的过渡阶段。

节点就是枢纽，就是爆发点，也是统一点。

　　一个黄金交易者失败，很可能是在成交密集区介入，甚至热衷于在成交密集区进行没有止损，存在止盈的交易或者是当价格已经形成较长时间的成交稀疏区走势后才介入交易。无论是上述哪种情况，最后都会失败得很惨。第一种交易者

图 1-95　成交稀疏区和成交密集区的太极图

会由于"截短利润，让亏损奔跑"而获得一个非常差的风险报酬率；第二种交易者会由于屡屡从较差的位置进入而承担很大的心理压力和仓位劣势。只有把握成交密集区到成交稀疏区的节点介入，才能成为一个高胜算的黄金交易者。

　　进场位置和出场位置基本位于成交密集区和稀疏区的转换节点处，而持仓区域则应该位于成交稀疏区。如果你介入过早，会在成交密集区遭受资本的时间价值损耗，丧失了增值机会，承担过高的机会成本。

　　图 1-96 是黄金 1 小时走势图，可以直观地看到，成交稀疏区也就是中观层次上的发散形态，带来了利润的绝大部分，但也可能是重大亏损的来源，如果你能够在这些区域做到"截短亏损，让利润奔腾"，则可以把握住这些利润中的绝大部分。要做到把握这些利润丰厚区域，就需要在收敛到发散的节点处正确地入场，同时需要在发散到收敛的节点处正确地出场。如何做到这点？完全做到是不可能的，但是如果我们有一个指标可以及时、准确地侦测出市场敛散情况，则我们就能够抓住绝大部分利润，这个法宝就是我们在上一小节已经提到的布林带。布林带的最大威力在于可以侦测出中观敛散性的变化，也就是可以指出超过 60% 的节点所在，而我们交易的绝大部分利润都藏在中观层面上，微观层面的蜡烛线敛散提供的利润往往只能应付手续费，因为它们发出的信号太多、太频繁了，而宏观层面敛散形态往往是提供交易哲学，并不能提供切实的交易操作。

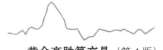

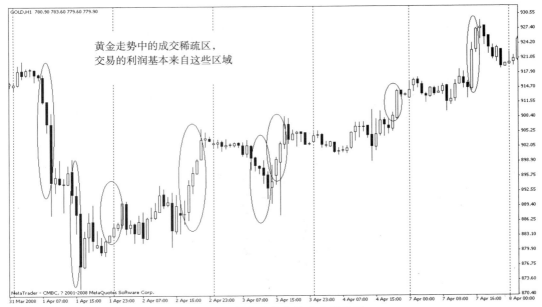

图 1-96　黄金走势中的成交稀疏区

微观层面敛散信号是我们交易的基础，我们需要应用这些敛散信号来确认此前的市场方向和位置判断是否有效；中观层面的敛散信号是我们交易的主体，我们应用这些敛散信号来确认交易节点的存在。在第二章的第六小节我们会运用到微观层面的敛散分析技巧，在第二章的第四小节我们会运用到中观层面的敛散技巧。微观层面我们主要使用蜡烛线分析，在中观层面我们主要使用布林带来取代各种西方技术形态。那么在宏观层面，我们如何展开敛散分析呢？毕竟利润来自于在发散阶段的正确持仓，要做到整体上的正确持仓，我们必须考虑到市场的宏观特征，就是市场处于什么状态，是单边趋势走势，还是区间震荡走势。

其实具体的均线参数并不重要，你完全可以形成自己的均线组，一组是短期均线，一组是长期均线，这就是顾比移动平均线的基本思想。

我们利用顾比复合移动平均线来识别宏观层面的敛散性，顾比复合移动均线在澳大利亚证券市场上使用得较为普遍，在内地这几年也有接触，但是这种分析方法的使用并不普遍。顾比复合均线由两组均线组成，一组是短期均线，另一组是长期均线，当然长期和短期是相对而言的，与两条均线的使用类似，不过顾比均线有利于更好地区分单边趋势市场和区

间震荡市场。我们并不会在震荡走势转向趋势单边市场时就马上采取交易行为，这点与中观和微观层面的操作存在差异。单边市场和趋势单边市场的确立需要一段时间才能确认，越是宏观层次其价格行为越是存在惯性，改变状态很难，所以我们只有等单边市场得到确认后才介入到其中进行交易。当顾比短期组均线穿越长期均线时，我们通常不会急于入市，此时市场很可能还处于区间震荡市场，也就是宏观收敛状态，这是一种阴性市态。这种市况持续时间越久，市场活跃度越低。当顾比短期组穿越长期均线后必然发生回档，也就是短期组贴近长期组的运动，当再次交叉得以避免，短期组恢复走势时，我们选择介入，这就是说在第一次回档发生之后我们可以介入，此时趋势单边市况被确认。

趋势单边市场和区间震荡市场是宏观层面的敛散情况，这其实已经超越了狭义的"态"，进入到"势"的范畴，在第二章的第二小节我们将介绍如何利用顾比复合均线确认市场处于"宏观发散"中，也就是说市场是否处于某一方向的单边走势中。单边走势和区间走势始终是对立统一的，恰如图 1-97 的太极所示，如果市场始终处于单边走势，那么长期下来就没有输家了，只需要追涨杀跌即可；如果市场始终处于震荡走势，长期下来也同样没有输家，只需要高抛低吸即可。但是，自然界的制衡法则表明不可能让大家都是赢家，如果大家都是赢家，投机市场将不存在，所以通过阴阳法则避免了这一情况出现：交替转换的趋势和区间市场让绝大多数人成了输家！

图 1-97　趋势单边市场和区间震荡市场

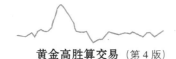
　　即使利用顾比复合均线我们也无法准确地预知市场是处在单边市场还是区间市场，我们使用顾比复合均线只是让我们能够及时跟上市场的变化，我们只能跟随，而不是预测，这就是我们认知能力的极限所在。我们不可能提前辨识出市场是趋势市场还是区间市场，我们假定两种情况：第一种情况如图 1-98 所示，我们假定所有市场情况都是区间市场，以高抛低吸作为唯一策略，如果确实遇到区间市场，我们高抛低吸能够捡到不少好处，如果我们止盈而不止损的话，会使得胜率看起来很吓人，但是单笔盈利实在少得可怜。这样的操作就像在图中点 1 做空，在点 2 止盈一样。不过，一个投机市场不可能永远处于震荡走势，当你毫无觉察时（你也无法预知），市场转为单边市场，这时你在点 2 做多，由于你只设定了止盈而没有设定止损，结果可想而知。市场上不少"超短高手"都是这样的操作思路，由于胜率极高，所以很受众人推崇，殊不知往往一笔亏损就把全部盈利亏光了。

图 1-98　假定所有市场情况都是区间市场

　　有些读者可能认为给这种策略加上止损不就行了，但是问题有两点：第一，区间边界并不规则，合理放置止损并不容易，这个跟教科书讲述的有差别，教科书讲的市场震荡走势往往呈现矩形模式。如果止损设定过大，则起不到限制亏损的作用；如果止损设置过小，则胜率将极大降低，这种策略的优势就在于胜率高，通过较高的胜率补偿较低的报酬率，这样一来适得其反。第二，采用这种方法的人都追求较高的胜率，心理倾向使得采用这种方法的人不可能采用止损。如果能够较为合理地设定震荡市场的止损，同时能够严格地执行止损，则这种策略的最后绩效会好得多。但是这种策略存在一个不可解决的问题就是止盈。如果不止盈，则震荡市中的利润将"竹篮打水一场空"；但是如果止盈的话，则会影响交易者在趋势市中"让利润奔腾"。不少读者可能会说，在区间市场采用止盈，在单边市场采用追进止损不就行了。这样的意见很有价值，如果我们能够识别出大部分的单边走势，那么就可以这样做，也就是说可以选择性地采取兑现盈利的方法。不过仍旧需要强调的一点是，除非你做到百分之百预知单边和区间走势，否则不能选择性地采取止损措施。总而言之，除非你具备百分之百的市况预测力，否则必须止损，这是"帝娜投机交易第一定律"；如果你具备预知大部分单边市的能力，则你可以选择性地止盈，但必须保证足够的单边市采取了跟进止损，这是"帝娜投机交易第二定律"。

其实要做到预测外汇和黄金的大部分单边市是可能的：第一，可以从基本面着手（一些重大数据和事件总是倾向于引起单边走势）。第二，可以从日内交易市场轮换规律上入手（一些时段更容易出现单边走势）。第三，可以从季节性规律入手。纵观黄金价格走势的百年历史，历年来黄金价格的变化趋势也呈很强的季节性。国外的专业机构通过对1973~2008年金价每个月上涨概率进行统计，发现了黄金趋势具有非常强的季节性规律。从黄金各月的历史走势可以发现，金价一般在2月至4月回落，5月价格开始回升，6月、7月价格则维持震荡。8月、9月价格大幅反弹，涨势持续到了年底。金价在一年中有三个上涨高峰，即9月、10月和12月，其中9月、10月的平均涨幅最大，达到2.80%。而金价全年涨幅的另外两个低点均出现在4月、12月的上涨高峰后的第3个月，即7月和3月。那么，为什么黄金会呈现这种季节性走势呢？黄金的季节性走势受制于本身的商品属性。每年的第四个季度销售量都会因为圣诞节的来临而上升，在这之前是印度的排灯节，这个节日从11月开始持续到12月的结婚高峰期。每年从9月至次年2月，印度的排灯节、中东地区的开斋节和宰牲节、西方的圣诞节及中国的春节会相继到来，珠宝市场也迎来了销售旺季。而珠宝商会在旺季来临前1~2个月提前购入黄金并进行加工，因此每年的8月至次年的1月是珠宝制造业的需求旺季。在这个时段，珠宝商集中购入黄金的行为将推高金价；而其余时段，则因为市场需求相对平淡，金价也比较疲软。每年的10月是黄金消费的旺季，季节性的消费是推动金价上扬的重要力量。作为世界第一黄金消费大国的印度，它的需求量占了世界黄金需求量的1/3。而每年的10月正是印度传统的节庆季节，嫁娶喜事大多集中在近几

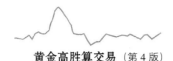

个月中举行，因而在此期间印度对黄金的强劲需求是金价的有力支撑。而在印度的消费旺季过后，随后到来的圣诞节和元旦及中国农历春节也会带来对黄金消费的高潮。另外，由于黄金的商品属性，对勘探采掘行业来说，夏季是最忙碌的季节，生产商一般会在夏天开采金矿的同时，在期货市场上建立相应的卖方头寸，提前锁定利润。因此，在开采工作集中进行的4月到8月这段时间里，由于生产商的卖出开仓，将给金价带来较大压力。而随着第四季度的临近，生产商在期货市场上的空头开仓量逐渐减少，空头仓位逐步了结，又会对金价构成支撑。

假定，然后等待被证伪或者被证实，这就是交易！

第二种情况如图1-99所示，操作者假定市场都是单边市，以突破进场（当然，也可以调整进场，不过两者在最终绩效上差别不大，对操作心理影响较大）为唯一策略。当市场处于区间震荡市时，如果区间较小，则交易者可能因为突破交易而被浅度套住，从而长时间陷入持仓无利状态；如果区间较大，则交易者可能止损，不过相对于情况一区间交易者不止损而言，这里的主动止损亏损有限。如果市况为单边

图1-99　假定市场都是单边市

走势，那么交易者交易正确的话会获得很丰厚的利润，即使做错亏损也有限。不过做正确的时候一定要采取让利润充分发展的方法，这就是追进止损，如果采用止盈，也就是目标利润法，则必然影响利润发展。

形态敛散分析理论所有层次的内容和技巧都讲完了，其中的交易策略和思想还有待大家继续专研和实践。

交易是一个概率的游戏，交易与道家阴阳对立哲学很接近，我们将本章的内容归纳为表 1-4，这个表你已经在本书见过多次，但是每次见到你都会有不同的体会，如果你能琢磨透这张表，那么你也算基本达到阅读本书的目的了。本章的交易操作集中于敛散的微观和中观层面，但是对你的黄金交易具有长期和整体意义的还是宏观层面的东西。

表 1-4　本章内容归纳

敛散性	蜡烛线	价格密集度	走向特征	市场情绪	市场状态	交易含义
收敛	小实体蜡烛线	成交密集区	区间震荡市场	犹豫	均衡	提醒信号
发散	大实体蜡烛线	成交稀疏区	趋势单边市场	坚决	失衡	确认信号
—	微观	中观	宏观	—	—	—

图 1-100 是微观层面的敛散形态，收敛的蜡烛线提醒我们注意交易机会，发散的蜡烛线帮助我们确认交易机会。

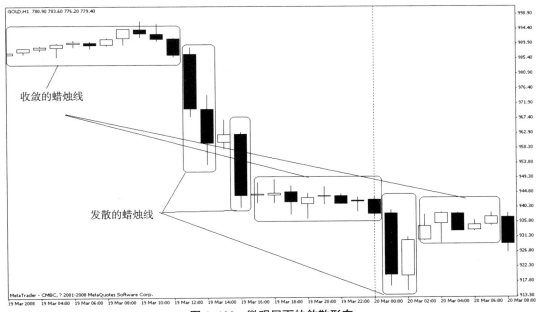

图 1-100　微观层面的敛散形态

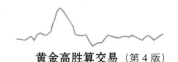
图 1-101 是中观层面的敛散形态，收敛区域到发散区域的节点提供了良好的交易进场机会和出场机会，布林带能够帮助我们很好地做到这点，但是布林带依旧无法帮助我们百分之百地预知市况，所以我们必须在任何交易中都采取止损策略。

图 1-101　中观层面的敛散形态

表 1-4 的内容可以以太极图的形式表现出来，大家可以通过下面的太极图琢磨其中的玄机。一个交易者也是一个哲学家，"顺势而为"与"顺其自然"没有本质上的区别。"自然"就是"内在的法则"（见图 1-102）。

最后，我们要从交易哲学的宏观层面告诫大家。"Stop Loss"是一个常见的词，但是"Stop Profits"我们却从来没有见到过，止盈对于绝大多数人来说都是一种错误的操作观念，因为绝大多数人不能预知大部分的单边走势。所以，最后请大家透彻理解这三大定律：

除非你具备百分之百的市况预测力，否则必须止损，这是"帝娜投机交易第一定律"。

顺势而为是入世法，顺其自然是出世法。我们追求的是以出世的心态行入世的手法。

图 1-102　交易中的"道"

　　如果你具备预知大部分单边市的能力，则你可以选择性地止盈，但必须保证足够的单边市采取了跟进止损，这是"帝娜投机交易第二定律"。

　　对于绝大部分人来说，交易中必须止损，但不能止盈，所以唯一的正确操作就是"跟进的止损"，这是"帝娜投机交易第三定律"。

第四节　趋势是最重要的：N 字法则

　　敛散形态只是告诉我们市场的运动意愿和能力，也就是说敛散形态告诉我们市场的局部运动状态，这种局部状态有可能是宏观层面上的，有可能是中观层面上的，还可能是微观层面上的。仅懂得敛散形态并不够，因为形态只是手段，我们用它们来确认交易的方向和进场的位置。

　　交易的方向是第一位的（方向不等于趋势），交易的位置是第二位的，而形态则是用于确认这两者是否成立，交易就

　　在整个技术分析体系当中，"态"处于最末阶的位置，"势"和"位"都优先于它，这是交易的普遍实践得到的经验和规律。然而，绝大多数技术分析类书籍基本上是集中在"态"的介绍上，特别是涉及 K 线的著作，我们对此要有所觉察，避免踏入舍本逐末的误区。

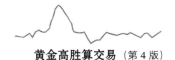

是一个不断假设和求证的过程。不少"菜鸟"交易者都很忽视交易的位置，而不少有一定经验的交易者则会忽视交易的方向。"顺势而为"一直是交易者努力的方向，如何做到顺势而为，则是一门"秘而不宣"的学问。其实，要做到顺势而为，必须在假设和求证市场方向、进场位置上下功夫。任何交易都是二元的，都是方向和位置的对立统一，这又是一个小太极。

在本小节中，我们重点谈一下如何假设市场的方向。顺势而为有很多标准，如你可以利用均线穿越、均线排列和MACD等趋势指标来定义，不过我们提倡一个最为简单的趋势定义方法，这个方法具有普适性和可操作性。我们在黄金交易中秉承"精简实用"的根本原则，利用"奥卡姆剃刀"去掉多余的东西，所有关于市场趋势的判别都可以利用我们这里提到的方法，这就是N字法则。

什么是N字法则？突破理论可以看作是N字理论的一个运用，比尔·威廉姆的分形理论也可以看作是N字理论的复杂化。我们下面分两种情况来讲解N字法则，第一种是用N字法则判定上升趋势，第二种情况是用N字法则判定下降趋势。

我们先来看如何利用N字法则来判定金价的上升趋势。在我们进行黄金交易时，第一个要确定的是交易的方向，具体而言就是做多还是做空。对于短线交易者而言，交易的方向可能不是最为重要的，毕竟短线交易的持仓时间较短，而金价在短期内的变化也常常给人反复无常的感觉，所以在短线交易中，交易方向的判断并不是最为重要的。况且，交易者对交易方向的把握存在难度，一个交易老手未必比新手在判断市场方向上高人一等，他之所以能够在市场中生存和盈利，最为关键的原因是他能够区分"假定的方向"和"事实的方向"，当市场的实际运行没有否定"假定的方向"时，就将"假定的方向"等同于"事实的方向"；一旦市场的运动否定了"假定的方向"，则我们就要迅速做出调整，知道"假定的方向"不是"事实的方向"。

什么能够让方向和位置统一呢？趋势！那么什么决定趋势呢？

"为学日益，为道日损。损之又损，以至于无为。无为而无不为。"——老子

知错能改，善莫大焉。交易犯错是必然的，关键是及时改正！

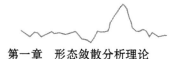
交易的过程就是一个"假定—验证"的过程，止损点是否触及就是你的假定是否成立的关键。交易不可能没有方向，你假定方向是上还是下都不重要，重要的是假定一个方向，定下验证你的假定正确与否的规则（止损设置），然后等待市场去确认。所以，N 字法则并不是说市场出现了这样的模式就一定会上升（或者下降），而是说上升的概率较大。

如图 1-103 所示，市场从一个低点上升到 A 点，然后下跌到 B 点，B 点绝不低于上涨的起点，然后市场再度上升，并在 C 点超越了 A 点的高度。这就好比一个 N 字。当我们进行一笔黄金交易时，有两个问题是要明确的：第一，做多还是做空；第二，在什么位置介入这笔交易。N 字法则主要告诉我们第一个问题：做多还是做空，同时也可以部分解答第二个问题，在哪个位置介入。我们在本书重点讲 N 字法则如何提示交易的持仓方向。在图 1-103 的情形中，市场表明了一个上升的趋势，无论是从力量对比角度还是市场意愿的角度，都是如此。在自然的演化中，否定之否定的螺旋演进规律在金价变化中也是有效的，上升的市态不可能是直线上升的，肯定会夹杂下跌，但是上升的市态绝对与下跌的市态存在区别，这个区别就表现为图 1-103 所示的"趋势上升的 N 字模式"。

N 字结构是不是万能的？肯定不是，但是它从技术这个维度定义了趋势的概念，让趋势成为具体的可操作的概念，而不是一个抽象、似是而非的东西。

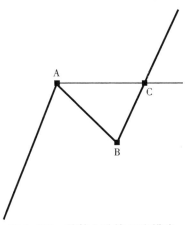

图 1-103　趋势上升的 N 字模式

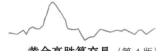
当你想要介入一段行情，你首先要考虑的是做多还是做空。当你发现交易的时间框架内最近的一段走势呈现出上升N字时，你就应该假定市场的方向向上，以这个为假定，然后在此基础上寻找进场的位置和设置止损的位置等。在震荡市场的时候，你这样做会有不断的损失，不过只要你的手续费是正常的（不是黑心经纪商提供的交易平台），那么你将很快在单边走势中弥补你的损失。大家需要明白一个道理，当你把一个单边走势当作一个震荡走势时，你要么会失去大赚的机会，要么你会犯下难以弥补的错误；但是，当你把一个震荡走势当作一个单边走势时，你要么屡屡因为止损而赔上手续费，要么一直无法获利也无法止损，处于持仓的慢性折磨中。关键的一个问题是：现在没有很好的方法来预先区分一个发展中的市态是单边还是震荡，所以你只能做出三种选择：第一，将一切市态假定为单边市；第二，将一切市态假定为震荡市；第三，将部分市态假定为震荡市，部分市态假定为单边市。就理想主义而言，第三种方法是不少"大师"所宣扬的；就现实主义而言，由于区分单边市和震荡市不在人类的能力范围之内，所以第三种方法肯定也会将单边市当成震荡市，这样就会犯上述的错误，第二种方法就更不用说了。

这里我们简单介绍以下四种情况下的出场策略。第一种情况是市场持续震荡走势，这时候最佳的理性策略是不设置止损，只设置止盈；第二种情况是市场持续单边走势，这时候最佳的理性策略是不设置止盈，只设置止损，并且采用跟进止损；第三种情况是市场由震荡转向单边，这时候最佳的理性策略是设置止损，跟进止损；第四种情况是市场由单边转向震荡，这时候最佳的理性策略是不设置止损，只设置止盈。也就是说，市场只要走向震荡，那么只设置止盈就是最佳策略；市场只要走向单边，那么只设置跟进止损就是最佳策略。这些操作都是在信息完全下的最优策略，也就是预先知道市场是单边还是震荡的情况下。但是目前的现实是我们

假定一种做法，然后推导其结果，这就是高手的思维。效果比道理更重要，然而推断效果比单纯地争论假定本身的对错更有意义。

无法预先知道市场是单边还是震荡。我们假定两种极端策略：第一，无论市场怎么走，都采用跟进止损；第二，无论市场怎么走，都采用止盈、不止损的策略。在采用策略一时，当市场是单边走势时，我们获利假定为+5；当市场是震荡走势时，我们假定获利是-1，假设市场震荡的概率是80%，单边走势的概率是20%，则这一策略收益期望值是 $(-1) \times 0.8 + 5 \times 0.2 = 0.2$。在采用策略二时，当市场是单边走势时，我们的获利假定为-5；当市场是震荡走势时，我们假定获利为1，则这一策略的预期收益期望值是 $(-5) \times 0.2 + 1 \times 0.8 = -0.2$。当然实际情况比这个复杂，不过可以得出的一个命题是：当交易手续费足够低时，交易者在各种市态中采用跟进止损策略的预期收益高于交易中在各种市态中采用止盈策略的预期收益。在单边市做对方向止盈会大幅度减少盈利，在单边市中做错方向不止损会大幅度增加亏损；在震荡市中做对方向不止盈，盈利最后会停留在0附近，在震荡市中做错了方向止损，在正常手续费下不会危及绝大部分盈利。具体情况的分析要用到概率论的分析，较为复杂，也就不再展开了，上述分析简要用了数字举例，希望大家明白其中道理，严格地说这一例子还需要更紧的约束条件。

下面我们看些黄金小时图交易中利用N字法则假定交易方向的方法。为了便于读者观察，我们采用线图，蜡烛图也是近似的道理。图1-104是国际金价的小时走势图，图中标注了1~8几个极点，同时用A、B、C标注了我们确认的N字走势。价格从1点上升，当出现2点时，我们应该等待价格跌破创新低，这样就形成了一个下降N字（后面会详细介绍），不过价格很快在2点附近的3点止跌回升，这样就没有形成一个下降N字，同时也很难构成一个标准的上升N字，在此时间框架上我们还暂时没有找到市场的方向。随后市场从3点上升到4点，接着市场回调到5点止跌，有可能形成一个上升N字，不过价格在4点附近的6点再次下跌，金价跌到了7点，这时候我们将视野拉大一点，可以发现金价从1

跟进止损是博弈占优策略，什么是占优策略？无论情况如何，这个策略都是最佳的。

点和3点附近上升到4点和6点附近然后跌到7点止跌，随后价格超过了4点和6点的高点，A、B、C三点形成了一个上升的N字，这样我们就找到一个可以交易的方向，这是做多。一旦C点确立，则马上应该着手寻找具体的进场点，关于进场点的类型在《外汇短线交易的24堂精品课：面向高级交易者》一书中有详细介绍。

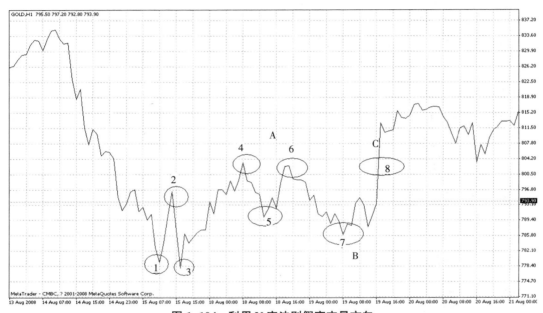

图1-104 利用N字法则假定交易方向

下面我们再来看一幅黄金小时走势蜡烛图中的上升N字。图1-105是国际金价小时走势图，我们用折线将N字走势标注了出来，一旦N字走势出现，也就是A、B、C三点确认（C点高出B点一些即可），就应该着手寻找进场做多的位置。在实际交易中，我们寻找的是最近一个N字，明白这点很重要。

N字主要与提高报酬率有关，为什么这样说？大家动脑思考下。

知道了利用N字模式确认向上的趋势，利用N字模式确认向下的趋势就比较容易了，接着我们就来介绍如何利用N字模式识别向下的趋势。图1-106是一个理想状态下的下降N字模式。金价从一个高点下跌，在A点处获得支撑反弹，

反弹到 B 点处受到压制回落，需要强调的是一个更为有效的下降 N 字模式要求 B 点反弹不超过 N 字的起始点。金价从 B 点下跌后跌破 A 点，创出新低。跌破 A 点处被命名为 C 点。一旦最近的金价走出了这一模式，则表明最近的市场趋势是向下的，我们应该寻找具体的进场位置做空黄金。

> 对不同阶段的人说不同层次的方法，这里讲 N 字确定趋势，单就技术层次而言肯定是有效的，然而我们并不是说评估趋势就只靠这个。

图 1-105　黄金小时走势蜡烛图中的上升 N 字

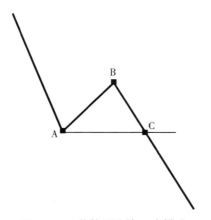

图 1-106　趋势下降的 N 字模式

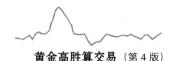

下面我们用线图来演示下跌N字的判别。如图1-107所示，金价在小时图上从1点开始下跌，这是起始点，金价跌到2点的时候反弹，此后金价反弹到3点后回落，3点略低于1点，大致符合N字的B点低于起始点的要求，不过此后金价在3点水平位置附近的4点获得支撑，所以没有构成一个下降N字，之后的6点也无法满足C点跌破A点的要求。当金价从一个新的高点7下跌到8点反弹时，一个可能的N字有待确认，之后金价从9点回落，并在C点处跌破A点，这时候一个下降N字确认。当下降趋势确认，交易者应该及时找到具体位置做空。第一组A、B、C标注了此下降N字。不久之后金价再次形成一个更大的N字，当金价在13点处创新低后，一个新的下降N字出现，我们应该在13点附近及时找到具体位置入场做空。

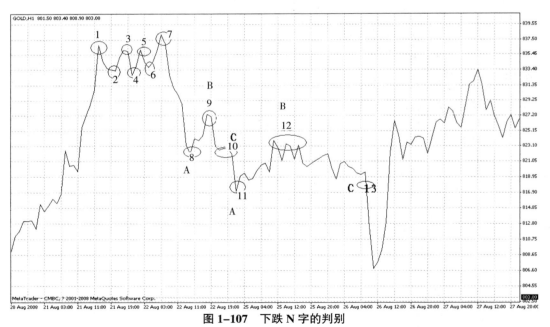

图1-107　下跌N字的判别

需要注意的一个问题是，由于"重力原因"，无论是国际金价还是股票都存在一种现象，那就是下跌比上涨更为迅速，所以下降N字与上升N字比起来存在一些差别，下降的N字更为陡峭，而且波段更长。观察图1-108的国际金价小时图

上涨赚大钱，下跌赚快钱，这是一些老手的口头禅。

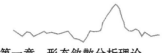

就可以发现这一情况，图 1-108 我们采用了用得最多的蜡烛图形式。

图 1-108　国际金价小时图中的下降 N 字结构

N 字法则融合了帝娜私人基金旗下多位交易的趋势确认方法，是一种化繁为简的办法，有几位交易员以这种方法为主在黄金、外汇和涡轮短线交易上屡建奇功。大道至简，这句话用在这里也是再贴切不过了。我们本章向大家讲解了如何利用 N 字法则确认市场的方向，这就是"势、位、态"三要素中"势"的确认，也是二元交易哲学中方向的确认，同时还具体介绍了敛散的二元形态理论，这就是"势、位、态"三要素中"态"的确认。在接下来的两章中，我们将详细地介绍如何利用有效的技术找到具体的黄金交易进场位置和出场位置，这就牵涉"势、位、态"中的"位"，也就是二元交易哲学中位置的确认。当然，我们在下面两章中主要是介绍完整而有效的短线黄金交易系统，一个完整的交易系统势必包括"势、位、态"三个要素，以及方向和位置两个元素，本章传授的理论和技巧将在下面两章重现。

杰西·利莫佛是最重视"位"的交易大师之一。

075

第二章

1 小时图交易理论

任何交易系统对市场进行研判的时候都必须包括三个完整的部分，这就是我们在《外汇交易圣经》中反复提到的"势、位、态"三要素，一项交易涉及总体持仓的方向、进场的位置和最后的交易执行，"势"指的就是方向，"位"就是进场位置，而"态"就是我们在第一章提到的"敛散形态"在各个层次的表现，特别是微观层面。交易的合理进场流程是这样的，先要分析市场趋势，也就是方向，然后确定潜在的进场点，最后等待价格触及这个进场点后出现相应的提醒和确认信号，这就是第一章提到的三种敛散模式之一，特别是模式一和模式二。1 小时图是日内黄金保证金交易最常用的时间框架，我们经常在此时间框架上同时进行外汇和黄金的保证金交易，下面是我们日常用到的一个 1 小时交易理论，进场位置的抉择包括五个方面，也就是五个因素中具备绝大部分才能入场。顾比复合移动均线帮助我们确定黄金价格的趋势，或者说方向，这就是"势"；轴心点混合斐波那契分割线则帮助我们识别潜在的进场点，这就是"位"；布林带帮助我们识别中观层次上的敛散形态，而蜡烛线翻转则帮助我们识别微观层次上的敛散形态，通过敛散形态我们可以确认潜在的进场点为唯一的实际进场点，这就是"态"，整个技术分析的精华，也就是行为分析的精华就是我们归纳出来的"势、位、态"三要素。至于震荡指标，则是另外一个方面的分析

并非顾比均线有多神奇，其他很多趋势工具其实也可以替代，所谓以无法为有法，以无限为有限，当你明白背后的原理之后，工具是可以变化无穷的。

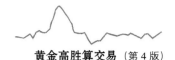

手段了，在这本书中就不提及了。表2-1是1小时图黄金交易理论的构件，相关指标代码可以参考附录，本书所有指标都是免费的，并且开放源代码，但是希望读者意识到技术分析扩散的害处。

表2-1 1小时图黄金交易理论的构件

进场信号（加仓信号）		出场信号（减仓信号）		
顾比复合均线	回档 [交叉]	大幅度运动		布林带外轨
布林带	收口 [乖离]		收盘价	
随机震荡指标	过度			
轴心点混合菲波纳奇分割线	适离	小幅度运动		布林带中轨
蜡烛翻转	影线 [渐短]			

交易系统涉及完整和有效两个方面的要求，完整是有效的基础，有效是完整最终要达成的目的。一个有效的黄金短线交易系统必然是完整的，而一个完整的黄金短线交易系统最终就是为了达到有效。那么，什么是一个完整的黄金短线交易系统呢？或者更广义而言，什么样的交易系统才算一个完整的交易系统呢？一言以蔽之，一个完整的黄金短线交易系统必然涉及"加、减、进、出"四个环节，"进"就是进场的充分必要条件，"出"就是出场的充分必要条件；"加"就是加仓，相当于"进"，"减"就是减仓，相当于"出"。绝大多数炒家对于进场和出场根本没有清晰的概念和准确的认识，所以操作起来往往是率性而为。一个完整的交易系统必然包括"进、出"的必要充分条件。不少交易者失败就是因为进场条件不明确、不完备，更多的交易者失败是因为他们往往没有出场策略，或者是出场策略零碎，没有涵盖多样的市场情况。简而言之，一个完整的交易策略或者说系统必须对"进、出"的充分必要条件进行明确的定义，而且这个定义对于交易而言是可操作的。

在《外汇狙击手》中，我们重点讲了进场方法，对于出场方法则基本没有谈及，其实跟进止损就是最好的出场方法之一。

什么是有效的交易系统或交易策略呢？如果我们回答说能够赚钱的交易策略就是最好的交易策略，那么丝毫没有指导意义，说了等于没说。其实，一个有效的交易策略必然能够在风险报酬率、胜率和周转率上取得最优的平衡，通常而言，一个交易系统的风险报酬率和胜率在某一范围内是成反比的，报酬率高则胜率低，这是趋势跟踪交易系统的特点；而胜率高则报酬率低，这是短线逆势交易系统的特点。长期来看，应该以趋势跟踪交易系统作为主要交易策略，因为我们无法准确判断市场究竟是单边还是震荡，同时将单边当作震荡来操作的风险远远大于将震荡当作单边来操作的风险。由此看来，一个有效的交易系统必须是以风险相对于报酬较低为主要特征，同时具有正常水平的胜率和周转率，所谓正常的胜率大致是说胜率不应该离 50% 过远，而周转率是交易的次数，应该在保障报酬率和胜率的前提下尽可能地高。

　　总而言之，根据我们的经验，一个完整而高效的黄金短线交易系统应该是一个具有完备进出策略的趋势跟踪交易系统。下面我们就来逐一展开这一交易系统。

第一节　进场信号

　　从本小节开始，我们就要开始介绍具有可操作性的完整交易系统了。本章涉及的交易系统主要用于 1 小时黄金走势。一个完整的交易系统必然对进场和出场做出明确的定义，只有这样的交易方法才是具有可操作性的。前面表 2-1 给出了本章要介绍的黄金高胜算交易系统的要件。顾比均线用于市场方向和宏观层次"态"的分析，主要还是用于"势"的分析；布林带用于中观层次的"态"的分析，也是用于把握交易的时间位置；随机震荡指标用于侦测市场的情绪变化，属于"势、位、态"之外的分析范畴；分割线用于进场位置的分析，属于"位"的分析；蜡烛翻转形态用于确认进场位置和方向的有效性，属于"态"的分析。当然顾比均线也可以用于"位"的分析，随机震荡指标也可以用于趋势的分析，但是在我们这套交易方法中不这样使用。

　　本章会解剖式地传授这套黄金 1 小时高胜算交易方式，在本小节我们先综合地介绍进场方面的要件，由于加仓与进场的要件基本类似，所以不再特别介绍。我们下面就结合具体的实例来分别讲解下降趋势和上升趋势中进场信号的识别和综合运用。我们在前面反复提到进场时应该恪守"势、位、态"三要素齐全的宗旨，在黄金 1 小时交易系统中我们的进场条件严格符合了三要素齐全的要求。我们只在条件具备的时候入场，如果你要在条件不具备的情况下入场，那么就应该减少入场的仓量，并乐意承担此等风险。

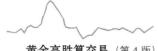

　　首先，我们来看黄金1小时图下降走势中，如何研判其入场条件。请看图2-1，这是一张黄金1小时走势图，由于线条太多使得该图看起来显得复杂凌乱，这是由于其中运用了顾比复合移动平均线的缘故。一旦我们按照表2-1搞清楚了其中的要件，那么一切看似复杂的东西实际上都很简单，在实际的交易中我们将变得更加理性和清醒。图中有两组移动均线，这就是顾比复合移动平均线，该线的MT4指标请到附录寻找相关信息。下降趋势中进场的第一个必要条件是顾比短期线先前已经下穿长期线，此刻短期线反弹到长期线下，我们称之为回档，回档的一个要求是短期线不能仅与长期线交叉。两线交叉后的第一次回档处往往是进场点，而此后的回档处往往是加仓点。图中的方框圈标注了两次顾比复合均线回档，这两处都是进场（或者加仓）的潜在点。关于顾比复合均线和其回档的进一步知识和运用技巧，请深入学习本章的第二小节内容。

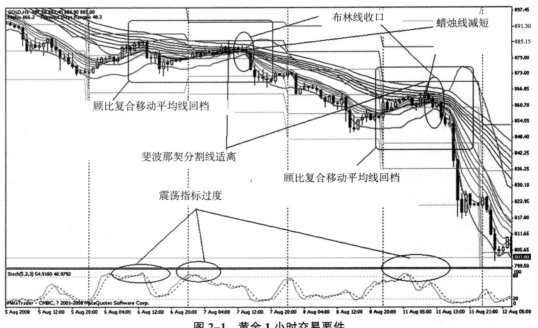

图2-1　黄金1小时交易要件

　　一旦顾比复合均线给出了下跌趋势中的回档信号，我们就可以确认市场处于单边下跌走势中，关于"势"的分析基本结束，接着我们就要分析布林带的情况。我们需要观察回档处的布林带是不是处于收缩状态，我们需要寻找到张口的瞬间作为入场时机，这个时候是行情中观敛散的节点，也就是我们在第一章反复强调的最佳介入点。

一旦布林带处于收口的末端，往下的走势就符合了布林带收口的要求，如果最后一根蜡烛线正好处于布林带的上轨，则更好，当然这不是一个必要条件，这种情况被称为"布林带乖离"。图 2-1 中两个椭圆标注处的布林带状态就是处于收口后的张口状态。

　　分析完布林带之后，我们接着就要查看对应的震荡指标是否处于过度状态，在下降趋势中，当震荡指标处于超买区域时，说明市场处于收敛状态，一旦该指标符合这一要求，则该条件达到。需要提醒大家的是，在下降趋势中，震荡指标超买表明市场处于收敛状态，震荡指标超卖表明市场处于发散状态；在上升趋势中，震荡指标超卖表明市场处于收敛状态，震荡指标超买说明市场处于发散状态。我们需要把握的往往是收敛末端。请看图 2-1 中副图部分标注的三个超买状态，表明了下跌走势中的过度状态。

　　其次，我们分析目前的金价是否处于阻力位置附近，如果蜡烛线反弹到这些位置受到阻挡，那么这个条件就满足了，价格靠近阻力或者支撑位置，我们称之为"适离"。目前我们主要采用斐波那契分割线或者是轴心点系统来标注潜在的支撑阻力位置，相关 MT4 指标代码查看附录 1 的指南。

　　最后，我们会查看位于阻力附近的蜡烛线是否出现了小实体的收敛现象，符合要求的蜡烛线通常具有很长的影线和相对小的实体部分，我们称之为影线和渐短。可以看到图 2-1 回档处的蜡烛线出现了收敛特征。

　　大家可以对照上述文字和图 2-1，整个做空进场判断分为五个步骤。第一个步骤是等待短期线下穿长期线之后出现反弹，但受阻于长期线，这就是回档；第二个步骤是确认回档处布林带出现了收口，并微微张口，这就是收口；第三个步骤是查看回档处的震荡指标是否处于超买状态，这就是过度；第四个步骤是查看回档的价格线是否受阻于某个阻力线，这就是适离；第五个步骤是回档的蜡烛线是否体现出收敛特征，收敛就是小实体蜡烛线，这就是渐短（减短）。

收口末端其实需要张口来确认。

物极必反！

按此方法一旦抓到一波趋势，账户将飞速增长。如果没有遇上趋势，那么亏损也是非常小的。

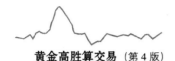
如果你在黄金1小时走势图上找到了符合上述五个特征（回档、收口、过度、适离、渐短）的走势，那么你就应该毫不犹豫地介入交易，这样的机会1周应该至少有1次。

下面我们介绍金价1小时图上升趋势中的进场研判流程，请结合图2-2来理解我们这里的文字叙述。当短期组上穿长期组（交叉）之后，我们要密切关注做多的机会，如果短期组调整到长期组之上获得支撑，这时候回档条件就满足了，请看图2-2中方框标注的部分，这时候确认了市场是向上单边市，注意此时是回档而不是交叉，如果出现交叉则不能交易，因为交叉前后市场可能处于区间市场。当顾比均线回档的条件满足后，我们就要查看布林带的情况，图2-2中椭圆标注的部分显示出布林带处于收口状态，准确说是收口末期、张口初期。接着我们再看第三个条件，查看副图中的震荡指标是否处于超卖状态，请看图2-2中对应回档处的震荡指标状态，圈注处表明该指标处于超卖状态，确实过度。然后，我们查看第四个条件，查看回档处的价格线是否受到关键支撑阻力线的支撑，这里我们采用了斐波那契分割系统，当然你也可以采用轴心点系统或者是斐波那契混合轴心点系统，这些都可以根据附录的下载指南免费下载。图2-2中，金价跌到支撑线处获得支撑，适离这个条件获得满足。最后，我们来查看第五个条件，在回档处蜡烛线出现收敛特征，图中部分也很好地满足了这一要求。五个条件依次得到满足，我们可以扣动扳机准备介入交易，做多进场的初始止损位置一般放置在支撑线之下，具体而言就是回档处价格适离的支撑线之下。

黄金1小时交易进场需要满足五个条件，我们综合地介绍如何运用这五个条件确定进场时机、位置及交易方向。下面我们将逐次对五个条件进行详细的介绍，并对其运用进行具体的分析。

这个方法是系统的，因此是有很大的效果的。

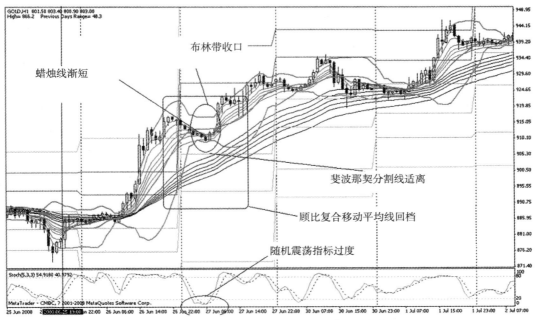

图 2-2　黄金 1 小时图上升趋势中的进场研判流程

第二节　顾比复合均线回档［交叉］

顾比复合移动平均线的定义我们这里不想去深究，简单来说就是期限差异较大的两组移动均线，每组均线由 6 条均线组成，两组均线一组为长期均线，另一组为短期均线。在黄金 1 小时交易中，我们经常用到的是回档，就本书而言，我们只采用回档这一个顾比均线信号。但是在讲述回档之前，我们先要搞清楚顾比复合均线交叉的问题。这是因为交叉是回档的前提，回档总是处于一个交叉或者一个回档之后，交叉之后的第一个回档是进场信号，交叉之后的第二个回档乃至以后的回档往往都是加仓的信号，或者是再次进场的信号。

背离（包括顶背离和底背离）、交叉（包括金叉和死叉）、离度（包括乖离和适离）、区间（包括过度和适度）是技术分析指标的四种基本范畴，我们在《外汇交易圣经》中已经对此

"回档"又被称为回撤，包括反弹和回调两种情况。反弹指的是下跌趋势中的回档，回调指的是上涨趋势中的回档。

有过详细的描述，最为常用的用法是背离、交叉和区间。这里我们讲讲顾比复合均线初次回档之前必然出现的交叉。

顾比均线分为两组——长期组和短期组，当短期组向下穿越长期组的时候，就是死叉，此后我们应该密切关注做空的机会，如图2-3所示。当短期组向上穿越长期组的时候，就是金叉，此后我们应该关注做多的机会，如图2-4所示。需要提醒大家的是，顾比的交叉并不能作为进场的依据，也不是进场的时机，不能认为金叉时就应该立即做多，死叉时就应该立即做空。交叉时表明市场处于混沌状态，在没有回档确认前市场可能处于区间震荡状态，也就是说，此时的市场很可能处于宏观层次的收敛状态，不适合交易。大家可以按照附录的代码在MT4软件中构建起相应的顾比均线指标，动手才能真正掌握操作的要领，看看黄金1小时走势图上叠加的顾比复合移动平均线实例。

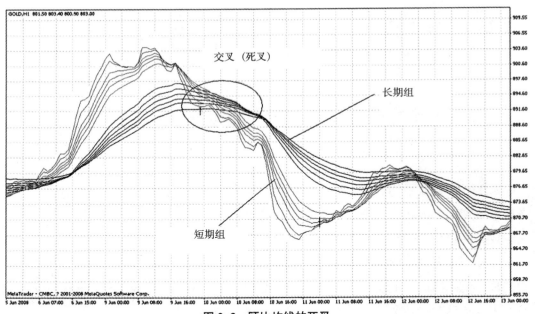

图2-3　顾比均线的死叉

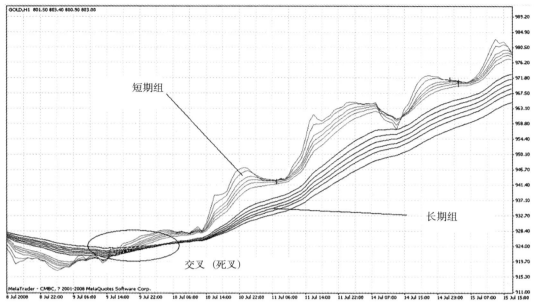

图 2-4　顾比均线的金叉

　　我们已经直观地了解了顾比复合均线交叉的定义，现在我们来介绍与黄金 1 小时交易直接相关的顾比复合均线回档。下面有两张黄金 1 小时走势实例图，图 2-5 是上涨趋势之中的回档走势，在金叉之后短期组调整到长期组之上，获得支撑，这就是单边上涨走势中的回档。图 2-6 是下跌趋势之中的回档走势，在死叉之后短期组反弹到长期组下面，受到阻挡，这就是单边下跌走势中的回档。我们寻找黄金 1 小时图交易入场点时要做的第一步就是确认顾比复合均线的回档，但是要确认回档的话，首先必须具备一次交叉，这是前提。正常的交易顺序是这样的，当交叉发生时等待交易的机会，交叉是一个收敛形态、一个宏观层面的收敛形态，交叉发出了提醒信号，我们蓄势待发；当回档发生时，我们确认了单边走势，这时候就是确认信号了，我们着手查看其他交易进场条件是否具备，如果条件具备就可以马上扣动扳机了。这里需要提醒大家的是，进场的第一个要件是回档，不用一来就看五个条件是否具备，首先看有没有回档，如果没有回档也就不用查看下去了。如果出现了回档，那么接下来我们就查看其他要件。

在什么样的情况下，宏观层面会处于收敛状态？

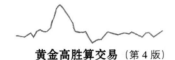

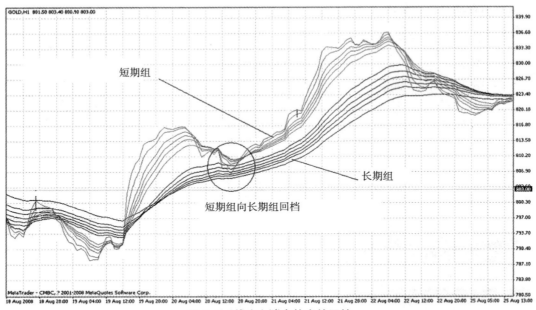

图 2-5　单边上涨走势中的回档

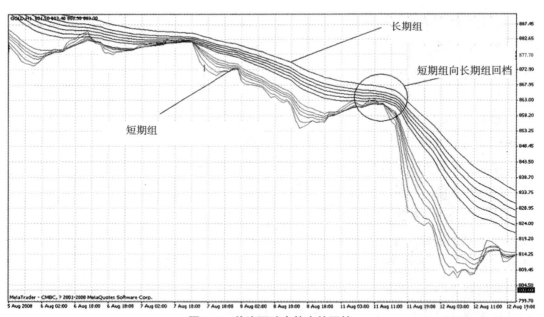

图 2-6　单边下跌走势中的回档

为了让大家更清楚地区分顾比均线交叉和回档的地位和交易意义，请大家仔细揣摩图 2-7 和图 2-8 中"顾比均线交叉"和"顾比均线回档"的差别，仔细深入地思考一个问题：为什么不在顾比交叉后立即介入交易？对于这个问题的不同解答反映了交

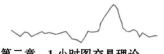

易者层次的高低，我们就留全书唯一一个没有答案的问题给大家思考吧，无论你的答案是什么，思考这个问题都能使你收益颇大。

绝大多数技术书籍都让人盲从和懒惰了，因为这些书让学习者感觉技术分析是机械而准确的硬科学。

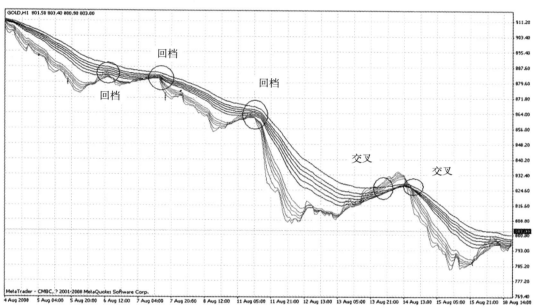

图2-7　"顾比均线交叉"和"顾比均线回档"的差别（1）

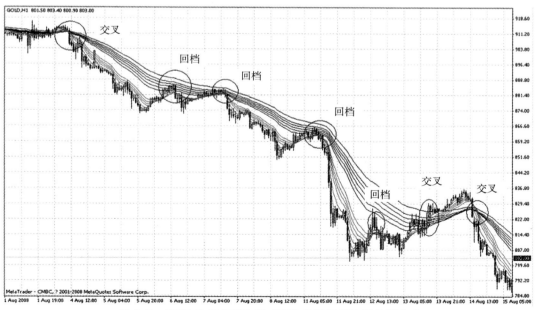

图2-8　"顾比均线交叉"和"顾比均线回档"的差别（2）

顾比复合移动平均线的 MT4 指标请参照附录——本书所用技术指标的官方指南，关于顾比符合均线的全面深入介绍和指南，请访问下列三个相关网址：

● http：//www.guppytraders.com/

● http：//www.market-analyst.com/kb/article.php/Guppy_Multiple_Moving_Average

● http：//tradermike.net/2004/05/another_look_at_multiple_moving_averages

我们需要强调一点的是，由于黄金市场千变万化，读者只有将本书介绍的短线交易技术分解、认真实践，才能做到应付自如；只有将指标运用到实际操作中，才会发现其中的难点。"纸上得来终觉浅，绝知此事要躬行"，黄金交易的情况千变万化，书上看来的东西总是有局限的，只有结合实际运用才能做到真正理解。

> 本书前面部分讲技术分析，后面部分讲基本分析，这样的安排是有意义的，不是随便弄了两个部分放在一起。

第三节　布林带收口 ［乖离］

黄金 1 小时交易的第一个进场要件我们已经在上面一个小节予以了具体和全面的解释，大家要弄清楚的话一定要结合软件来理解。每个人都有自己的交易方式，我们这里介绍的交易方式是我们交易经验的一个重要部分，并不能代替你的经验，正确的交易方式只有一个，那就是你自己的交易方式。所以，请你铭记这句话："I trade one way, my way！" 当你了解了我们这套系统之后，要对两个概念清晰：适合你的交易系统和他人的交易系统。

> 交易是一种能力，正如下棋一样，你永远不可能靠完全复制某个高手的套路来下棋。每个人不一样，每个人面对的对手不一样，每个人面对的局面不一样，套路怎么可能一样呢？

现在转入正题，本小节讲解关于布林带收口的研判和运用技巧。当我们发现顾比复合均线回档时，接下来的工作是查看布林带是否处于收口中，最好是收口末期，而且价格线恰好在布林带的外轨处。第二个进场条件的基本要求是：布

林带收口。

我们首先来简单介绍下布林带的基本构造，免得读者感到处处都需要参考其他书。关于布林带有一本比较权威的书是其创始人写的，中文书名就叫《布林带》，布林带据说是唯一符合统计学原理的科学指标。就我们的操作实际来看，布林带确实部分解决了识别敛散节点的难题，这是布林带的一大贡献。交易机会存在于收敛到发散这个节点，布林带是迄今为止在此方面做得最出色的技术指标之一。

布林带由 3 条线组成，当然你可以看见 5 条线和 7 条线的布林带，那是 2 条或者 3 条布林带叠加的结果。布林带中间的一条线是均线，通常设定为 20 期均线，两边的均线涉及标准差调整，被称为外轨，在上面的一条被称为上轨，在下面的一条被称为下轨。如图 2-9 所示，该图标注了一条布林带，要提示大家的是我们利用的参数是（13，0，1.618），13 是斐波那契数字，适合短线交易，1.618 是斐波那契比率。一般的布林带指标第三个数字只能设成整数，你需要利用我们提供的特殊布林带指标来完成设置，请根据附录的指南免费下载这个指标到你的 MT4 软件平台上。当然，你也可以根据自己手动输入代码来深入研究这个指标的含义，下面是这个指标的代码：

> 在什么情况下布林带会失效？布林带有效的前提是什么？如何运用布林带是最有效的方法？

```
#property indicator_chart_window
#property indicator_buffers 3
#property indicator_color1 LightSeaGreen
#property indicator_color2 LightSeaGreen
#property indicator_color3 LightSeaGreen
//---- indicator parameters
extern int     BandsPeriod=20;
extern int     BandsShift=0;
extern double BandsDeviations=2.0;
//---- buffers
```

```
double MovingBuffer [ ];
double UpperBuffer [ ];
double LowerBuffer [ ];
//+--------------------------------------------------------------+
//| Custom indicator initialization function                     |
//+--------------------------------------------------------------+
int init ( )
   {
//---- indicators
   SetIndexStyle (0, DRAW_LINE);
   SetIndexBuffer (0, MovingBuffer);
   SetIndexStyle (1, DRAW_LINE);
   SetIndexBuffer (1, UpperBuffer);
   SetIndexStyle (2, DRAW_LINE);
   SetIndexBuffer (2, LowerBuffer);
//----
   SetIndexDrawBegin (0, BandsPeriod+BandsShift);
   SetIndexDrawBegin (1, BandsPeriod+BandsShift);
   SetIndexDrawBegin (2, BandsPeriod+BandsShift);
//----
   return (0);
   }
//+--------------------------------------------------------------+
//| Bollinger Bands                                              |
//+--------------------------------------------------------------+
int start ( )
   {
   int   i, k, counted_bars = IndicatorCounted ( );
   double deviation;
   double sum, oldval, newres;
//----
```

```
    if (Bars<=BandsPeriod) return (0);
//———— initial zero
    if (counted_bars<1)
      for (i=1; i<=BandsPeriod; i++)
        {
        MovingBuffer [Bars−i] = EMPTY_VALUE;
        UpperBuffer [Bars−i] = EMPTY_VALUE;
        LowerBuffer [Bars−i] = EMPTY_VALUE;
        }
//————
    int limit=Bars−counted_bars;
    if (counted_bars>0) limit++;
    for (i=0; i<limit; i++)
MovingBuffer [i] = iMA (NULL, 0, BandsPeriod, BandsShift, MODE_SMA, PRICE_
CLOSE, i);
//————
    i=Bars−BandsPeriod+1;
    if (counted_bars>BandsPeriod−1) i=Bars−counted_bars−1;
    while (i>=0)
      {
      sum=0.0;
      k=i+BandsPeriod−1;
      oldval=MovingBuffer [i];
      while (k>=i)
        {
        newres=Close [k] −oldval;
        sum+=newres*newres;
        k−−;
        }
      deviation=BandsDeviations*MathSqrt (sum/BandsPeriod);
      UpperBuffer[i]=oldval+deviation;
```

```
        LowerBuffer[i]=oldval-deviation;
        i--;
        }
//----
    return (0);
    }
//+----------------------------------------------------------------+
```

图2-9　布林带

知道了布林带是什么，也知道了交易系统中布林带的参数，下面就来介绍要用到的关键概念吧。关于布林带，我们交易系统必须涉及的一个概念是收口。请看图2-10和图2-11，当金价走势出现中观层次的收敛时，布林带的两条外轨就会向中轨靠拢，靠拢的程度越厉害，则收口越凶，我们得到的信号也就越有效。请仔细观察两幅图中布林带收口处金价的走势特点：第一，金价呈现水平走势，这是中观层次的收敛；第二，单根蜡烛线呈现小实体的收敛，这是微观层次的收敛。图2-10显示了金价下跌走势中的布林带收口，图2-11显示了金价上涨走势中的布林带收口，两幅图都是

黄金 1 小时走势图。

图 2-10　金价下跌走势中的布林带收口

图 2-11　金价上涨走势中的布林带收口

　　收口是我们的黄金 1 小时交易系统必然要用到的一个条件，而乖离则是一个非必要条件，有了它可以使得我们的信号更为有效。什么是布林带的乖离呢？乖离就是指

蜡烛线（广义而言是价格线）位于布林带的外轨，有抛离中轨的趋势。请看图 2-12 这张黄金 1 小时走势图，其中圈注了 4 处明显的布林带乖离。这里补充一点，乖离与适离是技术指标经常用到的一个范畴，乖离一般指的是价格线远离某一技术指标信号线，适离则指的是价格线靠近某一技术指标信号线。乖离和适离属于离度这个小太极之内的阴阳两仪。

均线八法里面就包含了乖离和适离的用法。

图 2-12　布林带的乖离和适离

　　最后我们给出布林带和顾比复合均线综合使用的例子，这个例子还是基于我们的系统和黄金 1 小时走势图。这是一个高胜算的黄金短线交易系统，但不是一个胜率很高的交易系统，希望你懂得这一点，毕竟这是一个趋势跟随的操作系统，所以胜率自然不会像某某大师号称的超过 90%，我们这套系统有 60%~70% 的胜率就已经让我们感到满意了。

　　下面两幅图都是黄金 1 小时走势图，没有副图指标，主图中都只叠加了顾比复合移动均线和布林带，其中布林带的参数为（13，0，1.618）。图 2-13 中的顾比均线给出了看跌走势中的回档，图 2-14 中的顾比均线给出了看涨走势中的回

档。两幅图中布林带在回档处都出现了收口，这就符合了黄金短线系统交易进场的第二个条件，同时我们也发现在收口末端价格线处于外轨，出现了乖离，这就加强了信号的有效性。请大家将这段文字配合图进行仔细的推敲，并且将这两个指标放在金价

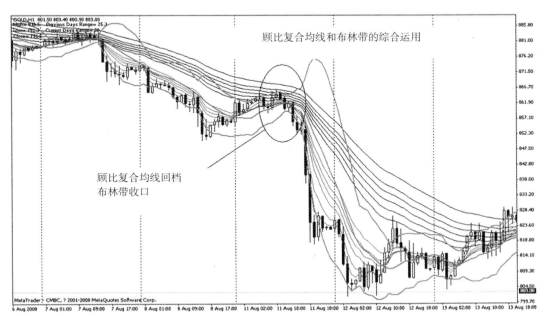

图 2-13　顾比均线给出了看跌走势中的回档

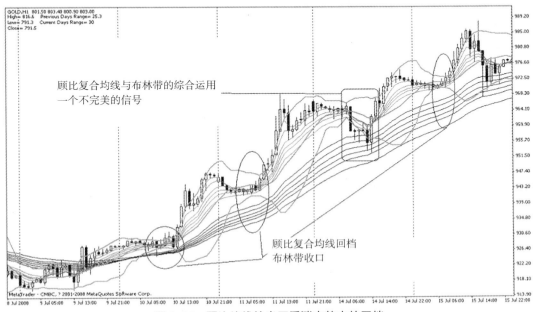

图 2-14　顾比均线给出了看涨走势中的回档

最近和最直观的走势最容易影响交易者。

模仿是必需的，但是成功是独特的。

1小时图走势上翻阅一下尽可能长的历史走势，直观的推演比纸上得到的理论更为深刻和有效。

最后提醒大家的是，布林带指标相关信息请参看本书附录的官方指南，交易学习的时候要动手，动手越多才能得到越丰富的反思材料，不可能存在一套你拿起来就能赚钱的交易系统，任何系统必然经过改造才能适合你。

第四节　随机震荡指标过度

震荡指标很多时候被看成是一个价格运行的统计指标，这并没有错，但是我们并不这样去运用它。马丁·普瑞格将随机震荡指标的走势与多空情绪调查问卷数据图走势对照起来，发现两者惊人相似，这表明随机震荡指标从更深层次的意义上来讲反映了市场情绪的变化。震荡指标可以看作一个进场位置的分析指标，帮助我们在涨势中的调整位置和突破位置介入做多，前者是超卖，后者是超买；帮助我们在跌势中的调整位置和突破位置介入做空，前者是超买，后者是超卖。但是，我们更倾向于将它看成一个情绪指标，在上涨的市场中，每次调整都使得震荡指标表现为超卖，这就反映了市场情绪的收敛，每次创新高都使得震荡指标表现为超买，这就反映了市场情绪的发散；在下跌的市场中，每次反弹都使得震荡指标表现为超买，这就反映了市场情绪的收敛，每次创新低都使得震荡指标表现为超卖，这就反映了市场情绪的发散。在收敛的时候，我们见位做单；在发散的时候，我们破位做单。见位做单也就是调整到支撑做多，反弹到阻力做空。破位做单是指升破阻力做多，跌破支撑做空。关于这些内容，如果你有不懂可以参看《外汇交易圣经》和《外汇交易进阶》的相关内容。

震荡指标的读数从0~100，一般将0~20定义为超卖区间，

将 80~100 定义为超买区间，20~80 定义为中性区间。我们将
超卖、超买区间定义为过度区间，将中性区间定义为适度区
间，如图 2-15 所示。

也有交易者利用 50 中线
来确定趋势。

图 2-15 震荡指标的分区

　　我们把顾比均线和随机震荡指标结合起来使用，下面有
两幅图，图 2-16 是上升趋势中顾比复合均线与随机震荡指标
在黄金走势图中的运用，图 2-17 是下降趋势中顾比复合均线
与随机震荡指标在黄金走势图中的运用。在图 2-16 中，顾比
短期均线有几次回档行为，我们标注了其中两次，对应的随
机震荡指标恰好处于超卖的过度状态，这就符合了我们进场
的第三条要求。在图 2-17 中，顾比均线的回档行为我们圈注
了出来，对应的随机震荡指标恰好处于超买过度状态，这就
符合了我们进场的第三条要求。上升趋势中的随机震荡指标
过度是指超卖，下跌趋势中的随机震荡指标过度是指超买。

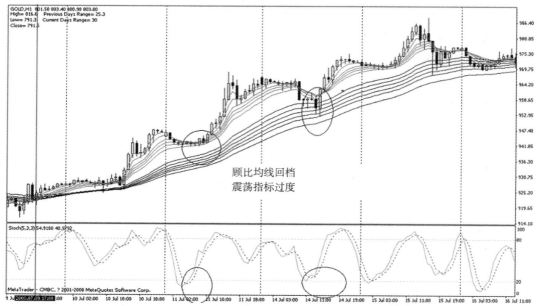

图2-16　上升趋势中顾比复合均线与随机震荡指标在黄金走势图中的运用

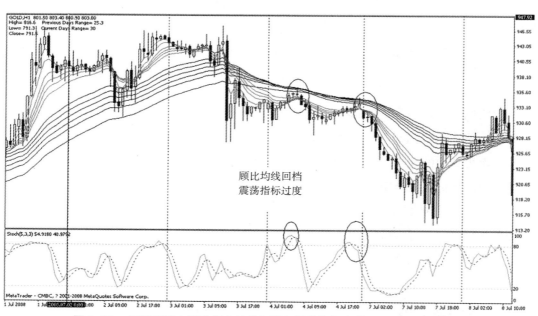

图2-17　下降趋势中顾比复合均线与随机震荡指标在黄金走势图中的运用

　　到现在为止，我们已经介绍完了顾比复合均线的回档信号、布林带的收口信号和随机震荡指标的过度信号。下面我们就将这三者结合做一个运用示范，如图2-18这张黄金1小时走势图所示，图中主图叠加了顾比复合均线和布林带，副图叠加了随机震

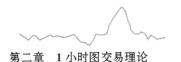

荡指标。图中标识了明显的研判步骤：第一步，确认顾比均
线回档；第二步，确认回档处的布林带收口；第三步，确认
回档处对应的随机震荡指标处于过度状态。如果你眼前的黄
金1小时走势图符合这三个条件，那么你就可以继续查看是
否符合后面两个小节要提到的条件。随机震荡指标你可以从
MT4上面的自带指标查找到，只需要添加两条水平线即可
（20水平线和80水平线），当然水平线的具体数字你可以酌情
自己设定，不必死板套用20和80。

关键不在于死抠参数，而
在于明白背后的原理。为什么
要这样做？

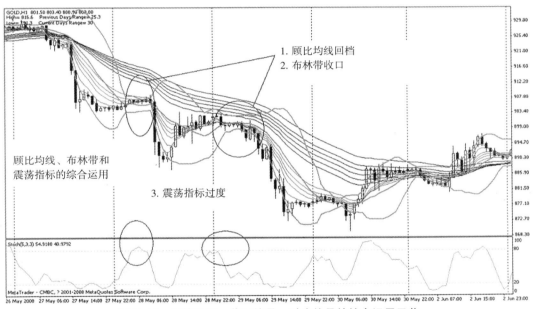

图2-18　回档信号、收口信号、过度信号的综合运用示范

第五节　斐波那契分割线适离

　　如果你眼前的黄金小时走势符合了前面的三项条件（顾
比复合均线回档、布林带收口和随机震荡指标过度），接下来
你就要考虑本小节提到的条件了——金价对关键支撑阻力位
置的适离，我们通常采用的支撑阻力系统是轴心点混合菲波

其实，你自己挑选一个高效的日内支撑阻力指标也是可以的，不一定非要用我们给出的这个指标，背后的原理更为重要。

纳奇分割线。为了大家能够真正明白这个指标的意义，进而发展出自己的个性化指标，特别将这个指标的代码公开：

```
#property indicator_chart_window
#property indicator_buffers 1
#property indicator_color1 EMPTY


extern bool pivots = false;
extern bool camarilla = true;
extern bool midpivots = false;
extern int MyPeriod = PERIOD_D1;
/*+------------------------------------------+
MyPeriod = Period in minutes to consideration, could be:
1440 for D1
60 for H1
240 for H4
1 for M1
15 for M15
30 for M30
5 for M5
43200 for MN1
10080 for W1
+------------------------------------------*/


double R=0;
double day_high=0;
double day_low=0;
double yesterday_high=0;
double yesterday_open=0;
double yesterday_low=0;
double yesterday_close=0;
```

```
double today_open=0;

double today_high=0;

double today_low=0;

double r2=0;

double r1=0;

double p=0;

double s1=0;

double s2=0;

double s3=0;

double r3=0;

double P=0;

double Q=0;

double R1, R2, R3;

double M0, M1, M2, M3, M4, M5;

double S1, S2, S3;

double H4, H3, L4, L3;

double nQ=0;

double nD=0;

double D=0;

double rates_d1 [2] [6];

double ExtMapBuffer1 [];
//+------------------------------------------------------------------+
//| Custom indicator initialization function |
//+------------------------------------------------------------------+
int init ()

{

IndicatorBuffers (4);

SetIndexStyle (0, DRAW_ARROW);

SetIndexArrow (0, 159);

SetIndexBuffer (0, ExtMapBuffer1);
```

```
//---- indicators
R1=0; R2=0; R3=0;
M0=0; M1=0; M2=0; M3=0; M4=0; M5=0;
S1=0; S2=0; S3=0;
H4=0; H3=0; L4=0; L3=0;
r2=0; r1=0; p=0; s1=0; s2=0; s3=0; r3=0;


//----
return（0）;
}
//+------------------------------------------------------------------+
//| Custor indicator deinitialization function |
//+------------------------------------------------------------------+
int deinit（）
{
//---- TODO：add your code here
ObjectDelete（"r1 Label"）;
ObjectDelete（"r1 Line"）;
ObjectDelete（"r2 Label"）;
ObjectDelete（"r2 Line"）;
ObjectDelete（"r3 Label"）;
ObjectDelete（"r3 Line"）;
ObjectDelete（"r1 Label"）;
ObjectDelete（"r1 Line"）;
ObjectDelete（"r2 Label"）;
ObjectDelete（"r2 Line"）;
ObjectDelete（"r3 Label"）;
ObjectDelete（"r3 Line"）;
ObjectDelete（"R1 Label"）;
ObjectDelete（"R1 Line"）;
ObjectDelete（"R2 Label"）;
```

```
ObjectDelete ("R2 Line");
ObjectDelete ("R3 Label");
ObjectDelete ("R3 Line");
ObjectDelete ("S1 Label");
ObjectDelete ("S1 Line");
ObjectDelete ("S2 Label");
ObjectDelete ("S2 Line");
ObjectDelete ("S3 Label");
ObjectDelete ("S3 Line");
ObjectDelete ("P Label");
ObjectDelete ("P Line");
ObjectDelete ("H4 Label");
ObjectDelete ("H4 Line");
ObjectDelete ("H3 Label");
ObjectDelete ("H3 Line");
ObjectDelete ("L3 Label");
ObjectDelete ("L3 Line");
ObjectDelete ("L4 Label");
ObjectDelete ("L4 Line");
ObjectDelete ("M5 Label");
ObjectDelete ("M5 Line");
ObjectDelete ("M4 Label");
ObjectDelete ("M4 Line");
ObjectDelete ("M3 Label");
ObjectDelete ("M3 Line");
ObjectDelete ("M2 Label");
ObjectDelete ("M2 Line");
ObjectDelete ("M1 Label");
ObjectDelete ("M1 Line");
ObjectDelete ("M0 Label");
ObjectDelete ("M0 Line");
```

```
//----

return (0);

}
//+--------------------------------------------------------------+
//| Custom indicator iteration function |
//+--------------------------------------------------------------+
int start ()

{


//---- TODO: add your code here


//---- exit if period is greater than daily charts
if (Period ()>1440)

{
Print ("Error-Chart period is greater than 1 day.");
return (-1); // then exit

}


//---- Get new daily prices


ArrayCopyRates (rates_d1, Symbol (), MyPeriod);


yesterday_close = rates_d1 [1] [4];
yesterday_open = rates_d1 [1] [1];
today_open = rates_d1 [0] [1];
yesterday_high = rates_d1 [1] [3];
yesterday_low = rates_d1 [1] [2];
day_high = rates_d1 [0] [3];
day_low = rates_d1 [0] [2];


//---- Calculate Pivots
```

R=yesterday_high−yesterday_low；//range

p=（yesterday_high+yesterday_low+yesterday_close）/3；//Standard Pivot

r1=p+（R*0.38）；

r2=p+（R*0.62）；

r3=p+（R*0.99）；

s1=p−（R*0.38）；

s2=p−（R*0.62）；

s3=p−（R*0.99）；

D=（day_high−day_low）；

Q=（yesterday_high−yesterday_low）；

P=（yesterday_high+yesterday_low+yesterday_close）/3；

R1=（2*P）−yesterday_low；

S1=（2*P）−yesterday_high；

R2=P+（yesterday_high−yesterday_low）；

S2=P−（yesterday_high−yesterday_low）；

R3=（2*P）+（yesterday_high−（2*yesterday_low））；

M5=（R2+R3）/2；

//R2=P−S1+R1；

M4=（R1+R2）/2；

//R1=（2*P）−yesterday_low；

M3=（P+R1）/2；

//P=（yesterday_high+yesterday_low+yesterday_close）/3；

M2=（P+S1）/2；

//S1=（2*P）−yesterday_high；

M1=（S1+S2）/2；

//S2=P−R1+S1；

S3=（2*P）−（（2*yesterday_high）−yesterday_low）；

M0=（S2+S3）/2；

```
if (Q > 5)
{
nQ = Q;
}
else
{
nQ = Q*10000;
}

if (D > 5)
{
nD = D;
}
else
{
nD = D*10000;
}

Comment ("High = ", yesterday_high, "Previous DaysRange = ", nQ, "\nLow = ",
yesterday_low," Current DaysRange = ", nD,"\nClose=", yesterday_close);

//---- Set line labels on chart window

//---- Pivot Lines
if (pivots==true)
{
if (ObjectFind ("R1 label")! = 0)
{
ObjectCreate ("R1 label", OBJ_TEXT, 0, Time [0], R1);
ObjectSetText ("R1 label","R1", 8,"Arial", EMPTY);
```

```
}
else
{
ObjectMove ("R1 label", 0, Time [0], R1);
}


if (ObjectFind ("R2 label")! = 0)
{
ObjectCreate ("R2 label", OBJ_TEXT, 0, Time [20], R2);
ObjectSetText ("R2 label","R2", 8,"Arial", EMPTY);
}
else
{
ObjectMove ("R2 label", 0, Time [20], R2);
}


if (ObjectFind ("R3 label")! = 0)
{
ObjectCreate ("R3 label", OBJ_TEXT, 0, Time [20], R3);
ObjectSetText ("R3 label","R3", 8,"Arial", EMPTY);
}
else
{
ObjectMove ("R3 label", 0, Time [20], R3);
}


if (ObjectFind ("P label")! = 0)
{
ObjectCreate ("P label", OBJ_TEXT, 0, Time [0], P);
ObjectSetText ("P label","Pivot"+DoubleToStr (P, 4), 8,"Arial",
EMPTY);
```

```
}
else
{
ObjectMove ("P label", 0, Time[0], P);
}


if (ObjectFind ("S1 label")! = 0)
{
ObjectCreate ("S1 label", OBJ_TEXT, 0, Time[0], S1);
ObjectSetText ("S1 label","S1", 8,"Arial", EMPTY);
}
else
{
ObjectMove ("S1 label", 0, Time[0], S1);
}


if (ObjectFind ("S2 label")! = 0)
{
ObjectCreate ("S2 label", OBJ_TEXT, 0, Time[20], S2);
ObjectSetText ("S2 label","S2", 8,"Arial", EMPTY);
}
else
{
ObjectMove ("S2 label", 0, Time[20], S2);
}


if (ObjectFind ("S3 label")! = 0)
{
ObjectCreate ("S3 label", OBJ_TEXT, 0, Time[20], S3);
ObjectSetText ("S3 label","S3", 8,"Arial", EMPTY);
}
```

```
else

{

ObjectMove ("S3 label", 0, Time [20], S3);

}


//--- Draw Pivot lines on chart

if (ObjectFind ("S1 line")! = 0)

{

ObjectCreate ("S1 line", OBJ_HLINE, 0, Time [40], S1);

ObjectSet ("S1 line", OBJPROP_STYLE, STYLE_DASHDOTDOT);

ObjectSet ("S1 line", OBJPROP_COLOR, MidnightBlue);

}

else

{

ObjectMove ("S1 line", 0, Time [40], S1);

}


if (ObjectFind ("S2 line")! = 0)

{

ObjectCreate ("S2 line", OBJ_HLINE, 0, Time [40], S2);

ObjectSet ("S2 line", OBJPROP_STYLE, STYLE_DASHDOTDOT);

ObjectSet ("S2 line", OBJPROP_COLOR, MidnightBlue);

}

else

{

ObjectMove ("S2 line", 0, Time [40], S2);

}


if (ObjectFind ("S3 line")! = 0)

{

ObjectCreate ("S3 line", OBJ_HLINE, 0, Time [40], S3);
```

```
ObjectSet ("S3 line", OBJPROP_STYLE, STYLE_DASHDOTDOT);

ObjectSet ("S3 line", OBJPROP_COLOR, MidnightBlue);

}

else

{

ObjectMove ("S3 line", 0, Time [40], S3);

}


if (ObjectFind ("P line")! = 0)

{

ObjectCreate ("P line", OBJ_HLINE, 0, Time [40], P);

ObjectSet ("P line", OBJPROP_STYLE, STYLE_DOT);

ObjectSet ("P line", OBJPROP_COLOR, YellowGreen);

}

else

{

ObjectMove ("P line", 0, Time [40], P);

}


if (ObjectFind ("R1 line")! = 0)

{

ObjectCreate ("R1 line", OBJ_HLINE, 0, Time [40], R1);

ObjectSet ("R1 line", OBJPROP_STYLE, STYLE_DASHDOTDOT);

ObjectSet ("R1 line", OBJPROP_COLOR, FireBrick);

}

else

{

ObjectMove ("R1 line", 0, Time [40], R1);

}


if (ObjectFind ("R2 line")! = 0)
```

```
{
ObjectCreate ("R2 line", OBJ_HLINE, 0, Time [40], R2);
ObjectSet ("R2 line", OBJPROP_STYLE, STYLE_DASHDOTDOT);
ObjectSet ("R2 line", OBJPROP_COLOR, FireBrick);
}
else
{
ObjectMove ("R2 line", 0, Time [40], R2);
}


if (ObjectFind ("R3 line")! = 0)
{
ObjectCreate ("R3 line", OBJ_HLINE, 0, Time [40], R3);
ObjectSet ("R3 line", OBJPROP_STYLE, STYLE_DASHDOTDOT);
ObjectSet ("R3 line", OBJPROP_COLOR, FireBrick);
}
else
{
ObjectMove ("R3 line", 0, Time [40], R3);
}
}
//———— End of Pivot Line Draw



//————— Camarilla Lines


if (camarilla==true)
{
if (ObjectFind ("H4 label")! = 0)
{
ObjectCreate ("H4 label", OBJ_TEXT, 0, Time [20], H4);
```

```
ObjectSetText ("H4 label","H4", 8,"Arial", EMPTY);
}
else
{
ObjectMove ("H4 label", 0, Time [20], H4);
}


if (ObjectFind ("H3 label")! = 0)
{
ObjectCreate ("H3 label", OBJ_TEXT, 0, Time [20], H3);
ObjectSetText ("H3 label","H3", 8,"Arial", EMPTY);
}
else
{
ObjectMove ("H3 label", 0, Time [20], H3);
}


if (ObjectFind ("R1 label")! = 0)
{
ObjectCreate ("R1 label", OBJ_TEXT, 0, Time [20], r1);
ObjectSetText ("R1 label","Fib R1", 8,"Arial", White);
}
else
{
ObjectMove ("R1 label", 0, Time [20], r1);
}


if (ObjectFind ("R2 label")! = 0)
{
ObjectCreate ("R2 label", OBJ_TEXT, 0, Time [20], r2);
ObjectSetText ("R2 label","Fib R2", 8,"Arial", White);
```

```
}
else
{
ObjectMove ("R2 label", 0, Time [20], r2);
}

if (ObjectFind ("R3 label")! = 0)
{
ObjectCreate ("R3 label", OBJ_TEXT, 0, Time [20], r3);
ObjectSetText ("R3 label","Fib R3", 8,"Arial", White);
}
else
{
ObjectMove ("R3 label", 0, Time [20], r3);
}

if (ObjectFind ("P label")! = 0)
{
ObjectCreate ("P label", OBJ_TEXT, 0, Time [20], p);
ObjectSetText ("P label","Pivot", 8,"Arial", White);
}
else
{
ObjectMove ("P label", 0, Time [20], p);
}

if (ObjectFind ("S1 label")! = 0)
{
ObjectCreate ("S1 label", OBJ_TEXT, 0, Time [20], s1);
ObjectSetText ("S1 label","Fib S1", 8,"Arial", White);
}
```

```
else

{

ObjectMove ("S1 label", 0, Time [20], s1);

}


if (ObjectFind ("S2 label")! = 0)

{

ObjectCreate ("S2 label", OBJ_TEXT, 0, Time [20], s2);

ObjectSetText ("S2 label","Fib S2", 8,"Arial", White);

}
else

{

ObjectMove ("S2 label", 0, Time [20], s2);

}


if (ObjectFind ("S3 label")! = 0)

{

ObjectCreate ("S3 label", OBJ_TEXT, 0, Time [20], s3);

ObjectSetText ("S3 label","Fib S3", 8,"Arial", White);

}
else

{

ObjectMove ("S3 label", 0, Time [20], s3);

}


//---- Set lines on chart window


if (ObjectFind ("S1 line")! = 0)

{

ObjectCreate ("S1 line", OBJ_HLINE, 0, Time [40], s1);

ObjectSet ("S1 line", OBJPROP_STYLE, STYLE_DASHDOTDOT);
```

```
ObjectSet ("S1 line", OBJPROP_COLOR, Sienna);
}
else
{
ObjectMove ("S1 line", 0, Time [40], s1);
}


if (ObjectFind ("S2 line")! = 0)
{
ObjectCreate ("S2 line", OBJ_HLINE, 0, Time [40], s2);
ObjectSet ("S2 line", OBJPROP_STYLE, STYLE_DASHDOTDOT);
ObjectSet ("S2 line", OBJPROP_COLOR, Sienna);
}
else
{
ObjectMove ("S2 line", 0, Time [40], s2);
}


if (ObjectFind ("S3 line")! = 0)
{
ObjectCreate ("S3 line", OBJ_HLINE, 0, Time [40], s3);
ObjectSet ("S3 line", OBJPROP_STYLE, STYLE_DASHDOTDOT);
ObjectSet ("S3 line", OBJPROP_COLOR, Sienna);
}
else
{
ObjectMove ("S3 line", 0, Time [40], s3);
}


if (ObjectFind ("P line")! = 0)
{
```

```
ObjectCreate ("P line", OBJ_HLINE, 0, Time [40], p);
ObjectSet ("P line", OBJPROP_STYLE, STYLE_DASHDOTDOT);
ObjectSet ("P line", OBJPROP_COLOR, YellowGreen);
}
else
{
ObjectMove ("P line", 0, Time [40], p);
}


if (ObjectFind ("R1 line")! = 0)
{
ObjectCreate ("R1 line", OBJ_HLINE, 0, Time [40], r1);
ObjectSet ("R1 line", OBJPROP_STYLE, STYLE_DASHDOTDOT);
ObjectSet ("R1 line", OBJPROP_COLOR, Sienna);
}
else
{
ObjectMove ("R1 line", 0, Time [40], r1);
}


if (ObjectFind ("R2 line")! = 0)
{
ObjectCreate ("R2 line", OBJ_HLINE, 0, Time [40], r2);
ObjectSet ("R2 line", OBJPROP_STYLE, STYLE_DASHDOTDOT);
ObjectSet ("R2 line", OBJPROP_COLOR, Sienna);
}
else
{
ObjectMove ("R2 line", 0, Time [40], r2);
}
```

```
if (ObjectFind ("R3 line")! = 0)

{

ObjectCreate ("R3 line", OBJ_HLINE, 0, Time [40], r3);

ObjectSet ("R3 line", OBJPROP_STYLE, STYLE_DASHDOTDOT);

ObjectSet ("R3 line", OBJPROP_COLOR, Sienna);

}

else

{

ObjectMove ("R3 line", 0, Time [40], r3);

}


if (ObjectFind ("L3 label")! = 0)

{

ObjectCreate ("L3 label", OBJ_TEXT, 0, Time [20], L3);

ObjectSetText ("L3 label","L3", 8,"Arial", EMPTY);

}

else

{

ObjectMove ("L3 label", 0, Time [20], L3);

}


if (ObjectFind ("L4 label")! = 0)

{

ObjectCreate ("L4 label", OBJ_TEXT, 0, Time [20], L4);

ObjectSetText ("L4 label","L4", 8,"Arial", EMPTY);

}

else

{

ObjectMove ("L4 label", 0, Time [20], L4);

}
```

```
//———— Draw Camarilla lines on Chart

if (ObjectFind ("H4 line")! = 0)

{

ObjectCreate ("H4 line", OBJ_HLINE, 0, Time [40], H4);

ObjectSet ("H4 line", OBJPROP_STYLE, STYLE_DASHDOTDOT);

ObjectSet ("H4 line", OBJPROP_COLOR, MediumBlue);

}

else

{

ObjectMove ("H4 line", 0, Time [40], H4);

}


if (ObjectFind ("H3 line")! = 0)

{

ObjectCreate ("H3 line", OBJ_HLINE, 0, Time [40], H3);

ObjectSet ("H3 line", OBJPROP_STYLE, STYLE_DASHDOTDOT);

ObjectSet ("H3 line", OBJPROP_COLOR, MediumBlue);

}

else

{

ObjectMove ("H3 line", 0, Time [40], H3);

}


if (ObjectFind ("L3 line")! = 0)

{

ObjectCreate ("L3 line", OBJ_HLINE, 0, Time [40], L3);

ObjectSet ("L3 line", OBJPROP_STYLE, STYLE_DASHDOTDOT);

ObjectSet ("L3 line", OBJPROP_COLOR, MediumBlue);

}

else

{
```

```
ObjectMove ("L3 line", 0, Time [40], L3);
}


if (ObjectFind ("L4 line")! = 0)
{
ObjectCreate ("L4 line", OBJ_HLINE, 0, Time [40], L4);
ObjectSet ("L4 line", OBJPROP_STYLE, STYLE_DASHDOTDOT);
ObjectSet ("L4 line", OBJPROP_COLOR, MediumBlue);
}
else
{
ObjectMove ("L4 line", 0, Time [40], L4);
}
}
//-------End of Draw Camarilla Lines


//------ Midpoints Pivots


if (midpivots==true)
{


if (ObjectFind ("M5 label")! = 0)
{
ObjectCreate ("M5 label", OBJ_TEXT, 0, Time [20], M5);
ObjectSetText ("M5 label","M5", 8,"Arial", EMPTY);
}
else
{
ObjectMove ("M5 label", 0, Time [20], M5);
}
```

```
if (ObjectFind ("M4 label") ! = 0)

{

ObjectCreate ("M4 label", OBJ_TEXT, 0, Time [20], M4);

ObjectSetText ("M4 label","M4", 8,"Arial", EMPTY);

}

else

{

ObjectMove ("M4 label", 0, Time [20], M4);

}


if (ObjectFind ("M3 label") ! = 0)

{

ObjectCreate ("M3 label", OBJ_TEXT, 0, Time [20], M3);

ObjectSetText ("M3 label","M3", 8,"Arial", EMPTY);

}

else

{

ObjectMove ("M3 label", 0, Time [20], M3);

}


if (ObjectFind ("M2 label") ! = 0)

{

ObjectCreate ("M2 label", OBJ_TEXT, 0, Time [20], M2);

ObjectSetText ("M2 label","M2", 8,"Arial", EMPTY);

}

else

{

ObjectMove ("M2 label", 0, Time [20], M2);

}


if (ObjectFind ("M1 label") ! = 0)
```

```
{
ObjectCreate ("M1 label", OBJ_TEXT, 0, Time [20], M1);
ObjectSetText ("M1 label","M1", 8,"Arial", EMPTY);
}
else
{
ObjectMove ("M1 label", 0, Time [20], M1);
}


if (ObjectFind ("M0 label")! = 0)
{
ObjectCreate ("M0 label", OBJ_TEXT, 0, Time [20], M0);
ObjectSetText ("M0 label","M0", 8,"Arial", EMPTY);
}
else
{
ObjectMove ("M0 label", 0, Time [20], M0);
}


//---- Draw Midpoint Pivots on Chart
if (ObjectFind ("M5 line")! = 0)
{
ObjectCreate ("M5 line", OBJ_HLINE, 0, Time [40], M5);
ObjectSet ("M5 line", OBJPROP_STYLE, STYLE_DASHDOTDOT);
ObjectSet ("M5 line", OBJPROP_COLOR, DimGray);
}
else
{
ObjectMove ("M5 line", 0, Time [40], M5);
}
```

```
if (ObjectFind ("M4 line")！= 0)

{

ObjectCreate ("M4 line", OBJ_HLINE, 0, Time [40], M4);

ObjectSet ("M4 line", OBJPROP_STYLE, STYLE_DASHDOTDOT);

ObjectSet ("M4 line", OBJPROP_COLOR, DimGray);

}

else

{

ObjectMove ("M4 line", 0, Time [40], M4);

}


if (ObjectFind ("M3 line")！= 0)

{

ObjectCreate ("M3 line", OBJ_HLINE, 0, Time [40], M3);

ObjectSet ("M3 line", OBJPROP_STYLE, STYLE_DASHDOTDOT);

ObjectSet ("M3 line", OBJPROP_COLOR, DimGray);

}

else

{

ObjectMove ("M3 line", 0, Time [40], M3);

}


if (ObjectFind ("M2 line")！= 0)

{

ObjectCreate ("M2 line", OBJ_HLINE, 0, Time [40], M2);

ObjectSet ("M2 line", OBJPROP_STYLE, STYLE_DASHDOTDOT);

ObjectSet ("M2 line", OBJPROP_COLOR, DimGray);

}

else

{

ObjectMove ("M2 line", 0, Time [40], M2);
```

```
}

if (ObjectFind ("M1 line")! = 0)

{

ObjectCreate ("M1 line", OBJ_HLINE, 0, Time [40], M1);

ObjectSet ("M1 line", OBJPROP_STYLE, STYLE_DASHDOTDOT);

ObjectSet ("M1 line", OBJPROP_COLOR, DimGray);

}

else

{

ObjectMove ("M1 line", 0, Time [40], M1);

}

if (ObjectFind ("M0 line")! = 0)

{

ObjectCreate ("M0 line", OBJ_HLINE, 0, Time [40], M0);

ObjectSet ("M0 line", OBJPROP_STYLE, STYLE_DASHDOTDOT);

ObjectSet ("M0 line", OBJPROP_COLOR, DimGray);

}

else

{

ObjectMove ("M0 line", 0, Time [40], M0);

}

}

//----End of Midpoint Pivots Draw

//---- End of Program

return (0);

}

//+------------------------------------------------------------------+
```

　　通过分割线我们可以很好地确认潜在的关键日内支撑阻力，单单是这个工具就可以大幅度提高你进场的准确性，你可以将这个指标融入你的某个交易策略，可以使用它来进行外汇的日内交易。如果你懂得 MT4 编程的话，可以对这个指标进行修改，使得它更加符合你的设想和交易习惯，关于 MT4 编程和机械交易系统更加深入和全面的内容请参考《黄金交易系统的最佳实践》一书。

　　我们来看看轴心点混合斐波那契分割线的情况，请看图 2-19，图中有几条标注为 L 的水平线，在正式的图表中会分别将这些水平线标注为"R1，R2，R3，M，S1，S2，S3"，习惯上 R 代表阻力线，S 代表支撑线，M 代表轴心线，不过由于阻力线和支撑线是相对的，所以没有规定 R 不能转化为 S。为了更加直观地理解本小节的内容，并将其与实际的黄金 1 小时图交易结合起来，请一定先将该指标创建到你的 MT4 软件上尝试，动手才能让你取得实质性的进步，如果你对 MT4 抱有疑问，那么你可以上网查阅相关的资料，或者查看《外汇交易进阶》一书的相关章节。

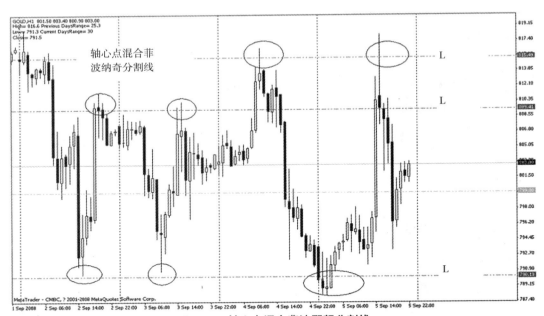

图 2-19　轴心点混合斐波那契分割线

　　轴心点混合斐波那契分割线如何使用呢？最为一般的用法是当价格跌到某些水平线时，根据蜡烛线形态做多或者做空，做多就是见位进场，做空就是破位进场；当价格上升到某些水平线时，根据蜡烛线形态做空或者做多，做空就是见位进场，做多就是破位进场。下面就结合我们使用的黄金 1 小时交易系统来讲解具体的用法。我们分两种情况来讲解，第一种是上升趋势中的轴心点混合斐波那契分割线使用，第二种是

下降趋势中的轴心点混合斐波那契分割线使用。

首先，我们来看上升趋势中的轴心点混合斐波那契分割线的具体使用。读者或许会问为什么你知道在某种情况下应该采用上升趋势中的分割线策略呢？有这样的问题很正常，第一说明你很仔细，注意到了这个问题；第二说明你对前面的内容掌握不到位，应该回过头复习此前的内容。确定趋势的问题是由顾比均线来解决的，一旦你经过了前面的步骤，自然就知道这里应该采用上升趋势中的分割线策略还是下降趋势中的分割线策略。

请看图 2-20，第一步，查看顾比复合均线的状态。顾比均线在金叉之后出现了回档，我们准备进场做多，进场条件一满足。第二步，查看布林带的状态，回档处布林带呈现标准的收口状态。第三步，查看随机震荡指标是否处于超卖过度状态，我们这里省略了。现在进行第四步，分析回档处的价格线是否离轴心点混合斐波那契分割线很近，图中可以明显看到价格线靠近下方的一条水平线，这表明第四个进场必要条件得到满足。

> 整套方法的原理是什么呢？找到趋势回撤结束的信号！几个维度的信号都是围绕这个目的展开的，这就是系统背后的核心思想。

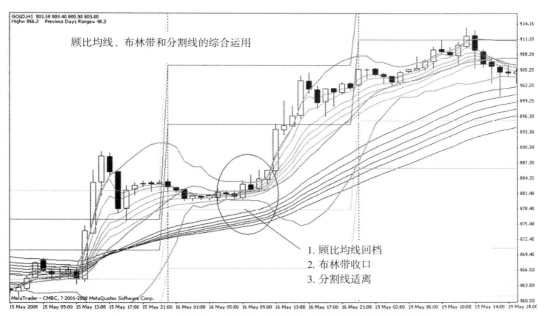

1. 顾比均线回档
2. 布林带收口
3. 分割线适离

图 2-20　上升趋势中的轴心点混合斐波那契分割线的具体使用

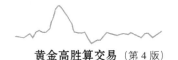
其次，我们来演示下跌走势中，轴心点混合斐波那契分割线如何使用。请看图2-21，图中叠加了三个指标：顾比复合均线、布林带和分割线系统。第一步，查看顾比均线的状态，如图所示顾比均线在死叉后出现了回档，满足了进场条件一。第二步，查看布林带的状态，如图所示布林带在回档处呈现收口状态，满足了进场条件二。第三步，查看随机震荡指标状态，这里省略了。第四步，查看回档处金价是否受到分割线的阻力，也就是说靠近其上的分割线，图中确认了这一情况，满足进场的第四个条件。

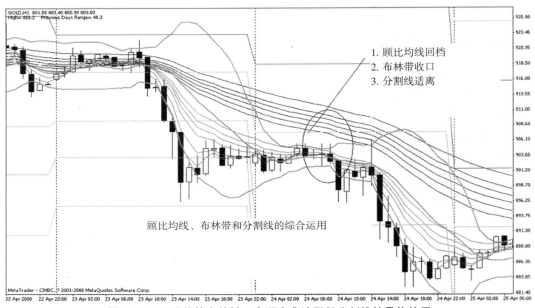

图2-21　下跌趋势中的轴心点混合斐波那契分割线的具体使用

最后，需要申明的一点是，第四步采用的支撑阻力工具不一定局限于我们使用的轴心点混合斐波那契分割线，你可以使用纯粹的轴心点系统或者是纯粹的斐波那契分割线系统。你只需要知道第四步的实质就行了，那就是找到进场的具体位置。为了保证交易的万无一失，我们会在分割线外侧设置初始的止损，具体而言就是在做空时在阻力线上方设置止损，在做多时在支撑线下方设置止损，止损要设置在布林带外侧，

这是一套基于见位进场的系统方法。

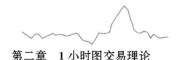

还要满足资金管理比率要求。该固定止损设置的三点具体要求是：第一，分割线外侧；第二，布林带外侧；第三，最大亏损比率之内。前面两者决定了止损的最小量，最后一个要求则决定了止损的最大量。关于止损的合理设置，请参照《外汇交易圣经》的相关部分，这里不再赘述。

最合理的止损一定是比较小的。

第六节　蜡烛翻转影线 ［渐短］

经过前面的四个步骤，我们基本上已经对"势、位、态"三个要素中的两个做出了判断，本小节我们传授如何利用蜡烛线的敛散形态对"势"、"位"进行提醒和确认。我们进场交易的第一项要求是顾比均线回档，而本项则要求回档处的蜡烛线呈现收敛状态，具体表现为渐短的实体，可能伴随较长的影线。

请看图 2-22，这是黄金 1 小时走势图，其中圈注的地方是金价调整并收敛的地方，金价由发散上升转为调整收敛，

图 2-22　上升走势中的蜡烛线收敛态势

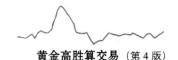

一种均衡是因为大家无分歧，一种均衡是因为大家势均力敌。前者是观点层面的，后者是力量层面的。

可以看作我们在《外汇交易圣经》中介绍的渐短形态，渐短形态的特点是实体相对较小，可能伴随较长的影线，反映了市场暂时处在均衡状态，此时通常伴随着布林带的收口，当布林带刚要张口那一瞬间，也就是收口的末端恰好是介入做多的最好时机。这个时机就是前面我们反复提到的节点，虽然有布林带的帮助，但是仍旧有不少节点你把握不到。节点处还有一个微观层次的特点，那就是蜡烛线转为发散，这是一个我们在第一章反复提到的交易确认信号。

图2-23还是一幅黄金1小时走势图，反映了下跌走势中的蜡烛线收敛态势，其中的蜡烛线可以被看作渐短或者影线，这是《外汇交易圣经》中提到的蜡烛图分类法，你也可以更加深入地定义为收敛形态。在金价下跌走势的反弹中，出现了收敛状态，然后出现正向发散，意味着我们可以介入做空，这是第一章就已经提到的思想，当然任何操作技巧都不是包赚不赔的，这项技巧也是一样，关键是它能够提高胜率，同时，只要我们辅以恰当的止损就可以获得较佳的风险报酬比。

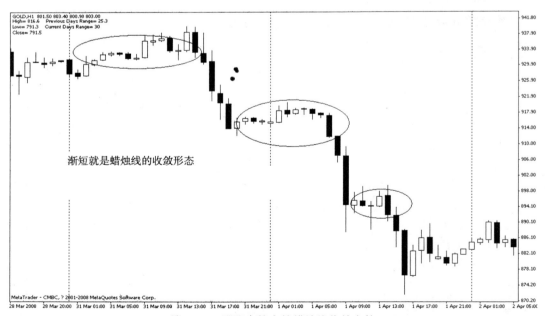

图2-23　下降走势中的蜡烛线收敛态势

　　我们已经分析完了上升和下降走势中的蜡烛收敛形态，在上升走势的调整回跌中，收敛形态使得跌势受到限制，所以我们可以将它看作翻转形态；在下降走势的反弹回升中，收敛形态使得涨势受到抑制，所以我们可以将它看作是翻转形态。下面我们就分析顾比均线、布林带和蜡烛线收敛形态三者在黄金1小时图交易中的综合运用。顾比均线用于捕捉趋势，布林带用来寻找趋势转化的节点，蜡烛线用来帮助确定进场点和出场点。

环环紧扣，各个要件之间是紧密联系的。

　　请看图2-24，这是黄金1小时图的下跌走势。第一步，顾比短期均线向上对长期均线进行了成功的回档，条件一满足；第二步，布林带在回档处收口，进场条件二满足；第三步，查看随机震荡指标状态，此处省略，假定为满足；第四步，查看分割线是否与回档处金价适离，此处省略，假定为满足；第五步，查看回档处的蜡烛线是否呈现收缩。一旦上述五个条件满足，我们即可在收缩的末端介入做空。

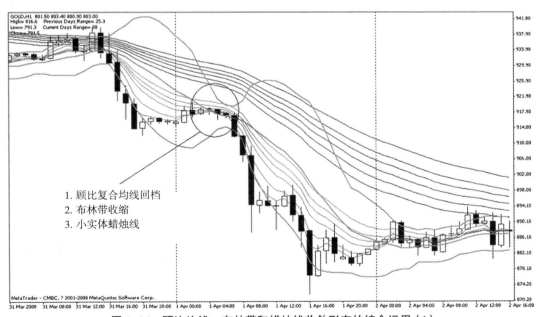

图2-24　顾比均线、布林带和蜡烛线收敛形态的综合运用（1）

图 2-25 也是黄金 1 小时走势图，不同于图 2-24 情况的是这幅图涉及上升走势。之所以确定为上升走势，这与我们在第一步使用顾比均线的状态有关，顾比短期均线调整到长期均线上获得支撑，回档确立。第二步，查看布林带，回档处布林带收敛，条件二满足。第三步，查看随机震荡指标，此处省略，假定为满足。第四步，查看分割线，此处省略，假定为满足。第五步，查看回档处的蜡烛线敛散情况，为收敛，满足进场条件五。五个条件满足，在收敛末端介入做多。

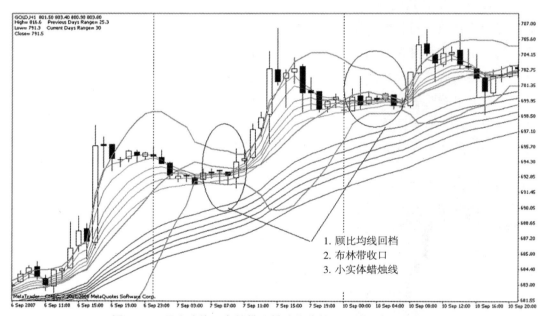

1. 顾比均线回档
2. 布林带收口
3. 小实体蜡烛线

图 2-25　顾比均线、布林带和蜡烛线收敛形态的综合运用（2）

有部分技术指标可以帮助你识别特定形态的蜡烛线，但是做得不够好，所以我们建议你根据第一章的内容自己用眼识别。我们已经将黄金 1 小时图交易的五个进场条件全部讲解完，下面三个小节我们将讲解出场的技巧。

后位出场是本系统的主要原理。

第七节　出场信号

所有失败的短线交易者都有两个共同的特点：第一个特点是他们关注的焦点往往是市场的方向，而忽略了市场的位置，或者是关注市场的位置而忽略了市场的方向。新手比较容易犯第一种毛病，他们只问是涨还是跌，根本不管进场点。老手则比较容易犯第二种毛病，那就是他们只要看见反转信号就想介入，喜欢追求高抛低吸，往往忽略了市场的趋势。第二个特点是他们往往专心于进场的把握，而对出场条件很少有明确的界定，甚至没有界定。犯这种毛病的交易者往往拿不准持仓的问题，所以他们经常会抱怨自己拿不住，看对了过早就退出了，其实问题就在于他们只做了一半的交易计划。《外汇交易进阶》一书的扉页上印有"计划你的交易，交易你的计划"这句话，计划你的交易是指一定要完整地计划，否则你交易自己的计划的时候就会无所适从，出场点如何去把握存在很大的学问，一进一出才能锁定利润，但是绝大部分交易者对出场概念模糊，甚至根本没有概念。

为什么出场点这么重要？

一个黄金交易者的成长分为三个层次：第一个层次是喜欢问高手，是涨还是跌，怎么看，关注的还是市场的方向；第二个层次则认为只有方向根本无法促成交易，关键还是看什么位置进场，他们关注的是进场点，有时候因为过度关注进场位置而忽略了方向，容易形成低吸高抛的逆势做单倾向，不少短线交易者长年都卡在这里无法获得进步，总是胜率高，都是小胜，一次交易就把所有盈利全亏掉，再来一次失误就爆仓了；第三个层次则是知道了交易是二元对立的，要把握两个关键范畴：方向和位置，进场和出场。大多数喜欢看行情分析的交易者基本都是第一层次的，大多数号称超短高手的交易者是第二层次的，以交易为生的第三层次基本上罕见，超越二元对立，走向整合，这就是高手之道！只看进场，不看出场，只看方向，不看位置都是处于对立之中，并未觉悟。觉悟就是超越二元对立，达到统合的水平。

当你左右为难的时候，当你难以判断的时候，分批进出通常是最好的解决之道！

我们称之为"珍稀物种"！

出场面临两难抉择，想必大家都体验过，这也是无法"让利润奔腾"的关键原因之一。我们来描述一下这个困境：假定你目前进场做多黄金，在一段上升之后金价出现了停滞，这时候你是平仓还是继续持仓呢？你现在畏惧的是两种结局：第一，你继续持仓，金价却由此大幅下跌，把你的浮动盈利吞没；第二，你平仓了结，此后金价继续大幅度飙升，你赚了个零头。反复几次后，你对出场就摸不清了，做空交易也是一样的道理。

这个问题需要从两个方面解决：第一个方面是仓位加减，也就是复合型持仓，当遇到这种迟疑不决的情况时可以减仓；第二个方面是定义明确的出场标准。本小节主要解决第二个方面的问题。短线金价运行有一个特点决定了我们采取的平仓方式，这就是短线金价不可能直线上升，其调整和反弹都非常快，使得交易者没有缓冲余地，浮动的利润很快就会被亏损吞没。金价收敛后接着发散，发散后接着收敛，收敛程度越大、收敛时间越长，接下来发散程度也就越大，但是相应的发散时间却可能较短，涨得快，跌得快，调整来得很快，上涨的倾角越陡直，我们就要更快地兑现利润，对价格调整的容忍度就应该越小；上涨的倾角越是平缓，我们就要更耐心地等待利润的发展，对价格调整的容忍度就应该越大。对于金价下跌过程中的操作也是同样的原理。

具体实际的出场操作，我们以布林带和收盘价的关系作为转势的标准，一旦转势就退出，这里我们采用的是中线出场标准，也就是看"势"转变没有，这种操作方法的胜率相对较低，但是报酬率较高，容易打出"本垒打"！是一种趋势跟随的方法。对于小幅度逐步发展的单边趋势，通常指的是小于 45 度角的趋势，当蜡烛线收盘于中轨异侧时，我们平仓或者减仓；对于大幅快速发展的单边走势，通常指的是大于 45 度角的趋势，当蜡烛线收盘于外轨内侧时，我们平仓或者减仓。

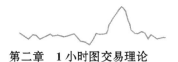

下面两个小节将分别详细传授黄金 1 小时交易的出场之道。

第八节　大幅度运动后的出场

本小节专门介绍大幅度运动收盘于外轨内侧的问题，强势运动都在外轨外侧发展，在发生深幅调整和转势之前，一个较为明显的特征就是收盘于外轨内侧。下面我们就结合具体的走势来定义大幅度运动后收盘于外轨内侧，至于如何与进场结合起来使用，请在本章最后一个小节寻找答案。

因利制权！

图 2-26 是大幅上升之后的出场决策情况，金价大幅度拉升，位于外轨外侧，这里是上轨的上方，意味着强势的上升，此后发生了幅度较大的调整。图中我们标出了发出多头平仓出场信号的蜡烛线。

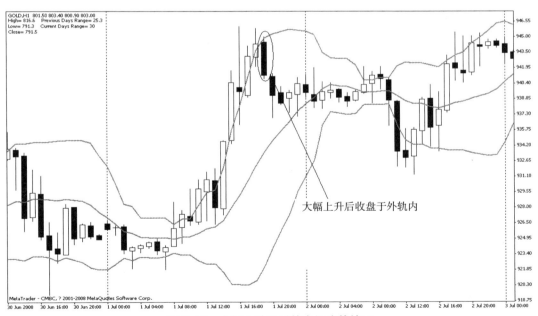

图 2-26　大幅上升之后的出场决策情况

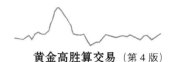

图 2-27 是大幅下跌之后的出场决策情况，金价大幅度下跌，位于外轨外侧，这里是下轨的下方，意味着强势的下跌，此后发生了幅度较为一般的反弹整理。图中我们标出了发出空头平仓出场信号的蜡烛线。

图 2-27　大幅下跌之后的出场决策情况

前面的两个大幅下跌出场例子都是比较常见的，还有一种情形的出场方法也是一样的，但是出场后的走势却很陡然，请看图 2-28，这也是黄金 1 小时走势图。金价大幅度下跌之后，蜡烛线收盘于下轨内侧，我们应该平掉空头出场。不过，平仓后价格出现了迅速的上涨，这是我们的交易方法所不能把握的行情，在我们的能力范围之外，我们能够做的就是防止在这类走势上发生大额亏损。

其实，从上面的实例可以看到，这类出场方法还是相对简单的，基本是采用了趋势跟踪思想，让利润充分发展，以布林带外轨作为跟进止损带，以蜡烛线收盘价作为确认信号。这里需要提醒大家的是，任何一个出场方法都不可能做到尽善尽美，所以你利用这个方法来出场也会不时遇到出场过早

方法必然有漏，任何方法都有漏，具体的东西都是有限制的。

没有趋势，跟踪也就无效了。跟踪的前提是趋势存在，所以不要怪跟踪策略本身。

或过晚的情况，不过相对于那些止盈法而言，这种方法带来的长期盈利优势更为明显。另外，这里使用的布林带还是跟前面进场时采用的一样，都是参数为（13，0，1.618）的布林带。

图 2-28 交易方法不能把握的行情

第九节　小幅度运动后的出场

小幅度运动指的是上升或者下跌角度小于 45 度的金价运动，在进场后我们如果遇到这样的运动就应该以布林带中轨作为跟进止损的标准。45 度角是江恩角度线最为重要的一条，我们采用该角度线的部分原理，以此作为出场的标准。45 度线的使用会牵涉到如何定义时间和价格的比例关系，这个定义因人而异，但是应该前后一致。此外，这里需要强调的一点是，进场时我们还会设定一个初始止损位置，这个在前面已经提到了，是入场点最近的一个分割线和分割线外侧，之

为什么要区分运动幅度呢？

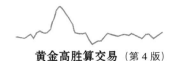
后随着价格的移动，采用布林带跟进止损。所以，最近三个
小节的内容都是在传授跟进止损的方法。

下面我们来看两个有代表性的实例。第一个例子是逐步
上升后的出场策略示范，请看图 2-29。这是一段上升走势，
假定我们此前已经进场做多，此时在什么地方出场呢？由于
上升走势比较平缓，所以我们采用中轨出场法，该例中的出
场位置是圈注的这根蜡烛线形成之后，在下一根蜡烛线开盘
就出场。这里需要注意的一点是，信号发出后，通常要等待
下一根蜡烛线开盘才能执行操作，毕竟信号发出有赖于收盘。

> 收盘价给了一个更加明确
> 的信号。

逐步上升后收盘于中轨下

图 2-29　逐步上升后的出场策略示范

下面一个例子是针对下降走势中的出场，价格逐步下降，
假如我们此前进场做空，那么就应该在收盘价高于中轨时平
仓出场。如图 2-30 所示，在蜡烛线收盘于中轨之上后，我们
在第二根蜡烛线开盘时平仓出场。

图 2-30 出场

需要强调一点的是，很多时候我们会在平仓后随着走势的发展而抱有遗憾，这种遗憾情绪会使得我们在下次执行出场规则时犯规，从而慢慢使得交易纪律松懈。之所以要严格交易纪律，是因为任何持续盈利的交易行为都具有概率上的优势，如果你每次的交易行为都不一样，那么你得到的结果必然无法利用这种概率上的优势，毕竟只有你重复正确交易行为的次数越多，概率上的优势才越明显。交易者需要的是一个期望值为正的交易策略，而不是去追求每次交易的利润都是正的。

交易行为具有一致性才能得到统计上有意义的结果，从而也才能进行改进和提高。

第十节　1 小时图交易要件的综合运用

整个黄金 1 小时图交易系统的构件我们已经掌握清楚了，就像本章前面表 2-1 显示的那样，这是一个完整的交易系统，因为它对进场和出场做了完备和清晰的定义（当然，如果能

够完全定量化则更好，不过目前很难做到）；同时这也应该是一个高效的交易系统，因为它从"势、位、态"三个要素的角度来剖析走势，可以找到具有概率优势的交易结构和相应的交易机会。

在本小节我们将进场和出场的构件综合起来使用，下面就对此进行示范。下面来看第一个综合示范的例子，这是一个进行黄金做多交易的例子。我们按照交易进出场的顺序来展开交易的决策过程。

进场确认的第一步，我们需要确认顾比均线出现了回档，如图 2-31 所示，这一进场必要条件得到满足。

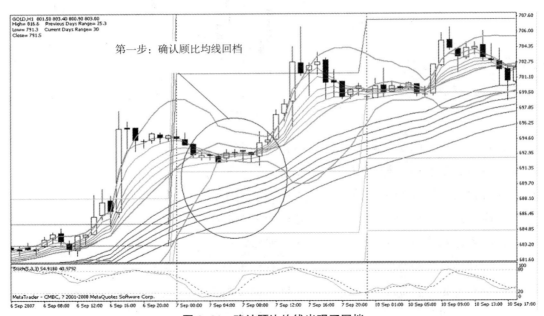

图 2-31　确认顾比均线出现了回档

进场确认的第二步，查看回档处布林带是否收口，如图 2-32 所示，进场必要条件二得到满足。

进场确认的第三步，查看回档处的随机震荡指标是否处于过度，如图 2-33 所示，随机震荡处于超卖，进场的必要条件三得到满足。

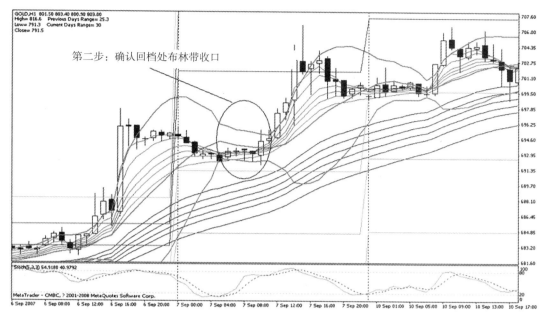

图 2-32 查看回档处布林带是否收口

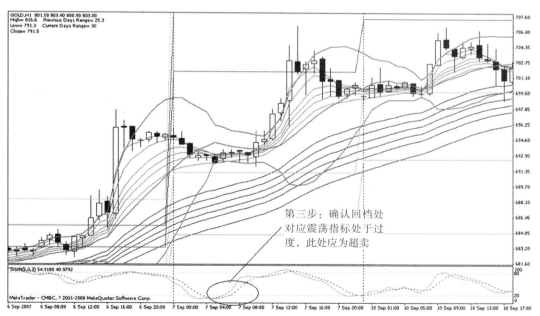

图 2-33 查看回档处的随机震荡指标是否处于过度

　　进场确认的第四步，查看回档处的价格线是否离支撑线很近，如图 2-34 所示，进场必要条件四得到满足。

　　进场确认的第五步，查看回档处的蜡烛线是否处于收敛状态，如图 2-35 所示，进

场必要条件五得到满足。

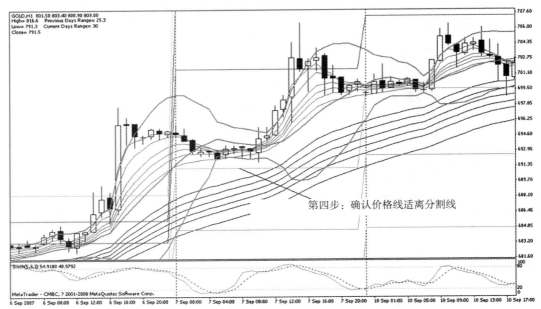

第四步：确认价格线适离分割线

图 2-34　查看回档处的价格线是否离支撑线很近

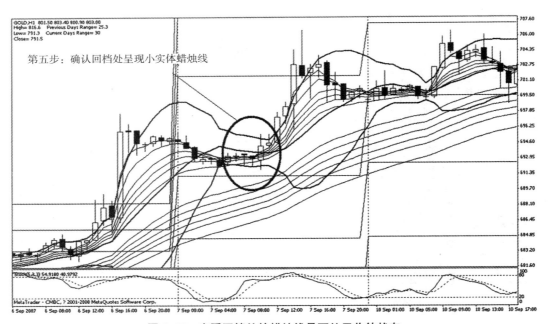

第五步：确认回档处呈现小实体蜡烛线

图 2-35　查看回档处的蜡烛线是否处于收敛状态

　　五个进场必要条件得到满足，我们可以在回档后的第一次蜡烛线发散处入场做多。那么，什么时候平仓呢？由于上升陡直，我们在收盘于外轨内侧时平仓，如图 2-36 所示。

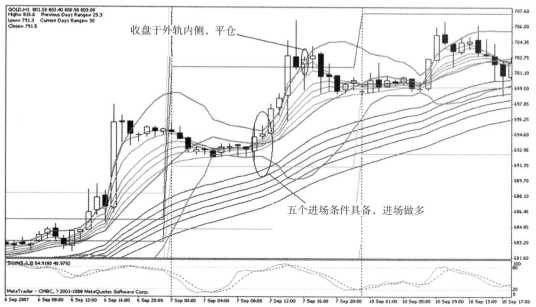

图 2-36　在收盘于外轨内侧时平仓

接着我们来看以收盘价位于中轨异侧为出场条件的情况。

我们进行进场分析。第一步，确认顾比均线是否回档，如图 2-37 所示，进场必要条件一满足。

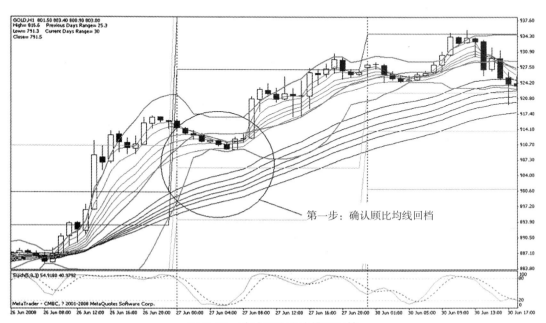

图 2-37　确认顾比均线是否回档

第二步，查看回档处布林带是否收口，如图 2-38 所示，进场必要条件二满足。

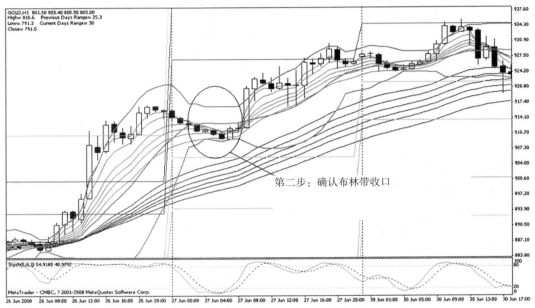

图 2-38　查看回档处布林带是否收口

第三步，查看回档处对应的随机震荡指标是否处于过度状态，如图 2-39 所示，进场必要条件三满足。

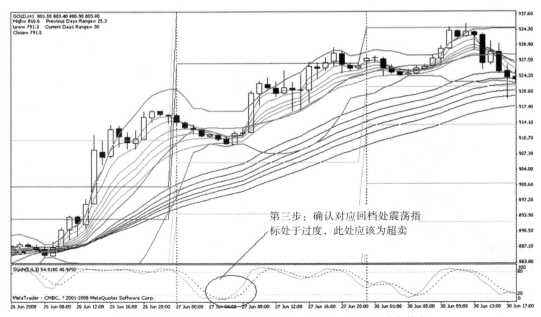

图 2-39　查看回档处对应的随机震荡指标是否处于过度状态

第四步，查看价格线是否远离分割线，此处是价格获得支撑线支撑，如图 2-40 所示，进场必要条件四得到满足。

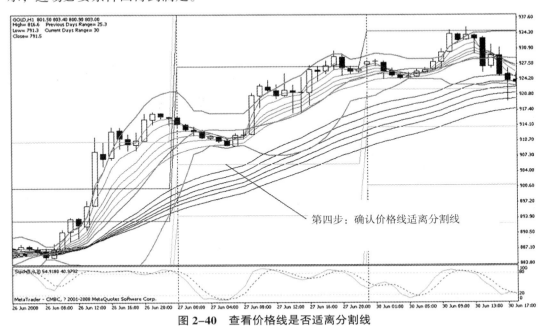

图 2-40　查看价格线是否远离分割线

第五步，查看回档处的蜡烛线是否处于收敛状态，如图 2-41 所示，进场必要条件五得到满足。

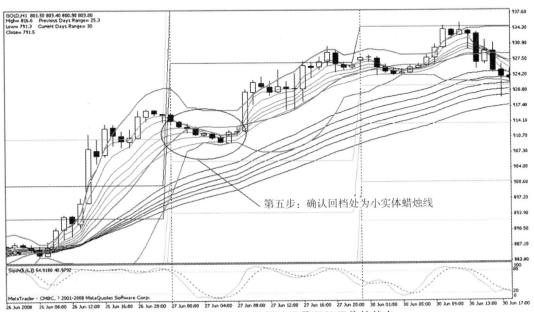

图 2-41　查看回档处的蜡烛线是否处于收敛状态

五个进场必要条件都具备后，我们进场做多。之后金价小幅度逐步上升，当蜡烛线收盘价位于外轨内侧时平仓出场，如图 2-42 所示。

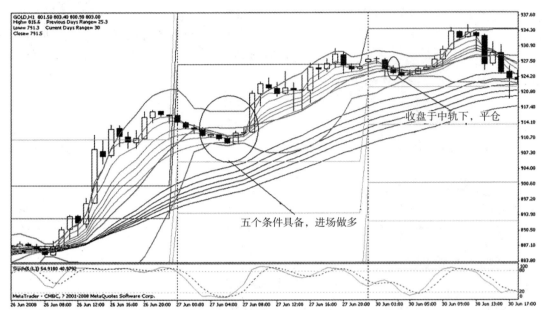

图 2-42　当蜡烛线收盘价位于外轨内侧时平仓出场

黄金 1 小时交易的流程请大家对照上面的走势图和分析文字多加温习，并且将指标下载到自己的软件上进行实际操作和练习。

这套方法其实运用在白银走势上也是有效的。

第三章

4 小时图交易理论

本书的第一章到第三章基本上都是在介绍黄金短线交易的方法，在第一章我们介绍了一种适合任何技术分析的武器——形态敛散分析工具，在第二章我们介绍了基于黄金 1 小时图走势的交易方法，这个方法在分析进场点时利用了形态敛散分析工具，具体而言是从宏观层次——顾比均线的敛散，中观层次——布林带的敛散，微观层次——蜡烛线的敛散三个层面来使用这一工具。对于一些交易者而言，1 小时的交易框架可能过短，而以第四章介绍的基本分析方法来进行交易的话可能时间又过长了，所以他们需要一种介于 1 小时走势和日走势的交易框架，我们在本章提出一种 4 小时交易理论来满足这一要求，这种交易方法在黄金 4 小时走势上有较好的拟合效果。它不仅适合黄金走势，也同样适用于白银和主要外汇的交易。

我们本章介绍的黄金 4 小时交易理论主要由表 3-1 中列出的构件组成。我们一直强调一点：一个完整的交易策略必须包括进场信号和出场信号。不过令我们感到惊奇的是，不少人的交易策略都没有包括出场条件的清晰定义，这是致命的。出场策略被认为包括两个部分：一是止损，二是止盈，这是一个比较错误的区分，出场策略只有一种，那就是市场表明你的判断错误时出场。止损表明市场走势证明你的判断是错误的，兑现盈利也表明市场走势证明你的判断不再正确。

白银的特点介于工业商品和黄金之间，跟随黄金走势要多一些。

此一时，彼一时，讲的就是正确和错误是相对的，过去正确的头寸现在变得错误了，就应该出场了。

有人认为止损是判断错误时的出场，而止盈是判断正确时的出场，其实如果市场证明你的判断一直正确的话，你就一直不需要出场，直到市场证明你是错的才需要出场。持仓是因为市场当下的走势支持你的判断，平仓是因为当下的市场走势否定你的判断。

表 3-1　4 小时图交易理论的构件

进场信号（加仓信号）		出场信号（减仓信号）	
涨跌吞没		价格大幅度运动	收盘于布林外轨
启明黄昏	出现在布林带的轨道上	价格小幅度运动	收盘于布林中轨
刺透盖顶		出现反向进场信号	

表 3-1 的进场信号包括了三种类型，每种都是充分非必要的进场条件；而出场信号也是三种类型，每种都是充分非必要的出场条件。在 4 小时交易架构中，我们只采用了两种工具：布林带和蜡烛线。我们对长达数年的黄金 4 小时历史走势进行了验证，表明有两种蜡烛形态发出的交易信号具有很好的可靠性，这就是涨跌吞没形态和启明黄昏形态，具体而言是看涨吞没、看跌吞没、早晨之星（包括早晨十字星）和黄昏之星（包括黄昏十字星）。此后，我们进行了外推测试，并进行了简单的优化，加入了参数为（13，0，1.618）布林带来过滤，同时利用布林带来把握出场点。

这套系统的出场方法基本与 1 小时图类似，也属于短线交易策略，可以相互对比学习。下面几个小节就具体展开这个交易方法。

后来有位业界人士也写了本黄金交易的书，其实明显抄袭了我们这套方法，只不过他滥竽充数地将一些胜算率很低的 K 线组合也与布林带组合起来作为信号，这样就多出来几倍的信号。

第一节　进场信号

基于 1 小时走势的交易策略可能会碰到较多的虚假信号，因此我们可以换到更大的时间框架进行，如 4 小时走势。黄金 4 小时交易理论可以帮助你抓住绝大部分的重大行情，前

提是你会遭受较多的小亏损，这是对你心理的一个极大考验，我们建议你首先按照我们介绍的方法去查看至少 1 年的历史，然后再进行至少 3 个月的模拟交易，接着用小资金进行正式交易。你阅读我们的书，获得了抽象的知识，这些东西都停留在你的表意识层面，表意识的东西不能增强你的自信，也不能促成你的技能，只有你亲身去实践，"拿到那一份体验"，你的实际交易技能才能得到提高，也才具有十足的交易信心。

4 小时进场信号分为三种，如前面表 3-1 所示，第一种和第二种是一般交易者完全可以采纳的，这就是涨跌吞没和启明黄昏出现在布林带轨道上。一般而言，看跌吞没和黄昏之星出现在上轨附近，看涨吞没和早晨之星出现在下轨附近，当然如果放宽条件的话，这四个信号都可能出现在中轨。第三种信号只有比较激进的交易者适合采纳，这就是刺透盖顶形态出现在布林带，具体而言就是刺透形态出现在布林带下轨，盖顶形态出现在布林带上轨。

首先，我们举三个简单的例子对进场进行简要的概括介绍。请看图 3-1，这是黄金 4 小时走势图，图中圈注了一个看

胜算率和报酬率的反比曲线如何破解？《黄金短线交易的 24 堂精品课》有解答，如果你知道答案就没有必要再看这本书了。

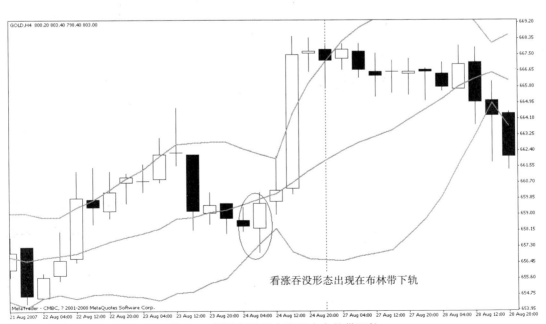

图 3-1　看涨吞没形态出现在布林带下轨

涨吞没形态，下跌中的小实体阴线为大实体阳线所吞没，这就是一个入场做多的机会。根据本书前面传授的形态分析知识，可以发现这里的看涨吞没形态其实就是"收敛—反向发散"类型的一种。这里大家对进场做多有一个大致的了解即可，在本章的第二小节将专门传授利用涨跌吞没入场的技巧。

其次，我们扼要介绍一下第二种进场类型。请看图3-2，这是黄金4小时走势图，其中圈注的形态是早晨之星，也被称为启明之星。早晨之星属于敛散形态中的"正向发散—收敛—反向发散"类型。当这个形态出现在布林带下轨时，我们进场做多，注意我们设定的布林带参数为（13，0，1.618）。关于这类形态进场技巧的深入介绍，请阅读本章第三小节。

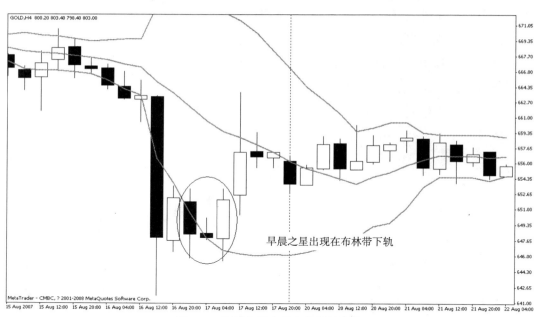

图3-2　早晨之星出现在布林带下轨

最后，我们来看一下最不常用的一种4小时进场信号，请看图3-3，这是黄金4小时图走势。图中圈注的形态是刺透形态，盖顶形态与此相反。刺透形态出现的频率比第一种形态和第二种形态更高，提供的交易机会更多，但是它能够提供的有效交易信号要更少一些，所以我们建议保守的黄金交易者尽量不采取这一信号。刺透形态出现在布林带下轨时，

宁缺毋滥，急于入场交易往往不得善终！

148

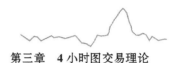
我们可以进场做多。

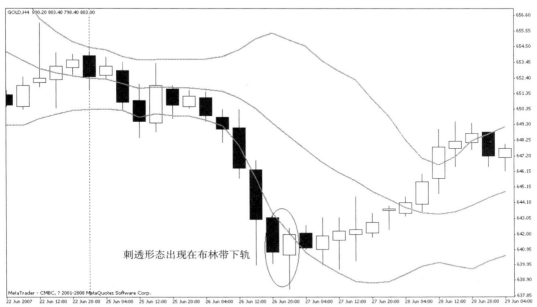

图 3-3　刺透形态出现在布林带下轨

进场后，我们需要设置初始止损，这个止损通常设在你进场时最近三根蜡烛线最高价的上方（做空）或者是最低价的下方（做多）。这是需要大家特别注意的事情。下面三个小节我们将深入介绍这三类4小时图进场信号，我们建议读者将每种信号吃准，特别是第一种信号，这种信号的出现频率比第二种信号高，而有效性比第三种信号高，我们的实际交易中主要以第一种信号为利润来源。另外，也可以根据信号的效率来调整仓位，可靠性高的信号仓位就相对重一些，可靠性低的信号仓位就相对轻一些，这就是在根据凯利公式对仓位进行管理。

第二节　涨跌吞没

本小节传授的4小时图进场技巧是我们在黄金波段交易中最常用的技巧之一，这肯定不是百分之百的完胜技巧，但却是一个能够带来丰厚利润的技巧。所以，当你亏损几次的时候不要去怀疑技巧本身，这是概率使然；当你盈利几次的时候你也不要去

如何将涨跌吞没、布林带
与本书后面的驱动因素结合？

吹捧技巧本身，这仍旧是概率使然。涨跌吞没是两种对立形态的合称，这就是看涨吞没和看跌吞没。看涨吞没的标准模式如图3-4所示。

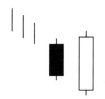

图3-4　看涨吞没的标准模式

这是一个标准的看涨吞没形态。在趋势中出现了跟趋势意义相同的小实体线（下跌趋势中出现小实体阴线，上涨趋势中出现小实体阳线），然后出现颜色相反的蜡烛线，其实体覆盖了前一根蜡烛线的实体。在本书的第一章我们已经专门对这种形态的敛散特性进行了分析，这是一种"正向发散—收敛—反向发散"的敛散模式。下面我们就找些真实交易中的吞没形态来让你"拿到一份体验"！

请看图3-5，这是黄金4小时走势图，该图是一个不那么典型的看涨吞没，是让不少交易者不那么爽的吞没形态，因

图3-5　看涨吞没的进场信号（1）

为该形态带来的利润很少。大家可以琢磨一下按照我们的方法应该在哪里平掉多头出场。

图 3-6 同样是黄金 4 小时走势图，其中也是一个不典型的看涨吞没形态，我们可以看到这个形态形成后发出了进场做多信号，但是此后的走势几乎呈水平形态，也就是说，基本上没有大于 45 度角的陡直上升，我们可以以布林带中轨为出场要件，这个后面的小节会提到，我们这里"预热"一下，其实这里的出场方法类似于第二章的那个系统。

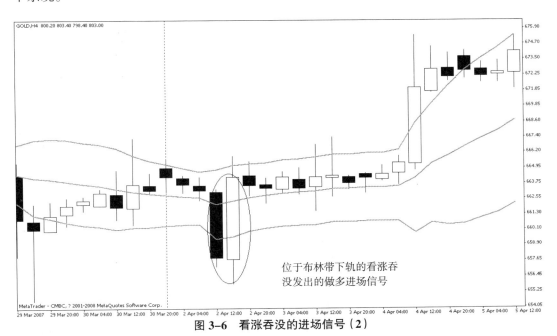

图 3-6　看涨吞没的进场信号（2）

我们看完了看涨吞没与布林带下轨结合产生的黄金做多信号，下面我们来看看跌吞没与布林带上轨结合产生的黄金做空信号。请看图 3-7，这是黄金 4 小时走势图，图中圈注的部分是一个较为典型的看跌吞没形态，它出现在布林带上轨，符合我们进场做空的条件。想要比别人取得更大进步和获得更多收获的读者可以思考一下，这个例子的出场点在哪里？

有时候看涨吞没和看跌吞没可以为我们持续提供市场内的机会，如图 3-8 所示，当一个看跌吞没在布林带上轨发出进场做空信号之后，我们进场做空，然后在布林带下轨出现了一个看涨吞没，这就发出了进场做多的信号，此后又出现了一个不会触发进场信号的看涨吞没。为了让你能够积极地阅读，我们向你提一个问题，这次进场做多的出场点在哪里？

图 3-7　看跌吞没的进场信号（1）

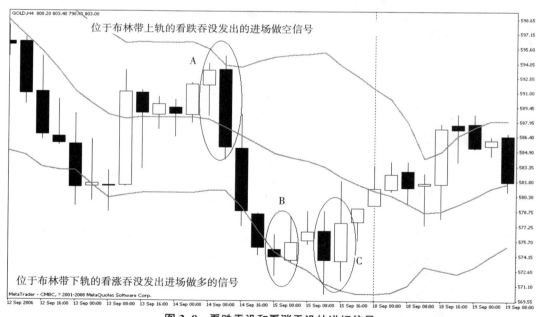

图 3-8　看跌吞没和看涨吞没的进场信号

　　这个世界用来销售的很多交易系统是无效的，但是有效的交易系统也有一些，不过能够切实去实践这些交易系统的人很少。本来我们是不想公开这套系统的，毕竟技术分析如果扩散太快，会影响所有的使用者，最后这个系统就被糟蹋了。保守一个技

术系统的秘密，可以使现有的使用者得到最大的收益，这是一个定律，扩散速度与回报程度成反比。但是，我们这套系统还不至于招来足够的追随者，这本书的读者应该不会超过几万人。而能够按照这个系统去实践21次以上的人不会超过几千人，在实践后能够用资金去切实交易一年的人不会超过几百人，所以几百人是肯定不会危及这个技术的效果的。按照实际的情况来看，这套系统的最终笃信者不会超过百人，况且这套系统绝不适合大资金的运作，至少经纪商不会提供电子平台给大资金者做固定点差的超短线交易。在这套系统中，最为有效和常见的进场信号是吞没形态，希望读者能够汲取精髓中的精髓。

> 小资金以本教程上半部分为主，大资金以本教程下半部分为主。

第三节　启明黄昏

黄金4小时交易系统上的第二种进场信号是早晨之星，或者启明之星出现在布林带的下轨，或者黄昏之星出现在布林带的上轨。从进场类型的角度来看，我们在4小时交易策略中采纳的方法都属于见位进场。在本书第一章，我们在敛散形态分析中专门对这种形态进行了剖析，这是一种"正向发散—收敛—反向发散"的典型模式。其中的小实体部分充当了提醒信号，提醒交易者即将来临的交易机会，而反向发散的蜡烛线则充当了确认信号，让交易者介入交易。

早晨之星包括了比较特殊的早晨十字星形态，下面是比较常见的两种形式，通常我们不对变异形式进行交易，目的是避免交易条件发生不易发觉的改变（见图3-9和图3-10）。

黄昏之星包括了比较特殊的黄昏十字星形态，下面是比较常见的两种形式，一般情况下我们也不会对它的变异形式进行交易，目的是避免交易条件发生不易觉察的改变（见图3-11和图3-12）。

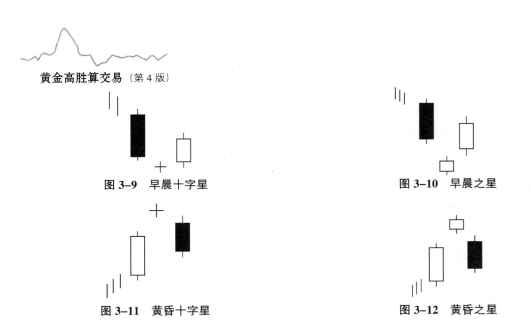

图 3-9　早晨十字星

图 3-10　早晨之星

图 3-11　黄昏十字星

图 3-12　黄昏之星

　　下面我们就来举一些具体的实例来演示进场技巧。图 3-13 是黄金 4 小时走势图，位于布林带下轨的早晨十字星发出了进场做多的信号，这次交易至少有上百点的利润，这就是 4 小时图短线交易的魅力，对于黄金杠杆交易而言，这是很可观的。想想看图 3-13 所示的这次做多交易应该在哪里出场？开动你的脑筋来读这本书，这本书不是你来读的，是你来照着做的。无论你从事什么交易，实践都是唯一能够检验系统是否有效的手段，也是唯一能够带来实在利润的手段。

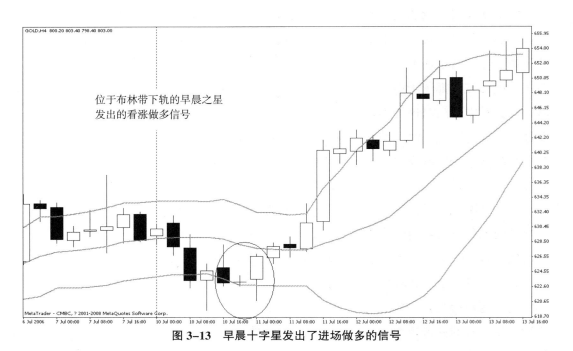

图 3-13　早晨十字星发出了进场做多的信号

虽然我们不主张那些刚刚应用这套系统的读者采纳变异的早晨之星信号，但是我们至少还是应该让大家明白究竟什么是变异的信号。请看图 3-14，圈注处的形态也跟早晨之星一样，是典型的"正向发散—收敛—反向发散"形态，不过其收敛部分不是一根蜡烛线，而是两根，有时候甚至更多。如果你对本书的理论掌握得比较透彻，那么就可以逐步学会利用这种变异形态的信号增加交易次数，提高周转率，进而获得更多的利润。另外，下面这种情况的出场点你是采用布林带中轨，还是上轨呢？我们希望你通过自己的思考得到答案。

有时候也称为复杂早晨之星。

通过提问来教学是提高最快的。给你直接说答案，只会培养盲从和教条的交易者，最终就是什么都没有学会，能力培养不起来，看再多书都是有害无益的。

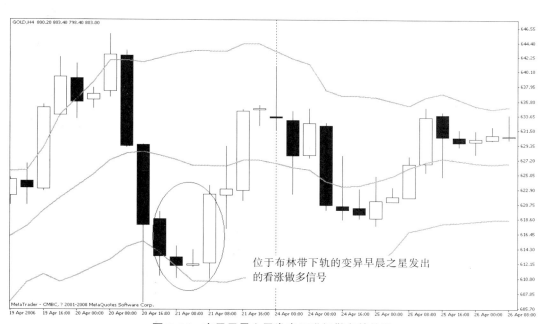

图 3-14　变异早晨之星发出了进场做多的信号

位于布林带下轨的变异早晨之星发出的看涨做多信号

我们来看黄昏之星给出进场做空信号的实例，请看图 3-15。这是黄金 4 小时走势图，其中圈注了黄昏之星，它出现在布林带的上轨，由此发出了符合本系统要求的做空信号。参看图 3-15，想想出场点怎么确定，在看本章第五小节到第八小节之前，你应该对此有所思考，不要被动地等待我们的传授，否则你就会在金融市场中被淘汰。

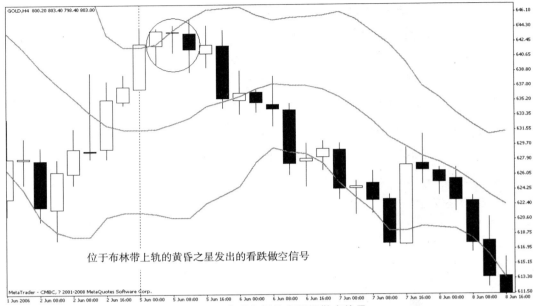

位于布林带上轨的黄昏之星发出的看跌做空信号

图3-15　黄昏之星给出进场做空信号

接下来我们来看一个变异的黄昏之星发出的进场信号。请看图3-16，这是黄金4小时走势图，它与黄昏之星的模式类似，都是"正向发散—收敛—反向发散"模式。当你能够运用标准信号正常盈利后，可以采用这里的变异信号。

位于布林带上轨的变异黄昏
之星发出的看跌做空信号

图3-16　变异黄昏之星发出进场信号

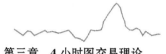

这里需要强调的是，一旦你采取信号进场后，必须同时设定初始止损，设定的标准前面已经提到了，就是进场附近三根蜡烛线的最高价或者最低价。如果你是做空，则在最高价之上设定；如果你是做多，则在最低价之下设定。设定初始止损后，关注金价移动，当出现符合本系统定义的出场条件后果断离场。止损主要包括初始止损、盈亏平衡点止损和一般跟进止损三种，这里主要采纳了初始止损，大家可以根据自己的需要将后面两类止损有机地融入到这个系统之中。

不设初始止损的交易者绝不是合格的交易者，完全不及格！

第四节　刺透盖顶

本小节的内容初学者可以了解，但是在掌握本章第二小节和第三小节内容之前，在利用它们稳定获利之前，不应该尝试本小节内容的实际运用。我们首先要的是"胜算"，而不是"交易"，孙子说："胜兵先胜而后求战，败兵先战而后求胜。"我们这本教程的名字是《黄金高胜算交易》，首先是"高胜算"，再谈"交易"二字。高胜算并不简单地指胜算率高，同时也意味着盈亏比高，总体而言高胜算表明我们追求的是期望值高的交易。刺透形态和乌云盖顶形态的胜率不高，这是老实话，但是为了给予那些使用保守信号的交易者更多的进步空间，所以我们毫无保留地将那些激进交易者可以采用的信号写在这里。

期望值高才是真的高胜算交易！

下面是刺透形态和乌云盖顶形态，关于它们更准确的定义可以查阅各类技术分析的基础书籍，我们在此不再详细介绍（见图3-17和图3-18）。

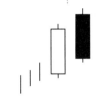

图 3-17　刺透形态　　　　　图 3-18　乌云盖顶

我们分别看这两个对立形态的实例，请看图3-19，这是黄金4小时走势图，图中标注了一个刺透形态，这个形态位于布林带下轨，由此发出了进场做多的信号。那么，你认为出场点在什么位置呢？

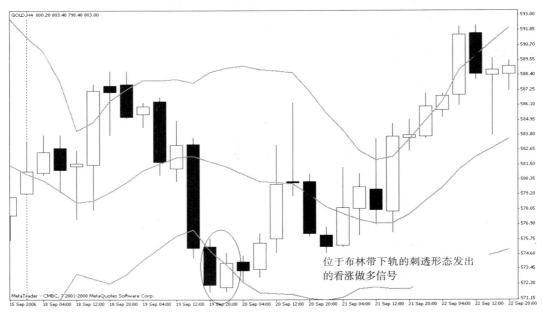

位于布林带下轨的刺透形态发出的看涨做多信号

图3-19　刺透形态发出的做多信号

接着我们来看乌云盖顶形态发出的进场做空信号。图3-20是黄金4小时走势图，其中标注了乌云盖顶形态，该形态出现于布林带上轨，由此发出了做空信号。请你开动脑筋找找出场点所在，其实这个走势的出场点很明显。

刺透形态和乌云盖顶出现在布林带外轨，这是两种比较弱的交易信号，当你采用这两个信号进场时，需要同时在布林带外轨外侧和最近三根蜡烛线的最高价或者最低价外侧设置初始止损。

止损点的设置比如何设置更为重要。

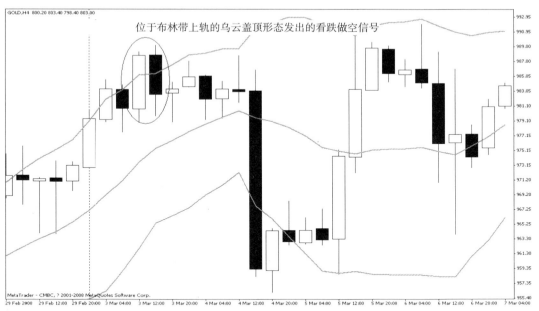

图 3-20　乌云盖顶形态发出的做空信号

第五节　出场信号

交易就是"进场和出场"，这点是最基本的东西，但也是绝大多数交易者始终没有弄明白的东西，所以大家都关注"如何进场"，却忽略了"如何出场"。"会买的是徒弟，会卖的是师傅"，其实并不是说会卖的比会买的高明多少，而是指专研进场点的人远远多于专研出场点的人。不少来看本书的读者估计都是股民转行过来的，在你们看证券交易书籍时，无论是投机类的还是投资类的，你们可能看到的绝大部分书籍都在讲怎么买入，而关于卖出很多书都不怎么提，为什么会这样？其实，写这些书的人大多是不做交易的，或者自己也没有怎么搞懂，这帮人和买书的人在实际交易技能上处于同一水平，唯一高出一截的就是理论水平，不过也是不中用的理论。任何交易必须进出一次才算完成，而且最终利润如何完全锁定于出场瞬间，有一种极端的认识：无论是你什么位置进场的，如果你能够很好地把握出场，你至少能够不亏钱！虽然你可能认为这很偏激，不过如果你能从出场点入手学习的话，比进场点入手学习获得的收获

如果你把握好了重大的驱动因素，那么止损和止盈可以是同一个东西。

杰西·利莫佛终其一生都在研究交易位置！

更大。

说到这里，不得不提技术交易的两个学习法则，我们命名为帝娜交易学习曲线法则。这些法则在此之前从来没有人公开阐释过，至少到目前为止我们没有在任何材料中读到，所以可以看成是我们本着著述的良心拿出来给大家分享，希望大家也认真领悟并用于实践。

"帝娜交易学习法则一"：交易位置的学习曲线是边际收益递增的，也就是说你花的专研时间越多，收益越大，而且收益往往随着时间的推移超越你的直线预期；而交易方向的学习曲线是边际收益递减的，也就是说你花的专研时间越多，收益越小，而且收益往往随着时间的推移低于你的直线预期。一个交易高手在寻找交易位置上比新手睿智好几倍，但是一个高手在判断和预测市场方向上与新手一样"菜"。请看图 3-21，这是一个不那么准确的综合图，更为精确的描述请看图 3-22、图 3-23。当然，方向与趋势是存在差别的，趋势是整体的，方向是局部的，切不要把方向等同于趋势，严格而言趋势是比位置更为重要的因素，而方向只不过是价格波段运动倾向而已。

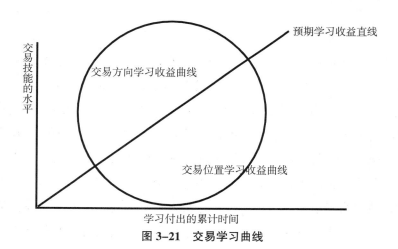

图 3-21　交易学习曲线

首先，我们来看交易位置的学习曲线，请看图 3-22。一个交易者越是成功，则其在交易进场点上的选择越是老到，他可以讲出很多东西来，而一旦你问新手关于交易位置抉择的策略和原理，他们基本上说不出个所以然，无论是投机还是投资，一个大师级的人物必然在交易进场位置上技艺精湛。如果你将时间花在交易位置学习上，你的技能的提高速度在开始会低于你的预期，但是过了一个关键点之后就会超过你的预期。如果你懂得微积分的话应该可以看出交易位置学习曲线是边际收益递增的曲线。补充一点，所谓交易位置就是进场点和出场点。

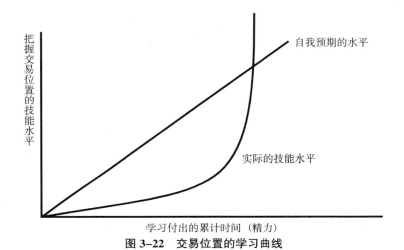

图 3-22　交易位置的学习曲线

其次，我们来看交易方向的学习曲线，请看图 3-23。交易方向就是市场上升、下降或者是横盘确定的持仓方向，持仓方向只有两个多头和空头，当然你也可以完全空仓，这主要是因为你认为市场处于长期窄幅横盘的震荡走势或者你无法把握市场方向。把握交易方向的能力在开始学习时的提高速度往往高于你的预期，具体表现为感觉市场走势很好预测，这使得不少新手基本上只关心市场的涨跌，普遍喜欢问的第一个问

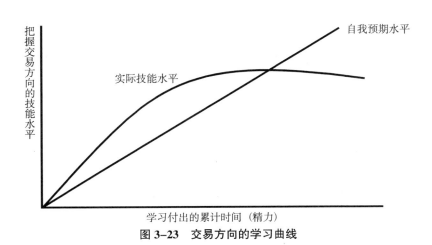

图 3-23　交易方向的学习曲线

题是"今天是做多还是做空"，而不是"有没有适合交易的位置"。当一个交易者痴迷于判断市场方向时，他会追求"神仙般"的预测能力，最后他对市场方向的判断水平甚至不如当初，这就是某个关键时间点后的特点，具体而言就是实际的技能水平曲线与预期技能水平曲线的交叉点，江恩最后的破产就是走过这点导致的。不少股市书籍的撰写者并不是真正的交易者，至少不是一个成功的交易者，所以他们往往利用大众的盲目自信让他们去学习和掌握一种不可能存在的技术——预测市场的方向！

　　通过"帝娜交易学习法则一"我们可以得到一个重要推论：从长期来看，学习交易位置比学习交易方向的收益更高（注意，并没有说交易位置比交易方向重要，两者一样重要）。而交易位置分为进场位置和出场位置，交易盈亏取决于进、出两点的选择。市场是波浪式前进的，我们假定市场目前波浪式地上涨，此时如果你在波浪顶端买入，波浪底部卖出，虽然市场是上升趋势，但是你很可能亏损，因为你的进、出场点都选择得很差；如果你在前一个波浪顶部买入，而在新一个波浪超越前一个波浪之后卖出，则你虽然有一个很差的进场点，但是你的出场点不错；如果你能够在前一个波浪的底部买入，在后一个波浪顶部卖出，则你有一个很好的进场点，同时也有一个很好的出场点。这三种情况的收益的收益矩阵如图 3-24 所示，可以看到在进场位置抉择中，出场点比入场点重要，但是由于我们认为先进后出，加上很在意市场方向同时忽略交易位置，所以绝大部分交易者思考范畴中只有进场点的问题。"出场"涉及更多的是"防守问题"——在交易错误时及时退出，在市场转向时及时退出，减少亏损，保住利润，而"进场"涉及更多的是"进攻问题"。功夫里面先让人练的是"挨打"的部分，然后才是打人的部分，柔道里面首先要练护身倒法和控制自己平衡的技术，然后才是破坏对方平衡的技术和关节技、绞技、舍身技、当身技等进攻技术。

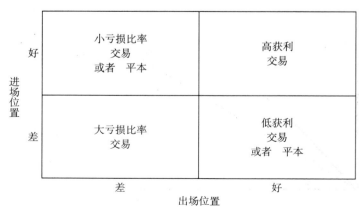

图 3-24　学习效益矩阵

很多时候，你问"什么情况下出场"比"什么情况下进场"对于最终的盈利更具有影响力。对于绝大多数交易者而言，将出场放在考虑进场前似乎很幼稚，我们理解这种想法，否则金融交易市场就不会出现绝大多数参与者是输家的局面了。如果你不会防守，或者没有想好如何防守，就不要发动进攻！"帝娜交易学习法则二"就是："出场位置比进场位置更为重要，在不具备出场能力或者不清楚出场条件前，不要入场交易。"通俗而言，就是不要在不会挨打前去打别人！不会防守就不要去盲目进攻。"砍掉亏损，让利润奔腾！"如果你的交易方向错了，进场位置错了，你可以通过明智的出场来限制亏损，减小亏损，"保住本金"；如果你的交易方向正确，进场较好，你可以通过明智的出场来扩大盈利，"保住利润"。不管是"Cut the Loss Short"，还是"Let the Profits Run"，都涉及一个问题——"出场点"！一切伟大的交易法则都聚集于"出场点"！交易的"圣杯"（the Holy Grail of Trading），在哪里，你知道了吗？行为金融学提出的很多交易者行为偏差都涉及卖出点的问题，这些人类的天性使得交易者倾向于错误地卖出，从而使得"亏损奔腾"，而利润被"截短"，长期下来就得到了平均亏损大于平均盈利的结果，也就是一个很差的风险报酬率和一个高得无用的胜率！

"顺势而为"是一个结果，与正确判断股价涨跌是同义反复，这个逻辑游戏误导了绝大部分交易学习者，谁不想正确判断股价涨跌，谁不想顺势而为，关键是怎么顺势而为。打一个比方，奥运会比赛 100 米蛙泳，要拿冠军，你问前辈拿冠军的秘诀，前辈回答道："游得最快！"你一听赞叹道："好高深啊，精辟！"其实没有一点意义，关键是怎么游得最快。回到这个问题，要顺势而为，谁都知道，关键是怎样顺势而为，最简要的答案是："截短亏损，让利润奔腾！"下次你去找某位"交易大师"询问交易的秘诀，他如果回答道："顺势而为！"你马上可以说："Bullshit！"

我们把学习交易的两条精髓法则放在这里，是不想让那

截短亏损关乎出场，让利润奔腾关乎出场。

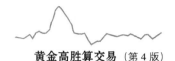
些与本书无缘的人看到这些东西，你已经进入到我们课程的后半部分，说明你是一个有意志力的人，所以理应获得这些奖赏。

这里我们再强调一下帝娜交易学习的两条法则：

帝娜交易学习法则一：交易位置的学习曲线是边际收益递增的，而交易方向的学习曲线是边际收益递减的。

帝娜交易学习法则二：出场位置比进场位置更为重要，在不具备出场能力或者不清楚出场条件前，不要入场交易。

同时，我们将前面介绍的帝娜投机交易定律一并列在本书这个位置，让精华浓缩在这个角落。

帝娜投机交易定律一：除非你具备百分之百的市况预测力，否则必须止损。

帝娜投机交易定律二：如果你具备预知大部分单边市的能力，则你可以选择性地止盈，但必须保证足够的单边市采取了跟进止损。

可以从上面的四条定律看到，学习交易位置比交易方向更容易得到学习收益，而交易方向中，出场位置比进场位置更重要，所以我们应该将出场位置放在第一位，其次是进场位置，再者是交易方向，之所以这样是因为出场位置比进场位置重要，而交易位置比交易方向更容易产生学习收益。学习定律一强调了交易位置的学习收益高；定律二强调了出场点更重要。投机定律一强调了止损的必要性；投机定律二强调了跟进止损（兑现盈利）的必要性，两条投机定律和第二条学习定律都在强调出场点抉择的关键性。读本书的读者们，请问：

你花了多少时间来考虑出场的问题？

用这么大字号的问题来让你醒悟，这个问题的价值在于可以让你踏上真正的交易盈利之路！好了，下面三个小节我们会具体介绍本章涉及的黄金4小时交易系统的出场技巧。

> 在选择交易机会的时候，其实也在进行一种类似于出场的抉择。当你决定空仓的时候，其实就是置身市场之外，也是一种"出场"。这个时候的出场其实取决于对趋势稀缺性和行情幅度的判断。第一种出场是进场之后的出场，第二种出场是进场之前的出场！亡羊补牢和乘胜追击属于前者，作壁上观属于后者。

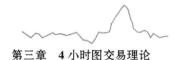

第六节　大幅度运动后的出场

　　本书的最精华部分集中于本章第五小节的"补白"部分，这看起来是交易的哲学，但正是这种观念决定了你的交易态度和习惯，进而决定了你的交易行为，由于市场长期保持某种固定的特质，所以你的长期交易绩效取决于你的长期交易行为！在重视出场点的哲学指导下，我们开始本小节的叙述！

　　黄金 4 小时交易的出场离不开布林带，通过布林带我们可以把握市场的节奏，这个节奏具体体现在中观层次的敛散。离场与市场节奏，也就是与中观层次的敛散密切相关，无论是空间止损还是时间止损，布林带都是极佳的退场工具。在本小节我们将传授一种情况下的出场技巧，这就是金价大幅度运动后的出场位置决策。金价大幅度运动主要是指金价呈现大于 45 度角的近乎陡直的运动。这种情况下的出场必须以蜡烛线收盘于布林带外轨内侧为依据。下面我们就来看看具体的例子。

　　请看图 3-25，这是黄金 4 小时走势图，如果我们在图中圈注处入场，持有空仓，则应该在蜡烛线收盘于布林带下轨内侧时平仓交易。这个出场规则比较简单，执行起来也没有什么随意性，关键是面对变化纷纭的交易结果，你要能够始终如一地执行这一策略。

> 我们的行为与市场的波动一同决定交易绩效。市场的波动我们能够决定吗？不能，因此只能通过我们的行为来影响交易绩效。

> 没有任何人能够做到完全的一致性，这就是人的本质。因此，借助于机械交易程序可以克服这一问题。

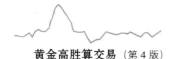

图 3-25　以蜡烛线收盘于布林带外轨内侧为出场依据

第七节　小幅度运动后的出场

　　在上面一个小节我们介绍了一种在黄金 4 小时图交易上经常用到的一种出场方式，现在我们来介绍另外一种出场方式，这就是价格小幅度运动后的出场方式。价格小幅度运动就是指价格运动幅度小于 45 度，你可以通过从进场点画出江恩 45 度线而定量化这一概念，我们也建议你去做，在 MT4 分析软件中你很容易找到江恩线或者是直线菜单项的角度线子项目，选择 45 度线后在图中标注出即可。从入场点出发做出 45 度线，然后就可以根据价格的运动幅度决定采取的出场方法了。当金价以小于 45 度的幅度运动时，以收盘于布林带中轨异侧为出场依据。

　　我们这里对这种情况下的出场方式进行示范，图 3-26 是黄金 4 小时走势图，进场点已经标注出来了，根据目测或者依据 45 度线可以发现价格上升呈现小于 45 度角的幅度，所以我们采用收盘于布林带中轨异侧的出场方法，具体的出场点如图所示。其实，无论是 1 小时图的退场策略，还是 4 小时图的退场策略，都需要借助三种工具：

布林带、蜡烛线和 45 度线。

图 3-26 收盘于布林带中轨异侧的出场方法

第八节 反向进场信号

　　有一种信号是出场信号同时也是进场信号，这就是反向进场信号。其实，绝大部分这类信号都是由前面两个小节的方法派生出来的。所以，对于这类信号我们只是做一种了解，不用专门去研究和实践这类出场信号。下面我们举一个这类出场信号的例子，图 3-27 是黄金 4 小时走势图，在第一个圈注处，一个看跌吞没形态位于布林带的上轨，进场做空，价格出现了大于 45 度的近乎陡直下跌，此后蜡烛线在布林带下轨处出现了看涨吞没形态，这就是一个反向进场信号，我们需要平掉空头，同时进场做多。需要注意的是，这也符合第一种进场情况，金价大幅度下跌后收盘于下轨内侧。

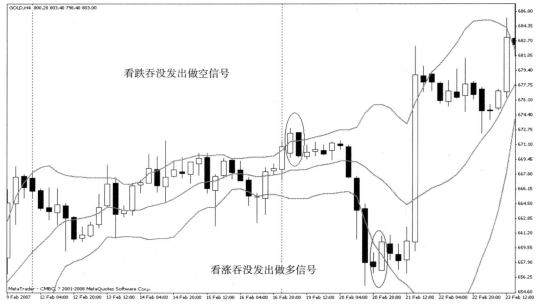

看跌吞没发出做空信号

看涨吞没发出做多信号

图 3-27　反向进场信号

关于黄金交易的出场法则，无论是 1 小时图交易还是 4 小时图交易，我们做如下扼要总结：

第一，1 小时图的初始止损放置在进场点的布林带外侧和分割线的外侧；4 小时图的初始止损放置在进场点附近三根蜡烛线的最高价之上（针对做空交易），或者是最低价之下（针对做多交易）。

第二，1 小时图交易和 4 小时图交易的动态出场点这样确定：①从进场位置出发设定一条 45 度射线，然后再用同一点和最新收盘价确定另外一条直线，关注该直线角度与 45 度相比较的情况。②当直线角度小于 45 度射线时，查看最近蜡烛线的收盘价是否在中轨异侧，当直线角度大于 45 度射线时，查看最近蜡烛线的收盘价是否在外轨内侧，如果是这两种情况中的一种则平仓出场。

出场的方法是交易的关键，我们来看一个"能力范围—重要程度"矩阵，如图 3-28 所示。我们首先做的是"能力范围内的最重要的事情"，实在有空再做能力范围之外的事情。我们以这个矩阵作为本书短线交易出场点哲学的总结。

再次强调一下，投机交易中初始止损是绝对要有的，实践当中我们很容易违反这一条，特别是连续亏损之后。

关键基本面在技术分析的能力范围之外。

图 3-28　"能力范围—重要程度"矩阵

第九节　4小时图交易要件的综合运用

前面我们已经详细介绍了黄金4小时图交易理论的各种构件和相应的使用技巧，在本小节我们将这些交易要件综合起来使用。任何一个黄金4小时图交易都要涉及进场和出场两个方面的内容，无论是三种进场信号还是三种出场信号，都是充分非必要条件，下面我们就分类加以演示和说明。

第一个例子：图 3-29 是黄金4小时走势图，图中叠加了参数为（13，0，1.618）的布林带。在图的第一个圈注处，看涨吞没形态出现在布林带下轨，根据信号进场做多，金价大幅度运动后收盘于上轨内侧，我们平仓出场。

第二个例子：图 3-30 是黄金4小时走势图，当看跌吞没形态出现在布林带上轨时，根据信号进场做空，不过在第二个圈注处平仓出场。此后出现了一个较为激进的交易信号，在布林带中轨处，其实也靠近上轨和下轨，出现了看跌吞没形态，较为激进的交易者可以介入这类信号，此后在第三个圈注处面临出场抉择，不过由于此时金价小幅度下跌，也并未收盘于中轨异侧，所以继续持仓，一直到大幅度下跌后收盘于下轨内侧才平仓出场。

第三个例子：图 3-31 是黄金4小时走势图，早晨之星出现于布林带下轨，根据这个信号进场做多，之后金价一路上涨，上升角度基本呈 45 度，我们以中轨作为出场参照，此后蜡烛线收盘于中轨下侧，平仓出场。

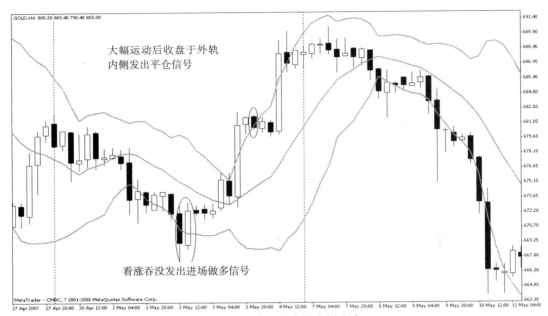

图 3-29　4 小时图交易实例（1）

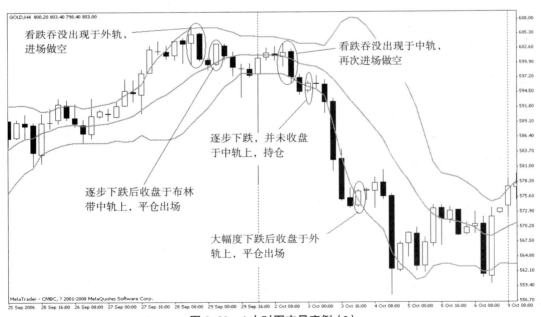

图 3-30　4 小时图交易实例（2）

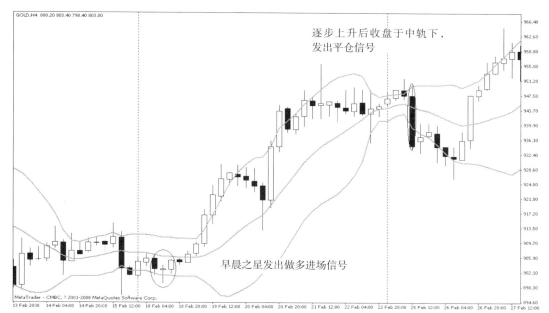

逐步上升后收盘于中轨下，
发出平仓信号

早晨之星发出做多进场信号

图 3-31 4 小时图交易实例（3）

第四个例子：图 3-32 是黄金 4 小时走势图，早晨之星位于布林带下轨，发出进场做多信号，此后金价大幅度上升后收盘于上轨内侧，平仓出场。这是一个比较干净利落的交易，虽然此后金价继续上升，但是也不在我们这套交易方法的能力范围之内，没有方法能够吃尽所有利润，在自己的能力范围之内止步。

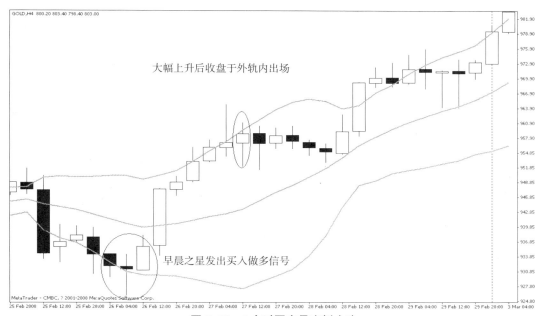

大幅上升后收盘于外轨内出场

早晨之星发出买入做多信号

图 3-32 4 小时图交易实例（4）

第五个例子：图 3-33 是黄金 4 小时走势图，黄昏之星出现在布林带上轨，发出做空信号。入场做空后金价大幅度下跌，蜡烛线收盘于下轨内侧时平仓出场，整个过程如图 3-33 所示。

第六个例子：图 3-34 是黄金 4 小时走势图，位于布林带上轨的是一个不标准的黄

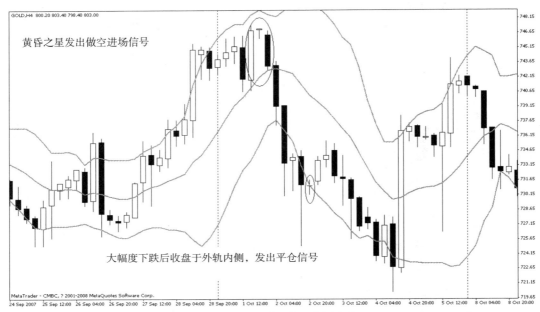

图 3-33　4 小时图交易实例（5）

图 3-34　4 小时图交易实例（6）

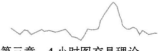

昏之星，如果你已经能够比较熟练地运用这套方法，也能够承担成为一个激进交易者的风险，那么你可以采纳这个进场信号。进场做空后，金价大幅度下跌，当蜡烛线收盘于下轨内侧时，我们平仓出场。

第七个例子：这是另外一个激进交易者可采取的进场信号类型，如图 3-35 所示。当乌云盖顶出现在布林带上轨时，进场做空信号发出。进场后，金价大幅度下跌，当蜡烛线收盘于下轨内侧时，平仓出场。

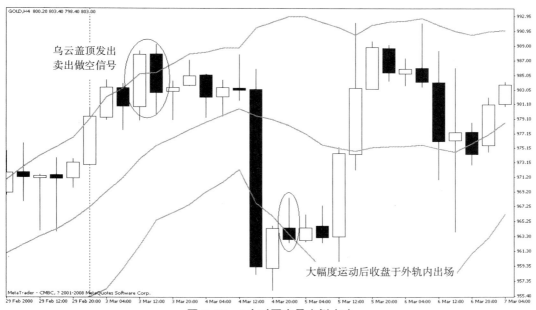

图 3-35　4 小时图交易实例（7）

关于黄金的 4 小时图交易系统我们已经向大家介绍完毕，如果你要想真正靠这套系统赚取利润，你需要做三件事情：第一，除去你的错误交易观念，以三个帝娜投机交易定律和两个学习法则作为正确理念；第二，花工夫去实践书中的具体方法，找到适合自己的道路；第三，利用足够的小额资金进行真实的交易。

在能够持续和盈利之前，不要利用大资金来做交易，这个大资金是相对于你自己的资金总量而言。

我们将帝娜投机交易的三个定律列在下面，第一定律和第二定律在前面已经提到，第三定律的意思就是根据概率来

分配资金，涉及仓位量管理。

帝娜投机交易定律一：除非你具备百分之百的市况预测力，否则必须止损。

帝娜投机交易定律二：如果你具备预知大部分单边市的能力，则你可以选择性地止盈，但必须保证足够的单边市采取了跟进止损。

帝娜投机交易定律三：根据风险报酬率和成功率的概率分布来控制持仓规模，报酬率和胜率越高，则动用资金量越大。

第四章

黄金驱动分析的逻辑层次

本书第二章和第三章的策略主要针对的是高杠杆类黄金交易，如黄金保证金交易和纸黄金交易，而本章的内容主要针对杠杆较低水平的黄金交易，包括全额付款的投资性金条买卖。我们之前的黄金交易系统针对的是短线投机交易，我们管理资金的5%用于这类短线交易，其他95%资金我们会用于基本分析为主的中长期交易，涉及的资产类别包括股票、黄金、外汇和期货、商品挂钩型基金等，所以，相对于短线交易而言，我们更倾向于中线交易，这才是资产增值的正途。因此，对于那些梦想暴富的投机者而言，短线交易并不是错误，只要你能够承受设定的风险。不过，投机和投资的关键区别在于，两者不是一个数量级别上的，所以千万不要用杀鸡刀来宰牛。

从2002年开始，我们逐步增持黄金投资产品，这种战略性的持仓主要基于黄金基本面的结构性变化。什么是结构性变化呢？这一名词经常出现于我们的交易分析报告中，与"非结构性变化"相对，指的是那种能够引起市场中长期变化的类型。对于黄金市场而言，某类事件虽然很重要，但其影响却并不是等同的，如都是地缘政治事件的"9·11"恐怖主义事件和此后的伦敦地铁爆炸案，前者引发的是结构性变化，而后者则是非结构性变化，所以前者使得黄金走势出现了长期向上趋势，而后者则带来了金价的短暂飙升。

当然，任何高水平的黄金交易策略都必然是综合了技术分析和基本分析的系统策略。大家可以拆开来学习，在运用的时候则务必综合起来。

2011年我们卖出了所有黄金投资金条。

175

《黄金短线交易的24堂精品课》的后半部分就是围绕这三个属性的相关内容展开的，由此可见它们对于实际操作的重要性。

影响黄金价格的因素有很多，我们通常忽略那些极短期因素，如心理和资金短期进出方面的因素，因为这些通常是技术交易者考虑的方面。在中长期交易中，我们重点考虑的是黄金的三重属性。"道生一，一生二，二生三……"黄金最根本的属性是商品属性，这是黄金最古老的属性，此后衍生出货币属性，在货币属性和商品属性的作用下衍生出投资属性。对金价影响最大的是黄金的货币属性，其次是投资属性，影响最小的是商品属性。也可以从影响的时间跨度上理解这三重属性的重要性：黄金的长期走势受到货币属性的制约；黄金的中期走势受到投资属性的制约；黄金的短期走势受到商品属性的制约。

黄金的货币属性究竟体现在哪些具体方面呢，我们需要从哪些具体方面分析这一属性和其他属性呢？黄金的货币属性、投资属性和商品属性都可以分别从两个次级因素上去把握。具体来讲，对黄金的货币属性而言，我们需要从地缘政治变动特别是大国战略沿革，以及经济增长特别是大国经济稳定性出发去把握。而黄金的投资属性，我们则需要从利率水平和资本流动情况去把握，毕竟利率是资产收益差的主要来源，而资本流动则是资金追逐投资收益的具体行动。对于黄金的商品属性，我们需要从黄金饰品用金需要和工业用金需要入手去把握。下面我们就列出了黄金三重属性对应的次级影响因素。

● 货币属性：①地缘政治；②经济增长。

● 投资属性：①利率水平；②资本流动。

● 商品属性：①金饰需求；②工业用金。

但是，仅仅掌握这六个次级因素还并不足以把握黄金的中长期变动趋势，我们还需要进行市场间分析，毕竟现在的金融市场是相互影响和作用的，约翰·墨菲在20年前提出市场间分析的时候，显得有点超前，今天则是市场间分析大行其道的时候。我们在《外汇交易圣经》一书中专门分析了世界主要股市指数和主要货币对之间的关系，这里我们将市场间

分析涉及市场范畴扩大。

我们在分析黄金的货币属性时，需要同时了解外汇市场的动向。外汇市场的二分法是"美元"和"非美货币"，这其中蕴涵着一个"小太极"。欧元是非美货币板块的"龙头"，黄金的货币属性使得黄金与非美货币经常保持一致性，不过黄金有时也会走出独立行情，这是由于非美货币本身的信用稳定性也有问题。一切纸币都是信用货币，这是目前世界政治经济的特征，外汇市场的变化反映了信用货币之间相对稳定程度的变化，而各货币的金价变化则反映了它们相对于黄金的稳定程度变化。黄金是货币，这一规定源自天然，而纸币是货币，依赖于人为，所以外汇市场的变化从侧面体现了黄金的货币属性强弱。

在分析黄金的投资属性时，我们需要掌握股票市场的动向。股票市场是真正投资的重镇，在政治经济稳定的环境中，其长期复合回报率一直高于其他理财品种。当地缘政治和经济稳定时，黄金主要作为一种投资产品出现在金融市场。在政治和经济稳定时，股票市场是最大的投资场所，虽然外汇的交易量是股票市场的几十倍，但是外汇市场的主要作用不是投资，虽然外汇可以看作是国家发行的股票。当我们分析黄金的投资属性时，就必须关注股票市场的收益情况，如北美三大股指、欧洲的主要股指、亚洲的主要股指等。当股票能够提供更高的扣减风险后的收益时，黄金作为投资的地位就会下降，资金会从其他市场包括黄金投资市场涌入股市。如果经济由于恶性通胀而出现下滑，公司的盈利能力下降，那么黄金极可能成为很好的通胀对抗投资品，由此看来黄金的投资属性依然扎根于其商品属性。

在分析黄金的商品属性时，需要关注黄金首饰的需求量变化和工业用金的变化，此时黄金走势与大宗商品期货走势相关程度极高。所以，在分析黄金的商品属性时，需要关注期货市场的变化，主要关注 CRB 指数、原油和铜的走势等。

我们用图 4-1 将黄金中长期分析的要旨从里层到外层呈

> 黄金的货币属性与外汇市场以及国债市场密切相关，特别是美元指数和美国国债的走势。

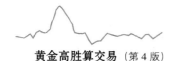

现出来，越里面的因素越重要，只有当里层的因素稳定和不发挥影响时，外层的因素才会主导金价走势。在本章接下来的小节里面，我们将深入地介绍如何运用"黄金驱动分析图"去捕捉金价的中长期变动。

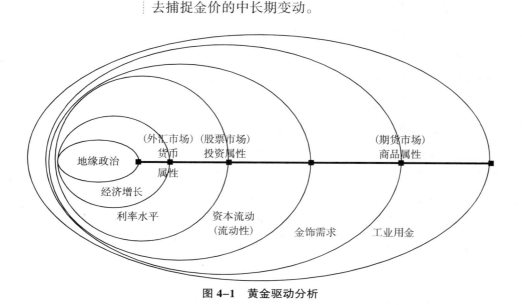

图4-1 黄金驱动分析

第一节 黄金驱动的逻辑层次

在本章的各个小节中，我们会反复提到前面出现的"黄金驱动分析图"，毕竟我们所有的黄金宏观交易思路都浓缩到这张图中了，读者需要做的功课也就是对这张图完全精熟。怎么样做到精熟呢？第一，要全面和深入地理解这张图中所有术语的含义和体现的要素精义；第二，要将这个分析框架中的所有要素的相互关系弄清楚；第三，要将这个分析框架中的各个要素的现实运用方法搞清楚；第四，要将整个框架运用于一个最近的事件分析，一定要写出分析报告，做到有条理和有依据。

在本小节我们就来从一个较为综合的角度介绍一下黄金

决定黄金主导属性的因素是什么？风险偏好！

178

三重属性的六个次级因素的内涵和相互关系。

地缘政治和经济增长关乎黄金货币属性的显现。由于黄金作为货币的优点在于不依赖政治权力和商品的担保，所以当地缘政治动荡或经济形势恶化时，黄金很容易恢复货币的角色。不少经济学人认为恢复金本位的抱负不符合现代经济高速增长的特点，也不利于主动地管理经济，但是不可否认的一点是黄金始终是动荡时期的锚，虽然稳定时期可以对黄金置之不理，但是动荡时期的黄金价值不是人为可以规定的。在地缘政治稳定时期，由何种媒介担任商品交换和流通是可以人为规定的；在经济稳定时期，由何种媒介担任商品交换和流通也是可以人为规定的，但是切不可将这种可能性衍生到非稳定时期。由于政府和统治当局在长期很难做到克制，帝国也很难驾驭扩张的欲望，所以国家和政府的财富往往为了短期目的而被浪费，为了延缓政治的解体，变卖政府手中的资源和增发货币成为了仅有的非暴力手段，这样人为驾驭货币的权力就被滥用了。当人不能限制自己的欲望和行为时，就需要自然界强加给它，这就是金本位在某种程度和范围内的"复辟"。国际政治经济学、地缘政治学和货币经济学是大家把握黄金货币属性需要恰当运用的工具，"不唯书，不唯上，只唯实"，这才是每个黄金交易高手的座右铭。

经济稳定的含义有两层：第一是经济没有停滞和倒退，也就是没有出现零增长和负增长；第二是经济的增长没有超出潜在生产能力，没有出现恶性通胀和环境资源破坏，非资本要素价格严重低估导致未来财政危机，如财政赤字危机等情况。在经济稳定情况下的温和通胀和经济不稳定下的恶性通胀都会导致黄金价格上升，但两者的意义是不同的，上涨的幅度也不一样。在经济稳定情况下，温和通胀使得纸币相对于商品贬值，此时黄金价格的上涨与其他商品价格上涨一样，都是"过多纸币追逐过少商品"的缘故，这时候黄金价格的上涨更多是由于商品属性，而不是货币属性。在经济稳定情况下，温和通胀发展到一个较高的水平，会导致公司的

一般通胀与商品属性关系较大，恶性通胀往往与财政巨大赤字相关，因此与货币属性关系较大。

成本显著提高，从而引发公司的经营利润下降和业绩下滑，导致股市下跌，股票投资收益下降，而此时黄金则成为了一个很好的投资对象，黄金的投资属性显现，当通胀加速发展从而失控时，经济变得不稳定，所以此时的黄金上涨就是黄金的货币属性体现了。

黄金的投资属性受到利率水平和资本流动的影响。投机资本追逐的是收益差，通过高杠杆放大这种收益差，利率水平是收益差的主要来源，而资本流动是收益差的直接后果，大量的宏观对冲基金和养老基金追逐收益差的行为带来了巨量的跨国资本流动。美联储和欧洲央行的利率变动最为关键，不少亚洲国家实行的是盯住美元的政策，美联储利率的变化会引起美元相对其他主要货币对币值的变化，而那些与美元挂钩的货币则会随着美元"起舞"。当经济发展良好时，利率水平会逐渐提高以便确保对经济的控制，避免温和通胀发展成为恶性通胀，这时候经济是稳定的，而且股票的收益较高。此时绝大多数资金都会涌向股票市场，除非资金太多、流动性过剩，否则黄金市场与股票市场会形成此消彼长的关系。资本流动的关键是查看各国的资本项目和基金持仓变化以及各主要股票市场的涨跌等。

现在不少券商都有全球资本流动的周报，大家可以从网上搜来看看。

黄金的商品属性受到首饰用金和工业用金的影响。日常装饰用金的需要主要来自于印度，而工业用金主要是牙医用金。由于印度的黄金装饰需求具有显著的季节性，所以黄金商品需求的季节变动提供了一个中线投资的良好进场时机，后面我们将知道每年年中是进场做多黄金的恰当时机，此时黄金往往处于年内低点。

黄金在年内有季节性规律，在日内有交易时区规律。

分析完黄金三大属性下的六个次级因素，我们用一幅太极图来结束本小节，下面这个太极中阴代表的是黄金的商品属性，这是黄金的先天属性，是黄金其他属性的基础，黄金的货币属性是在商品属性基础上衍生出来的，是后天的，所以属阳，阳是主，阴是从，所以货币属性对黄金最具影响力。阴阳交感而得到中和之气，这就是黄金的投资属性，黄金之

所以具有投资功能，最根本的原因还是黄金具有商品和货币属性。弄清楚了黄金三重属性的相关关系，那么对于黄金的中长期走势分析也就游刃有余了（见图4-2）。

图4-2　黄金三重属性的太极图

第二节　货币属性——地缘政治

地缘政治涉及的就是大国战略，《孙子兵法》开宗明义的那句话其实讲的是地理对于用兵之道的重要性："兵者，国之大事，死生之地，存亡之道，不可不察也！"综观《孙子兵法》全书大约有1/3的篇幅在谈论地理的重要性，所以这里的地和道其实讲的就是地理，地理之于军事譬如呼吸之于生命。地缘政治就是一门基于地理研究大国战略的学问。西方国际政治学将地缘政治学和均势理论作为现实主义的两大流派，中国春秋战国时期的连横合纵战略家们对这两种理论的运用可谓已臻化境，远交近攻作为统一六国的根本战略，无疑将地缘政治发挥到了极致，而三国时期的联吴抗魏无疑是均势策

不懂地缘政治，就很难搞清楚黄金，特别是大国地缘政治格局的扩展与收缩往往会影响黄金的中长期走势。地缘政治事件对黄金的影响是短期的，事件背后的战略才是中长期影响的根源。

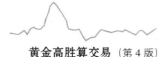

略的最佳注释。

我们在本小节专门解剖黄金驱动分析图中的地缘政治要素，看看怎么去分析这个要素，怎么去跟踪这个要素，从而获得黄金中长期交易的最大收益。

谈到地缘政治，不得不提到货币属性的另一个支柱，这就是经济增长。经济是基础，政治是上层建筑，马克思对此有深入的认识，任何政治都诞生于经济层面，反过来又为经济利益服务，一切政治利益最终都兑现为经济利益。无论是国际政治还是国内政治，都是如此。黄金是国际政治的天平，更是国际经济的天平。黄金总是从经济弱国流向经济强国，这个过程持续几十年，甚至上百年，同时在国际政治中"强权即公理，弱国无外交"的法则也主导着黄金资源的分配。由于政治是建立在经济基础上的，所以在黄金货币属性这个小太极中，经济增长是根本、是基础，属阴，而政治稳定是枝叶，是建筑，属阳（见图 4-3）。苏联的地缘政治力量非常强大，凭借强大的欧亚陆权叫板美国的海权，但是苏联的经济缺乏可持续性，效率很低，缺乏有活力的经济基础，所以其地缘政治霸权迅速衰落，在 20 世纪 90 年代为了发展经济，苏联不得不抛出大量的黄金换取发展资本。

图 4-3 经济增长与地缘政治

地缘政治，古已有之。麦金德在《历史的地理枢纽》一书中奠定了地缘政治，他的学说被认为是陆权的代表；此后马汉发展出了海权。海权和陆权的二元对立是地缘政治的根本。在西方，远有希腊和波斯的对立，近有美国和苏联的对立，希腊和美国是

海权的代表，而波斯和苏联则是陆权的代表。海权便利了力量集中和机动，陆权则便利了规模经济和蚕食扩展。地缘政治的核心可以用陆权和海权两者的对立统一来表示。一个分析能力超群的黄金交易大师在分析黄金走势的地缘走势因素时，必须在全球海权和陆权对立的基础上进行（见图4-4）。

> 丝绸之路是陆权鼎盛的象征。"一带一路"战略与陆权更紧密，TPP战略与海权更紧密。

图4-4 陆权和海权

　　关乎黄金中长期趋势的地缘政治因素都是抽象的大国战略，具体的地缘政治事件可能会带来巨大的短暂金价变化，当事件过后的金价走势完全取决于此事件背后隐藏的大国战略。美国在世纪之交发动了欧亚大陆中枢部位的多场战争：科索沃战争、阿富汗战争、伊拉克战争、叙利亚战争等。这些战争带来的黄金变动顶多持续数月，不过金价仍旧从1999年开始走出向上的趋势，这个趋势就是受到美国大战略的影响。所以，在分析地缘政治时，必须把握事件和战略的二元性，事件是具体的，是载体；而战略则是抽象的，是主题。黄金的中长期走势取决于战略，而不是事件，事件的发生会带来黄金短期的剧烈波动。这就是金价地缘政治因素分析中的另外一对阴阳所在（见图4-5）。

> 美国霸权进入扩展周期阶段时，必然导致赤字持续扩大，而这就会极大地提升金价。

图4-5　地缘政治事件和地缘政治战略

地缘政治的分析围绕三个"太极"进行：第一个是"地缘政治—经济增长"，第二个是"海权—陆权"，第三个是"地缘政治事件—地缘政治战略"。下面我们就从"海权—陆权"讲起，最后将得出的地缘政治分析框架用于"地缘政治事件"分析，以窥测其后的"地缘政治战略"。如果能够本着这个框架去分析金价走势的地缘政治因素，则黄金的中长期走势将一览无余。

我们先从"海权—陆权"的二元对立讲起，这就是世界政治和帝国霸权的蓝图所在。在世界政区地图中特定的地理位置使得特定的国家不得不采用特定的战略，地理位置决定了大国战略的必然性。

首先，我们从西欧区域分析。西欧大陆与东亚大陆以及北美大陆一样，主体板块都处于北温带，这使得地理资源能够承载规模很大的定居文明，大西洋暖流和地中海的温和气候使得西欧成了农耕文明寄居地之一。西欧的传统强国是德、法，英国一直是西欧大陆强国崛起的最大障碍，英国对西欧大陆奉行均势政策，通过"拉一派打一派"来维持西欧大陆的均衡态势，通过强大的海军维持西欧大陆无绝对霸主的局面，从而利用了海权的优势。西欧大陆的各国之间相互接壤，犬牙交错，像德、法这样的大国往往处于两面甚至多面受敌的状态，在军事扩张上往往不能集中兵力。而英国则可以集中发展海军，其地理位置使得其在使用军事力量时更为集中和机动，英国充当了"离岸平衡手"的角色，获得了海权。

其次，我们再来看东亚区域的日本。日本面对的是东亚大陆，这片大陆受到季风

气候的影响，土地肥沃，而且三条东西向的大河贯通大陆板块，治水的需要间接推动了政治整合。日本没有英国那么好的运气，因为日本面对的大陆处于一个高度统一的政权下。以前在清政府和"中华民国"政府统治下，日本像英国一样获得了部分的海权，不过由于拼命地扩展，它触犯了英、美等海权国家的利益，最后终因过度扩张而倒了下去。

美国处于北美大陆，其南、北都是弱国，无论是历史还是未来都不太可能出现陆地接壤的强邻，其东、西两面都是大洋，这使得美国相对于整个欧亚大陆而言是一个拥有海权的强国。美国的大战略家也就是当代海权的领衔人物——布热津斯基为维护和扩展美国的全球海权殚精竭虑，美国的立国大战略就是阻止欧亚大陆上霸权的崛起，只有阻碍这样的欧亚统一势力出现，才能使得美国的利益得到保障。在布热津斯基看来，欧亚大陆任何统一势力的出现都会使得美国这样的海权国家丧失特权和优势。更加统一与和谐的欧亚大陆之于美国，相当于强大的中国之于日本，统一和稳定的欧元区之于英国。欧亚大陆的大国之间由于接壤和犬牙交错，所以很容易发生相互倾轧的纷争，最终丧失了贸易带来的规模经济效应。像英、美、日这类国家相比陆地国家更难分享到大陆规模经济的好处，而且统一的大陆将威胁到这些国家的独立和特权，所以它们习惯于"挑拨大陆国家的关系"，在大陆上保持均势，并让自己处于仲裁者和干涉者的优势地位。

美国的大战略就是避免欧亚大陆出现统一或者一致，要做到这点，就需要在东亚联合日本，在西欧联合英国，在大陆上利用德国牵制法国，利用巴基斯坦牵制印度，利用乌克兰牵制俄罗斯。无论是东亚还是西欧，都需要欧亚大陆中部的石油，同时欧亚大陆的规模经济效应要利用起来就必须保障这一地区的交通安全，美国通过各种政治和军事手段控制这一地区，其大战略就是为了避免欧亚大陆的经济一体化进程和集体安全机制建立。美元是美国发行的"国家股票"，美元的币值取决于美帝国霸权的稳定性，而美帝国霸权的稳定性建立在强大的经济基础上，当美国的大战略有利于美国的霸权稳定和经济发展时，黄金的价格就会下跌；当美国的大战略产生了相反效果时，黄金的价格就会上涨。如果美国直接介入到欧亚大陆的政治事务，并且引起因过度扩张而带来的财政严重赤字，那么美元金价就会大幅度上涨，如果地缘政治动荡在美国本土出现，那么金价就会完全失控。不过，如果欧亚大陆的地缘政治事件并不直接牵涉美国，对美国安全没有影响，则黄金价格很难有长期的作为。黄金是霸权稳定的测量仪，如果霸权因为过度扩张步入下降趋势，则金价会步入长期的上升趋势，霸权的衰落更多地来自于过度扩张和国民透支消费引发的财政赤字和国家赤字。我们将深入

下去，给出一个更加抽象的地缘政治分析模型，这个模型将"海权—陆权"思想依据全球地缘政治现实进一步复杂化。

图4-6是本书作者之一魏强斌（W.St.Shocker）先生根据近500年的全球地缘政治现实得到的一个理想化的地缘政治分析模型，我们称为"地缘政治金字塔"。以这个金字塔作为推演沙盘，我们可以分析过去、现在和未来的全球重大地缘事件和背后的战略。这个金字塔是由五个等边三角形嵌套构成，能够熟练地运用这个地缘政治金字塔，就能够很好地把握国际地缘政治脉络和动向，从而在黄金中长期投资中占得先机。

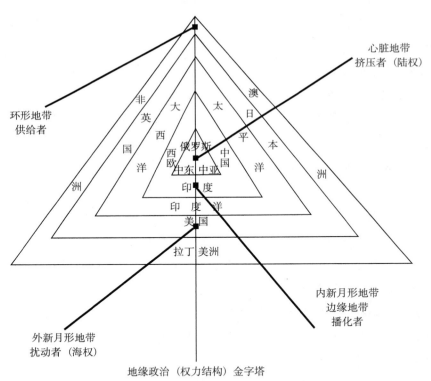

图4-6 魏强斌的地缘政治金字塔模型

先从金字塔最里面的第一层讲起，第一层是俄罗斯、中东和中亚各占据了一个角。这一地区以大陆性气候为主，游牧经济使得古代这一区域的民族倾向于随着气候变化呈现周

186

期性迁徙的现象，它们要么往东方的东亚季风区入侵和迁徙，要么向南亚的热带季风区入侵和迁徙，要么往西方的西欧温带海洋性气候和地中海气候区入侵和迁徙。忽必烈的大元帝国、阿提拉的匈奴帝国、苏俄的华沙组织都代表了这一地区地缘政治的特点，它们是陆权的代表，它们被定义为"挤压者"，它们时刻挤压着西欧、东亚和南亚的文明，它们奔向出海口，但是又常常止步于海岸线，因为海岸线就是它们帝国力量的极限，它们无法征服那些岛国，它们的力量在东亚、西欧和南亚与海权交汇和抵消。第二个三角形的三条边分别是中国、西欧和印度，这些地方内有陆权挤压，外有海权干扰，是海权和陆权力量交汇的地方，既是海权限制陆权扩张的前线，也是陆权争夺出海口的前沿。第三个三角形的三条边分别是太平洋、大西洋和印度洋。东亚隔着太平洋与日本相望，日本凭着海洋获得了海权优势，当元朝这样的陆权势力扩展到海边时，大洋削弱了陆权的势力，增长了海权的势力。西欧隔着大西洋与英国相望，英国凭借着海洋获得了海权优势，当拿破仑和希特勒力图征服英国时，海洋帮助了英国。美国隔着太平洋与东亚相望，隔着大西洋与西欧相望，隔着印度洋与印度相望，美国的海权与苏联的陆权交接于西欧、东亚、南亚。西欧、东亚和南亚是文明的孕育地，虽然美国称西欧为旧大陆，不过美国的文化来源于英国，而英国的文化来源于法国，英文里面到处都是模仿法文的痕迹，就跟日文里面到处都是模仿中文的痕迹一样。第四个三角形的三条边分别是美国、英国和日本。西欧、东亚和南亚被定义为文明的"播化者"，而美、英、日则被定义为"扰动者"，日本的海盗袭扰了东亚大陆数百年，军国主义肆虐了数十年；英国也袭扰过西欧大陆；美国则袭扰整个欧亚大陆，它们的出现使得大陆文明得以不断前进，这就是"抗原对抗体的促进作用"。"播化者"千年以来不断向"草原强盗"和"海洋强盗"播散礼教，这就是"播化者"的特点，而"播化者"往往被挤压、征服，被扰动者掠夺，如日耳曼人入侵罗马等，

第二个三角代表着文明的创造和传播者。

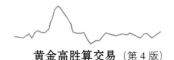

结果往往是被同化。

现在还剩下最后一个三角形了，这就是最外围的被称为"供给者"的地带。非洲是英国的外围，拿破仑和希特勒都力图通过非洲制约英国，英国也通过北非、埃及和南非这样的战略地点获取资源。澳洲，广义来讲还包括印度尼西亚，是日本的外围，日本通过这一区域获得重要的战略资源。拉丁美洲，特别是加勒比海地区和亚马逊河谷地区是美国的外围，美国通过这一区域获得重要的战略资源，同时该地区的古巴、委内瑞拉、巴西等是制约美国的关键力量。供给者是扰动者力量的来源，同时也是制约扰动者的关键。国际黄金与美元挂钩，美元的价值与美国国力挂钩，这包括地缘政治势力和经济实力，如果拉丁美洲出现了足以威胁美国地缘政治安全的势力，则美元的价值将遭受重大的打击。美国为了预防这一情况的出现，通过"胡萝卜加大棒"政策及均势策略确保这一区域的可控，布热津斯基建议美国在这一地区利用阿根廷制约巴西，毕竟巴西是美国后院的最大挑战者。

地缘政治就是挤压者、播化者、扰动者和供给者之间的博弈！

我们利用上述"地缘政治金字塔"来分析全球地缘政治格局时，要注意到美国地缘政治力量的消涨与美元币值的关系，以及其与黄金价值的关系。美国扩展其地缘政治势力并不意味着美元走强，美国收缩其地缘政治势力并不意味着美元走弱。过度的扩张，如越南战争往往导致国力的削弱，从而使得美元价值下降；过度的收缩，如第一次世界大战时期后理想主义外交的国际利益得不到扩张，从而使得美元价值得不到提升，美元价值的升降必然反映到黄金价格上。国家实力要最大化国家利益，就必须恪守"尽量扩大到极限，尽量守住底线的原则"。

"海权—陆权"的二元结构我们已经通过地缘政治金字塔基本弄清楚了，下面我们结合具体例子讲解"地缘政治事件—地缘政治战略"的二元结构在金价分析中的运用。

我们从 20 世纪下半叶的国际军事冲突讲起，这些军事冲突的实质都是陆权和海权之间的斗争，斗争的焦点围绕的是

对欧亚大陆中部的控制权，也就是我们在地缘政治金字塔中以"中东和中亚"命名的地区。这些地区冲突与黄金的美元走势密切相关，而且存在这样的大致规律：美国直接介入这些地区比间接介入这些地区会引起金价更大幅度的波动；当美国控制战争进程时，金价回归到正常波动水平。黄金的美元价格涉及美国对资源的控制力，当美国逐步丧失这种资源控制力时，则黄金的美元价格就会大涨。

1979~1989 年，苏联为了夺得西亚地区的资源及进一步威胁中国与抗衡美国在该地区的势力，发动了对阿富汗的入侵，战争初期苏军迅速解决了阿富汗正规军，但之后的游击战使苏联深陷泥潭，阿富汗游击队在美国的暗中支持下给予苏军沉重的打击，苏军在付出惨重的人员伤亡及物质损失后不得不撤出阿富汗。图 4-7 是苏联入侵阿富汗前后 40 天左右国际金价的走势。在战争初期，苏联的进攻极为有力，这使得美国相对被动，反映出该时段以美国为代表的海权对欧亚大陆枢纽地带控制力的下降，因为阿富汗可以为陆权代表苏联打开通过印度洋的大门，在"印度洋洗战靴"是俄罗斯彼得大帝时期就开始的谋划。苏联的主动入侵，使得美国的地缘政治优势面临解体，所以国际金价在苏联入侵阿富汗前及入侵初期，都呈现出上涨态势。黄金的美元价格是美国霸权稳定的衡量计，此时的金价表明美国的霸权受到严重威胁。但是，随着战事的延长，苏联在山地和部落作战的软肋开始出现，这表明美国的霸权优势开始得到恢复，苏联在边缘地带的扩张与其实力并不相符，这一地区是苏联扩展其力量的极限。由于苏联扩展的极限出现，美国的海权得到保障，所以国际金价出现了较大幅度的回落。

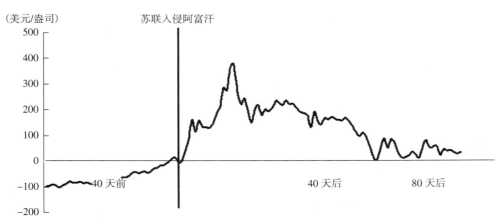

图 4-7　苏联入侵阿富汗前后 40 天左右国际金价的走势

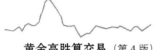
　　不管是"帝俄"还是"苏俄"，它们都积极地为自己的陆权扩张而战，它们继承了匈奴人和蒙古人追求扩张的特点，拼命地奔向边缘地带，奔向出海口。而美国则继承了地中海文明时代希腊和大西洋文明英国的海权基因，它们惧怕欧亚大陆任何霸权的兴起，它们享受并维护着海权对陆权的某些优势。在中东和西亚，这两种地缘政治权力发生交汇，由此有了上面的苏联入侵阿富汗，以及此后的两伊战争、美国入侵阿富汗等战事。

　　"两伊战争"其实也是美国和苏联两种地缘政治权力斗争的延伸，伊朗背靠苏联的陆权，得到以苏联为代表的陆权的支持，而伊拉克则背靠美国的海权，得到以美国为代表的海权的支持。

　　长期以来，两伊存在领土纠纷、民族和教派矛盾。1971年初，双方发生边境冲突。1975年在阿尔及利亚总统布迈丁的斡旋下，两伊签订了《国界和睦邻条约》（即《阿尔及尔协定》），规定以阿拉伯河主航道中心线为界，伊朗同意将克尔曼沙赫省的约300平方公里的土地划给伊拉克。两国矛盾有所缓和，但未真正解决。伊朗一直未履行上述承诺。1979年2月，霍梅尼在伊朗执政后，两伊关系急剧恶化。1980年初，伊拉克宣称要废除边界协定，双方边境冲突逐步升级。

　　1970年伊朗爆发伊斯兰革命，伊朗政府强调要向所有伊斯兰国家"输出原教旨主义的伊斯兰革命"，公开号召占伊拉克人口60%的什叶派"进行伊斯兰革命"，推翻伊拉克现政权，建立"伊斯兰共和国"。伊拉克则支持伊朗境内少数民族如库尔德族的民族自决要求。侯赛因试图完全控制位于波斯湾西北部的阿拉伯河，该水道是两个国家重要的石油出口通道。美国为萨达姆提供武装并支持其向这一有争议的地区发动进攻，试图以此遏制刚刚通过革命上台并强烈反美的伊朗政权。而在1975年，美国国务卿基辛格曾支持伊朗国王对当时在伊拉克控制下的水道发动进攻。伊拉克和其他阿拉伯国家还担心伊朗1979年"二月革命"产生的武装政权向周边地区扩散。导致两伊战争的另一因素是两国领导人的野心。伊朗宗教领袖霍梅尼试图将他领导的伊斯兰原教旨主义运动推广到整个中东地区。不过由于伊朗革命才成功不久，这方面的尝试还十分有限。对萨达姆而言，他掌权时间不长，正试图使伊拉克获得地区霸权地位。两伊战争的成功可以使得伊拉克成为海湾地区的霸主并控制石油贸易。军队内部清洗和美制装备零件严重缺乏都很大地影响了伊朗曾经强大的军力。另外，阿拉伯河地区的伊朗防御也很薄弱。随着政治、宗教的矛盾激化和边界武装冲突的加剧，1980年9月22日，伊拉克利用伊朗支持的对当时伊拉克外长阿齐兹的刺杀企图为借口，抓住机会发动进攻，至此两伊战争全面爆发。

两伊战争前后历时 7 年又 11 个月，是 20 世纪最长的战争之一。它是一场名副其实的消耗战，是一场对双方来说都得不偿失、没有胜利者的战争。这场战争前，伊拉克的外汇盈余近 400 亿美元，战争结束时，它的外债是 800 亿美元，其中 400 多亿美元是欠西方国家和苏联的军火债，300 多亿美元是欠其他阿拉伯国家的贷款。战争中，伊拉克死亡 30 万人、伤 60 万人，直接损失（包括军费、战争破坏和经济损失）是 3500 亿美元。伊朗也欠外债 450 亿美元，死亡 70 万人、伤 110 多万人，仅德黑兰就有 20 万妇女失去丈夫；直接损失 3000 亿美元。战争使两国经济发展计划至少推迟 20~30 年。

美国和苏联在两伊战争中为了防止两伊之一称霸，也支持另外一方，美国和苏联一方面想借助于两伊战争扩大自己的地缘政治影响，另一方面也不希望自己支持的一方取得该地区的绝对优势，它们所希望的是一个破碎的中东地区，更适合自己扩展海权和陆权。两伊战争中，由于战争的结局既利于美国，也利于苏联，所以国际金价并没有出现暴涨，而是处于下跌过程中，这反映了美国其实在该地缘政治冲突中提高了自己的资源控制力，因而黄金价格走跌（见图 4-8）。

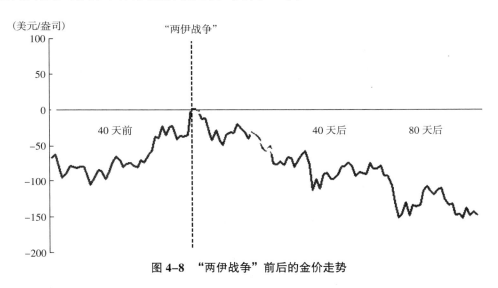

图 4-8　"两伊战争"前后的金价走势

以色列入侵黎巴嫩，靠的就是美国的支持，毕竟以色列是美国打入阿拉伯世界的棋子。以色列过度的扩张行为会使得美国被拖入，而这样必然使得美国与整个阿拉伯世界直接为敌，所以美国不希望过多介入，这就像美国不愿为中国台湾背负太多责任一样，毕竟以色列和中国台湾都是美国的棋子，丢车保帅是很正常的做法。以色列入侵成功，扩大了以色列在中东地区的影响力，这使得苏联开始表明要强力介入，美国

为了维护既得利益，也表明不支持以色列继续其扩张行为，所以这场战争使得美国对中东的资源控制力提升了，金价一直处于下跌就是这种霸权稳定性上升的表征（见图4-9）。

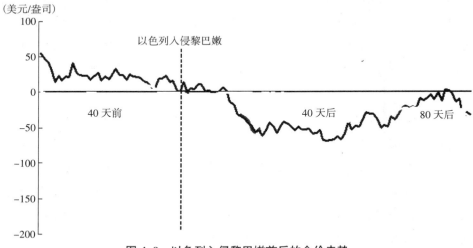

图4-9　以色列入侵黎巴嫩前后的金价走势

　　1990年伊拉克入侵科威特是伊拉克企图获得中东霸权的行为，在苏联解体后，美国要防止的就是新霸权在中东的出现。苏联的解体造成了地区性的力量的不平衡，当时伊拉克的军事实力在中东除以色列外无可比拟。萨达姆的独裁演变成了对外扩张，加之同科威特历史上曾是一国，伊拉克对科威特有特殊的感情。科威特有丰富的油田，同时伊拉克需要科威特作为它的出海口、对外贸易的前沿。

　　伊拉克与科威特之间有长约120公里的陆地边界，其中盛产石油的沙漠地带未划定边界，伊拉克指控科威特在"两伊战争"期间蚕食伊拉克领土，在属于伊拉克的地区建立军事哨所和石油设施，还在属于伊拉克的鲁迈拉油田南部盗采了价值24亿美元的石油，科威特认为，鲁迈拉油田南部延伸到科威特境内，应属科威特领土，并要求阿盟组成一个仲裁委员会，根据科伊现有的条约和有关文件划定两国边界。

　　伊拉克入侵科威特严重地威胁了美国海权的利益，这使得美国对资源的控制力下降，进而动摇了美国霸权的稳定性。所以，伊拉克的入侵使得美国的地缘政治优势面临挑战，但是此后联合国的制裁决定和国际社会的普遍反对，使得伊拉克的行为受到极大的抵制，美国借力国际社会使得伊拉克在地区的影响力明升暗降，美国对该地区的影响力逐步恢复。这样的地缘政治形势使得黄金的美元价格在伊拉克入侵科威特前

后先抑后扬（见图 4-10）。

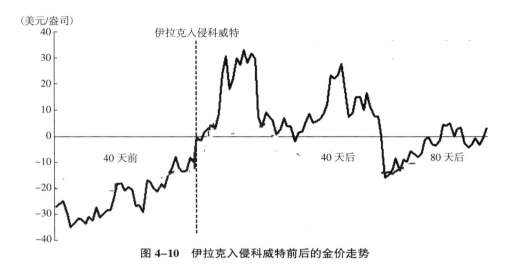

图 4-10　伊拉克入侵科威特前后的金价走势

　　伊拉克的举动使得沙特阿拉伯等海湾国家的安全受到严重威胁，也使海湾地区局势急剧动荡。联合国安理会应科威特政府的要求召开了紧急会议，并通过了 660 号决议，要求伊拉克立即无条件撤军，恢复科威特合法政府，限期裁军，否则将对其动武。

　　萨达姆在电台上发表了讲话，声称"圣战"已经开始，表示"绝不向美国屈服"。其态度的强硬终于促使美国总统布什签署了代号"沙漠盾牌行动"的作战计划。在实施"沙漠盾牌行动"计划的同时，布什还指令美国驻海湾地区总司令斯瓦茨科夫将军制定了"沙漠风暴行动"计划，这就使得第一次海湾战争拉开序幕。在战争之前，国际社会普遍对美国打败伊拉克信心不足，而俄罗斯暗地里则支持伊拉克对抗美国。由于以美国为首的联合国军队很快确立起主导战事进程的优势，而且随着美国以维护国际法的名义对该地区加深控制，黄金的美元价格逐步走低（见图 4-11）。

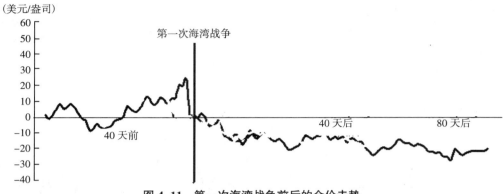

图 4-11 第一次海湾战争前后的金价走势

在克林顿担任美国总统时期，欧元逐步崛起，开始挑战美国的地位，同时俄罗斯不断实行战略收缩，美国想借助俄罗斯地缘实力的下降将自己的力量扩大到这一区域，完成海权对陆权的威慑，同时打击西欧边缘地带兴起对美国霸权的挑战。科索沃地处欧洲腹地，是前南斯拉夫的一部分，名副其实的欧洲"火药桶"，欧洲大国往往利用该地区的民族纷争为自己谋取地缘政治优势。美国打着幌子在该地区开战：为了麻痹国际社会和赢得国际社会的支持，美国说这场战争是为了保障人权；为了麻痹欧洲大陆的盟友，美国说这场战争是为了打压俄罗斯的生存空间，扩大西欧的安全地带。但是，科索沃一战使得西欧的稳定性受到影响，欧元下跌，同时俄罗斯的地缘政治优势进一步缩小，美国的地缘控制力进一步深入欧亚大陆内部，对资源的控制力大大地上升了，所以国际金价在整个科索沃战争期间都处于下跌走势（见图 4-12）。

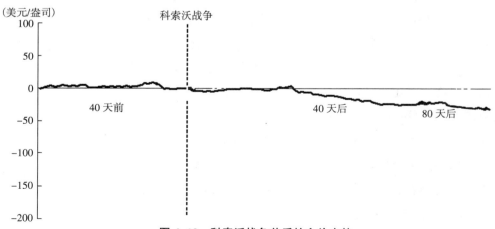

图 4-12 科索沃战争前后的金价走势

2001 年 9 月 11 日的恐怖事件，使得美国获得了一个很好的出兵阿富汗的借口。苏联曾经兵败阿富汗，当时美国是阿富汗的盟友，此时美国趁着俄罗斯的衰落入侵阿富汗，表明了陆权的衰微和海权的崛起。由于苏联曾经在此地失败，所以美国入侵阿富汗使得国际金融界担心美国可能遭遇极大的挫折，国际金价应声而涨，不过阿富汗政权表现得不堪一击，金价随之下跌（见图 4-13）。

奥巴马主导的阿富汗撤兵意味着美国霸权的收缩。

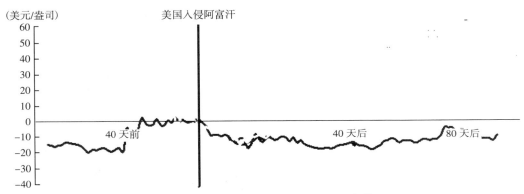

图 4-13　美国入侵阿富汗前后的金价走势

美国借着反恐的东风入侵伊拉克，由于科索沃和阿富汗战争的胜利，以及此时伊拉克的内外交困，美国取胜的概率很高，所以这也意味着美国对资源的控制力提高了，国际金价在战争前后短期内都出现了下跌。不过，随着美国逐步陷入伊拉克内部的局部冲突和人民战争，美国的国力出现了慢消耗，所以国际金价逐步走高（见图 4-14）。

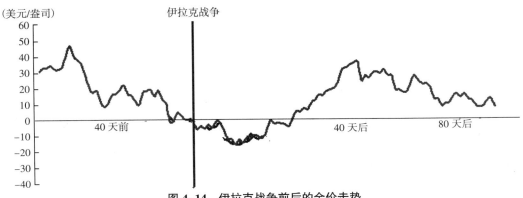

图 4-14　伊拉克战争前后的金价走势

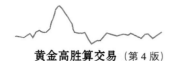
　　以地缘政治金字塔为沙盘对国际地缘政治进行解剖，是我们分析国际金价走势的主要工具，目前对美国地缘政治影响比较关键的问题是中国台湾地区与中国大陆地区日益密切的合作倾向、格鲁吉亚与俄罗斯的冲突、伊朗问题。我们介绍一种将金价走势与地缘政治形势联系起来的形象标注法，这就是图4-15所示的这种做法：将重大的牵涉美国的地缘政治事件标注在金价的日线或者周线走势图上。

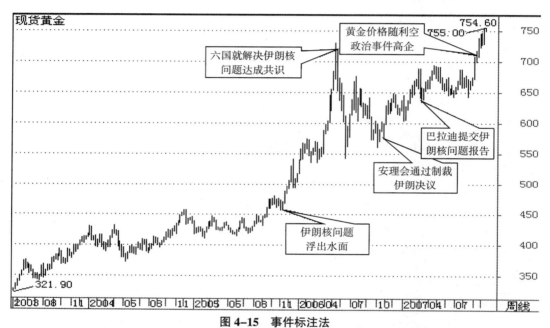

图4-15　事件标注法

资料来源：王红英，杨强，吕圳.从地缘政治看黄金牛市演绎〔N〕.期货日报，2007-10-31.

　　这种方法可以帮助黄金交易者更好地把握地缘政治事件对金价的影响。

　　石油与地缘政治关系密切，同时石油还是现代经济的血液，石油价格动荡会引发恶性通胀和经济停滞，这会影响黄金价格。总体而言，石油价格变动之所以会与金价同向波动，主要有两个原因：第一，石油和黄金都受地缘政治的影响；第二，石油价格影响经济发展和通胀水平，而经济稳定与物价稳定影响金价走势。分析国际油价的地缘政治事件，主要着眼于三个核心区域的政治动荡，"三湾地区"——波斯湾、

　　黄金与大国地缘政治战略关系密切，原油与产油国的地缘政治关系密切，当然也会牵涉到大国地缘政治。

墨西哥湾和几内亚湾就是我们在分析石油地缘政治时需要关注的地区。

波斯湾是印度洋西北部边缘海，又名阿拉伯湾，通称海湾，位于阿拉伯半岛和伊朗高原之间。西北起阿拉伯河河口，东南至霍尔木兹海峡，长约 990 公里，宽 56~338 公里。面积 24 万平方公里。水深：伊朗一侧大部分深于 80 米，阿拉伯半岛一侧一般浅于 35 米，湾口处最深达 110 米。湾内有众多岛屿，大都为珊瑚岛。湾底与沿岸为世界上石油蕴藏最多的地区之一。淡水绝大部分来自西北面的阿拉伯河与卡仑河。因蒸发量超过注入量，故西北部盐度（38‰~41‰）仍比东南海口（37‰~38‰）高。西北部水温 16~32℃，东南部 24~32℃。自古为海上交通要道。沿海居民从事航海、商业、渔业与采珍珠业者较多。第二次世界大战以后，阿拉伯半岛和伊朗的石油主要经波斯湾外运。沿岸国家有伊朗、伊拉克、科威特、沙特阿拉伯、巴林、卡塔尔、阿拉伯联合酋长国和阿曼。海湾地区为世界最大石油产地和供应地，已探明石油储量占全世界总储量的一半以上，年产量占全世界总产量的 1/3。所产石油经霍尔木兹海峡运往世界各地，素有"石油宝库"之称。

波斯湾呈狭长形，西北—东南走向。伊朗沿岸，南段为山地，岸线平直，海岸陡峭；北段为狭长海岸平原，岸线较曲折，多小港湾。阿拉伯半岛沿岸为沙漠，局部有盐沼。东南端霍尔木兹海峡为海湾咽喉，湾口多岛屿，格什姆、大通布、小通布等岛紧扼湾口，构成海湾天然屏障。

早在公元前 20 世纪，波斯湾就是巴比伦人的海上贸易通道。此后，相继为亚述人、波斯人、阿拉伯人、土耳其人所控制。自 1506 年起，葡萄牙殖民者侵占海湾达一个世纪。1622 年，英国与波斯攻占格什姆岛和霍尔木兹岛。1625 年，荷兰进入海湾，继而英国与荷兰在此争夺，从 19 世纪始英国逐步控制海湾。

第一次世界大战中，英军在此设立军事基地，与在伊拉克的土耳其军队抗衡。第二次世界大战中，海湾是同盟国向苏

波斯湾是阿拉伯人和波斯人的战略争夺点。

联提供军用物资的运输线。

战后，随着石油的开发，海湾成了世界强国的觊觎之地，沿岸国家更加注重防务，大力建设军事基地，主要有：伊朗的阿巴斯港、布什尔和霍拉姆沙赫尔海军基地；伊拉克的巴士拉海空军基地、舒艾拜空军基地和乌姆盖斯尔海军基地；沙特阿拉伯的宰赫兰空军基地、朱拜勒和达曼海军基地；阿曼的锡卜空军基地；巴林的朱费尔角海军基地。重要港口有：哈尔克岛、法奥、科威特、塔努拉角、麦纳麦、阿布扎比等。

海湾地区是世界上最重要的石油产区，它蕴藏着丰富的石油资源，有"世界油库"之称，其石油蕴藏量占全球的2/3。其中，1998年伊拉克已探明的石油储量达1125亿桶，仅次于沙特阿拉伯，居世界第二位，天然气储量约3.1万亿立方米，占世界总储量的2.4%。具有十分重要的经济意义和战略意义。

海湾及其周围地区自古以来就是重要的国际通道。西方所需的海湾石油的大部分必须通过海湾唯一的出海航道霍尔木兹海峡运出。如海峡被切断，以美国为代表的西方国家经济将受到致命打击。因此，控制自海湾西岸经霍尔木兹海峡过阿曼湾到阿拉伯海的这条海上东西通道，就成了美国的重要战略目标。

1981年5月，海湾地区一些国家成立了海湾合作委员会（海合会），其成员国包括阿联酋、阿曼、巴林、卡塔尔、科威特和沙特阿拉伯。委员会的宗旨是实现成员国之间在一切领域的协调，加强成员国在各方面的联系、交往和合作，以及推动六国的工业、农业和科学技术的发展。

在北美洲东南部边缘有一扁圆形的海湾，因濒临墨西哥而得名墨西哥湾。海湾的东部与北部是美国，西岸与南岸是墨西哥，东南方的海上是古巴。墨西哥湾经过佛罗里达海峡进入大西洋；经过尤卡旦海峡与加勒比海相连接。面积约150万平方公里。平均水深约1500米，最深处超过5000米。

海湾沿岸曲折多弯，岸边多沼泽、浅滩和红树林。海底有大陆架、大陆坡和深海平原。北岸有著名的密西西比河流入，把大量泥沙带进海湾，形成了巨大的河口三角洲。在尤卡旦海峡，有一条海槛，位于海面下约1600米深，作为墨西哥湾和加勒比海的分界。

墨西哥湾的浅大陆棚区蕴藏着大量的石油和天然气。1940年以来，这些矿藏已经大量开发，占美国国内需求的很大一部分。近海油井的钻探主要集中在得克萨斯州和路易斯安那州沿岸，以及墨西哥坎佩切湾（Bay of Campeche）的水域。路易斯安那州岸外的大陆棚油井中还提取出硫。得克萨斯州的墨西哥湾沿海平原及附近海湾和三角洲的浅海中还有大量牡蛎壳，可用作化学工业中碳酸钙的原料和筑路的材料。不过，墨西哥湾经常受到飓风的袭扰，所以其原油开采与天气关系很大。

几内亚湾西非海岸外的大西洋海湾。西起利比里亚的帕尔马斯角，东至加蓬的洛佩斯角。沿岸国家有利比里亚、科特迪瓦、加纳、多哥、贝宁、尼日利亚、喀麦隆、赤道几内亚、加蓬及湾头的岛国圣多美和普林西比。有沃尔特河、尼日尔河、萨纳加河和奥果韦河等流入。尼日尔河三角洲东西两侧分别有邦尼湾和贝宁湾。邦尼湾及其以南多火山岛，如比奥科岛、圣多美岛、普林西比岛等。大陆架平均宽不到 20 海里，其西部急剧下降到深 4000 米的几内亚海盆，最深处达 6363 米。地处赤道带，有几内亚暖流自西向东流入，气候湿热，水温 25~26℃。盐度 34‰，近岸有尼日尔等大河注入，减为 30‰。沿岸多浅滩、潟湖和茂密的红树林。大陆架上富藏石油。有鲱鱼、沙丁鱼、鲶鱼、龙虾等水产。主要港口有阿比让、阿克拉、洛美、科托努、拉各斯、杜阿拉和利伯维尔等。

2005 年 8 月在尼日利亚首都阿布贾举行的石油区块竞标大会上，韩国石油公司以 4.85 亿美元的高价中标两个深海区块。一时间，矛盾纷纷浮出水面，几内亚湾成了各种势力的"比武场"。

一是新老势力"对战"。几内亚湾石油储量大（约占世界石油总储量的 10%），含硫量少，属于提炼成本低的高品质油，但石油开采基本被西方石油巨头控制。美国智囊机构战略与国际问题研究中心最近指出："几内亚湾是美国外交政策的重中之重。"当有新势力要进入时，像老牌的美国埃克森美孚和雪佛龙、英荷壳牌及法国道达尔等石油公司当然要百般阻挠。

"对战"首先体现在竞价上。尼日利亚虽说是非洲第一大产油国，竞标大会也举行过多次，但此前单个石油区块最高价也只有 2 亿美元。这次，韩国石油公司仅为了拿下编号为 323 的深海区块，就掏出创纪录的 3.1 亿美元。

西非是法国的势力范围。

矛盾还体现在竞标程序上。韩国石油公司这次动用了优先否决权。优先否决权是尼日利亚政府为鼓励外国公司投资尼炼油、发电等基础设施建设出台的优惠政策，它允许外国公司在竞标大会后一周内以竞标最高价申请购买某区块。老牌欧美石油公司对此表示强烈不满，其中英荷壳牌公司等西方石油巨头已集体提出抗议。

二是新新势力"对战"。美国战略与国际问题研究中心在其报告中评价说，尽管几内亚湾石油资源传统上被欧美老牌石油公司把持，但印度、韩国等新势力已开始进入，它们之间的竞争也日趋激烈。

三是新势力和当地势力"对战"。尼日利亚的产油区向来暴力肆虐，西方石油公司历来都是向当地部族交"保护费"私了。新势力进来后也会面临同样的问题。韩国石油公司刚刚中标，"伊焦监督组织"就提出严重警告，声称不允许其在尼日利亚开采石油。尼日利亚产油区的其他不少部族也表示，仅与尼日利亚政府签署合同是远远不够的。这也从另一个角度说明，新势力要想在几内亚湾安身，还有很长的路要走。这个地区的国内冲突与石油开采顺利与否密切相关。

总而言之，要关注波斯湾的国际政治、墨西哥湾的天气和几内亚湾的国内政治，一个黄金走势分析家必须注意到这些石油地缘因素。

对于石油，我们仍旧建议大家将重大的石油事件标注在石油价格走势图上。图4-16就是一个范本。

图4-16　重大的石油事件标注在石油价格走势图上

第三节 货币属性——经济增长

黄金货币属性涉及的第二个因素是经济增长，经济增长严格来说是经济的稳定，其对黄金价格的影响仅次于地缘政治。由于一国经济的稳定和增长情况直接体现在外汇市场，所以在地缘政治和经济增长这个层面，我们还需要考虑外汇市场，结合外汇走势对黄金走势进行跨市场分析。

经济增长和地缘政治是影响黄金货币属性的两个子因素，这两个因素是对立统一关系（见图4-17），经济增长和稳定是地缘政治稳定的基础，而政治则是经济衍生出来驾驭经济增长的力量。经济关乎动力，政治关乎稳定，前者追求异，后者追求同。黄金以美元标价，美国经济的稳定与否关系着国际金价，而美元经济的繁荣与健康、稳定与发展直接体现于美元指数的走势。当黄金以其他货币标价时，该货币背后国家经济的稳定与否直接决定了以该国货币标价的金价走势。比如当东南亚经济爆发时，受其影响各国的金价都出现了飞涨，越南经济危机也使得其国内金价飞涨。

图4-17 经济增长和地缘政治

经济增长和稳定缺一不可，要满足这两个条件，经济就必须以温和通胀或者低通胀的形式进行。在这种情况下，黄金的价格可能走低，即使走高也只是作为商品发挥

强大的美国经济支持了强大的美国军事力量，而强大的美国军事力量则支持了美元的霸权。

保值功能而已，只有当经济出现恶性通胀和严重通缩时，金价才会大幅度飙升。严重的通缩和通胀都会危及社会的稳定性，纸币的基础被动摇，经济的不稳定导致了政治的不稳定，纸币依靠政治强权确立，确立的基础是稳定的经济。

地区的金价受到所在地区经济的影响，以该地区官方货币标注的金价反映了该地区经济和政治的稳定性。就全球而言，金价受到全球经济和政治的影响，但是美元作为"全球货币"，以它标注的金价主要反映了美国引领下的经济和政治稳定，而美国国内的经济稳定程度对金价影响最大。2007 年美国次贷危机的爆发给予黄金一次很好的长期上升动力，虽然这次上升很快被调整部分抵消，但随着次贷影响的逐步呈现，金价此后继续上涨，到 2011 年 8 月国际金价冲高到 1900 美元附近。

由于我们交易的黄金主要是以美元标价和人民币标价，而且人民币标价的黄金也是美元标价金价格乘以人民币和美元汇率得到的，所以我们需要特别关注美元指数的走势。

美元是美国发行的货币，这一货币的全球发行量很大，大到美国官方已经不敢公布这一数据。美元可以看作是美国发行的股票，美国经济状况如何牵涉到各地持有美元人士的"股东收益"。如果美元不断发行，但是政府却没有善用铸币税和通胀税的话，那么这就好比一家只知道增发股份不知道节约资本的上市公司管理层，国家财政和经济报告相当于公司的财报。美元指数是对美元这只"国家股票"走势的定量刻画，通过美元指数我们可以知道美国经济的稳定状况如何，进而也就知道了美元标注的黄金将如何走。一般情况下，美元指数走高，则黄金走低；美元指数走低，则黄金走高。但同时需要注意的一个情况就是美元指数和黄金同时走高，这就说明除美国以外的其他发达地区出了问题（见图 4-18）。

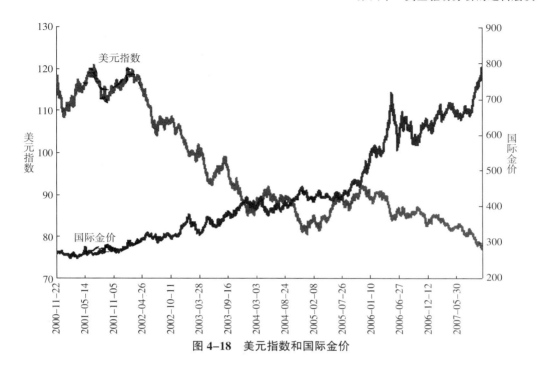

图 4-18　美元指数和国际金价

美国经济的变化可以从定期公布的经济数据去了解，推荐大家阅读《走在曲线之前》，机械工业出版社出版了该书的中文版。我们要强调的是，如果你进行的是中长期交易，那么一定要历史地看待经济数据。很多人都是与前期比较，或者和预期比较，这些都不对，应该将数据放到其历史表现中去查看。

什么是历史地看待经济数据？具体而言就是用技术分析的方法去观察经济数据的走势图，看看数据的趋势如何。图 4-19 是美国新屋建造经济数据走势的示范图，你可以利用 EXCEL 输入经济数据来获得这样的走势图。

我们这里给出一些重要的美国经济数据介绍。第一个是美国国内生产总值（GDP）。通常 GDP 越高，意味着经济发展越好，利率趋升，汇率趋强，金价趋弱。投资者应考察该季度 GDP 与前一季度及上年同期数据相比的结果，增速提高，或高于预期，均可视为利好。这一数据的历史走势图，可以从下列网址查询到：http：//www.martincapital.com/chart-pgs/Pg_gdp.htm。图 4-20 就是这一数据的最新走势图（截至 2016 年 3 月 23 日）。

第二个是美国的工业生产指数。指数上扬，代表经济好转，利率可能会调高，对美元应是偏向利多，对黄金利空；反之，对美元则是偏向利空，对黄金则为利多。这一数据的历史走势图，可以从以下网址查询到：http：//www.martincapital.com/chart-pgs/

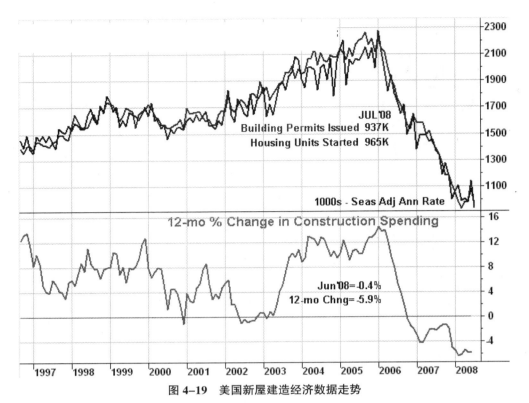

图 4-19　美国新屋建造经济数据走势

Gross Domestic Product

⟶ Cross domestic product: Real Gross Domestic Product Chained Dollars: Billions of chained（2009）dollars: Seasonally adjusted at annual

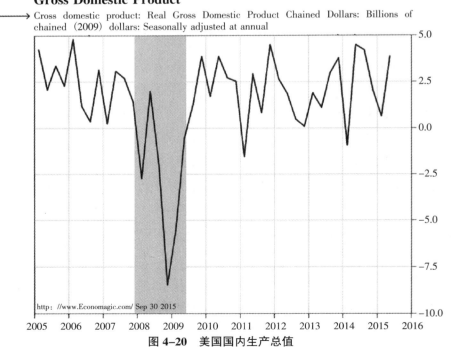

图 4-20　美国国内生产总值

Ch_indus.htm。图 4-21 就是这一数据的最新走势图（截至 2016 年 3 月 23 日）。

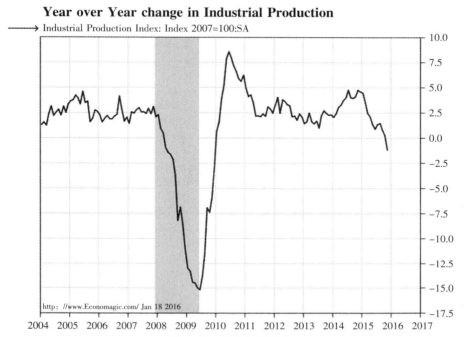

图 4-21 工业生产指数

第三个是美国的采购经理人指数（PMI）。采购经理人指数以百分比来表示，常以 50%作为经济强弱的分界点：当指数高于 50%时，被解释为经济扩张的信号，利多美元，利空黄金。当指数低于 50%，尤其是非常接近 40%时，则有经济萧条的忧虑，一般预期联邦准备局可能会调降利率以刺激景气。利空美元，利多黄金。

第四个经济数据是美国耐用品订单。若该数据增长，表示制造业情况有所改善，利好美元，利空黄金。反之若降低，则表示制造业出现萎缩，对美元利空，利多黄金。这一数据的历史走势图，可以从以下网址查询到：http: //www.martincapital.com/chart-pgs/Ch_mnord.htm。图 4-22 就是这一数据的最新走势图（截至 2016 年 3 月 23 日）。

第五个是美国就业报告。由于公布时间是月初，一般用来当作当月经济指针的基调。其中非农业就业人口是推估工业生产与个人所得的重要数据。失业率降低或非农业就业人口增加，表示景气转好，利率可能调升，对美元有利，利空黄金；反之则对美元不利，利多黄金。这一数据的历史走势图，可以从以下网址查询到：http: //www.martincapital.com/chart-pgs/Ch_jobs.htm。图 4-23 就是这一数据的最新走势图（截至 2016 年 3 月 23 日）。

Year over Year change in Factory Orders

→ Manufacturing: Total Manufacturing: New Orders: Millions of Dollars: SA
→ Manufacturing: Durable Goods Total: New Orders: Millions of Dallars: SA
→ Manufacturing: Durable Excluding Transportation: New Orders: Millions of Dollars: SA

图 4-22　美国耐用品订单

Unemployment Rate

→ Unemployment Rate: SA

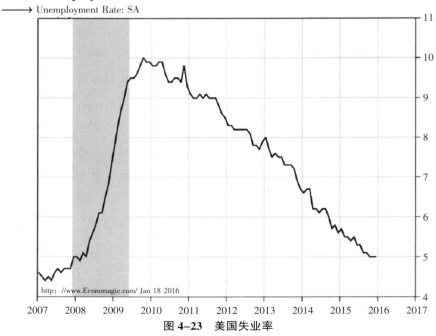

图 4-23　美国失业率

第六个是美国生产者物价指数（PPI）。一般来说，生产者物价指数上扬对美元来说大多偏向利多，利空黄金；下跌则利空美元，利多黄金。这一数据的历史走势图，可以从以下网址查询到：http：//www.martincapital.com/chart-pgs/Ch_infl.htm。图 4-24 就是这一数据的最新走势图（截至 2016 年 3 月 23 日）。

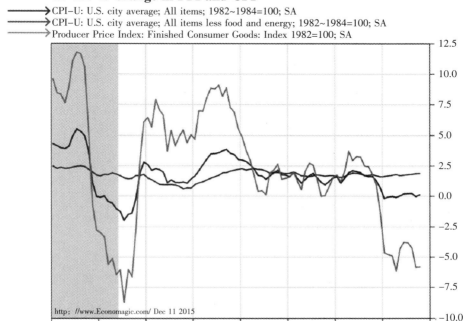

图 4-24　美国 CPI 和 PPI

第七个是零售销售指数。零售额的提升，代表个人消费支出的增加，经济情况好转，如果预期利率升高，对美元有利，利空黄金；反之，如果零售额下降，则代表景气趋缓或不佳，利率可能调降，对美元偏向利空，利多黄金。这一数据的历史走势图，可以从以下网址查询到：http：//www.martincapital.com/chart-pgs/Ch_sales.htm。图 4-25 就是这一数据的最新走势图（截至 2016 年 3 月 23 日）。

第八个是美国的消费者物价指数（CPI）。讨论通货膨胀时，最常提及的物价指数之一。消费者物价指数上升，有通货膨胀的压力，此时中央银行可能借由调高利率来加以控制，对美元来说是利多，利空黄金；反之指数下降，利空美元，利多黄金。不过，由于与生活相关的产品多为最终产品，其价格只涨不跌，因此，消费者物价指数也未能完全反映价格变动的实情。这一数据的历史走势图，可以从以下网址查询到：http：//www.martincapital.com/chart-pgs/Ch_infl.htm。

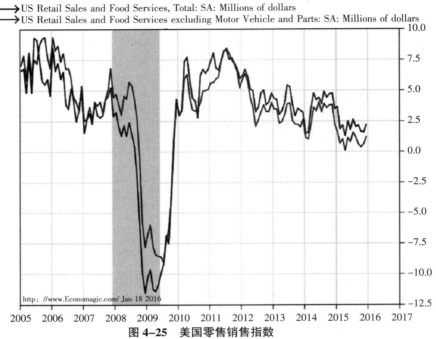

Year over Year change in Retail Sales

US Retail Sales and Food Services, Total: SA: Millions of dollars

US Retail Sales and Food Services excluding Motor Vehicle and Parts: SA: Millions of dollars

图 4-25　美国零售销售指数

　　第九个是美国的新屋开工及营建许可建筑类指标。因为住宅建设的变化将直接指向经济衰退或复苏。通常来讲，新屋开工与营建许可的增加，理论上对于美元来说是利好因素，将推动美元走强，利空黄金。新屋开工与营建许可的下降或低于预期，将对美元形成压力，利多黄金。这一数据的历史走势图，可以从以下网址查询到：http://www.martincapital.com/chart-pgs/Ch_hous.htm。图 4-26 就是这一数据的最新走势图（截至 2016 年 3 月 23 日）。

　　第十个是美国的每周申请失业金人数。分为两类，首次申请和持续申请。除了每周数字外，还会公布的是四周的移动平均数，以减少数字的波动性。申请失业金人数变化是市场上最瞩目的经济指标之一。美国是个完全消费型的社会，消费意欲是经济的最大动力所在，如果每周因失业而申请失业救济金人数增加，会严重抑制消费信心，相对美元是利空，利多黄金。该项数据越低，说明劳动力市场改善，对经济增长的前景乐观，利于美元，利空黄金。这一数据的历史走势图，可以从以下网址查询到：http://www.martincapital.com/chart-pgs/Ch_unemp.htm。图 4-27 就是这一数据的最新走势图（截至 2016 年 3 月 23 日）。

Housing Starts and Permits

US Total New Privately Owned Housing Units Started; Thousands; SAAR

US Total New Privately Owned Housing Units Authorized by Building Permits in Permit-lssuing Places; Thousands; SAAR

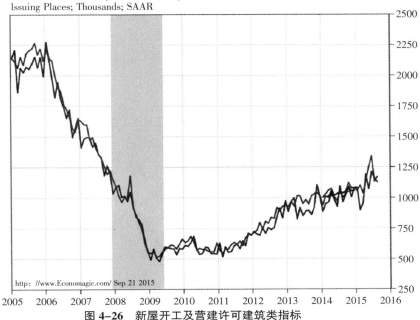

图 4-26　新屋开工及营建许可建筑类指标

Weekly Jobless Claims

Initial Claims for Unemployment: SA

4-wk Moving Average: Initial Claims for Unemployment: SA

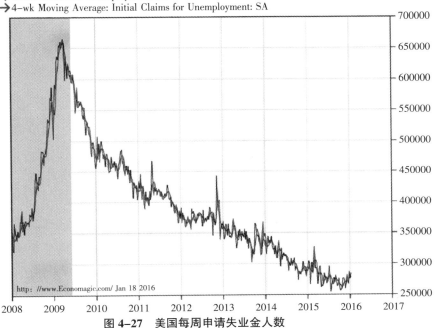

图 4-27　美国每周申请失业金人数

209

第十一个是美国的月贸易账。贸易账反映了国与国之间的商品贸易状况，是判断宏观经济运行状况的重要指标。进口总额大于出口，便会出现"贸易逆差"的情形；如果出口大于进口，称为"贸易顺差"；如果出口等于进口，称为"贸易平衡"。 这一数据的历史走势图，可以从以下网址查询到：http://www.martincapital.com/chart-pgs/Ch_baltr.htm。图4-28就是这一数据的最新走势图（截至2016年3月23日）。

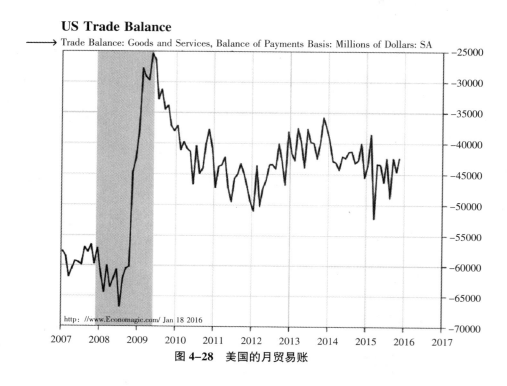

图4-28　美国的月贸易账

如果一个国家经常出现贸易逆差现象，国民收入便会流出国外，使国家经济表现转弱。政府若要改善这种状况，就必须要使国家的货币贬值，因为币值下降，即变相把出口商品价格降低，提高出口产品的竞争能力。国际贸易状况是影响外汇汇率十分重要的因素。因此，当外贸赤字扩大时，就会利空美元，令美元下跌，利多黄金；反之，当出现外贸盈余时，则利好美元，利空黄金。

第十二个是美国的净资本流入，是指减去美国居民对国外证券的投资额后，境外投资者购买美国国债、股票和其他证券而流入的净额。被视为衡量资本流动状况的一个大致指标。

资本净流入处于顺差（正数）状态，好于预期，说明美国外汇净流入，对美元是利好；相反，处于逆差（负数）状态，说明美国外汇净流出，利空美元。

第十三个是美国的设备使用率（也称产能利用率），是工业总产出对生产设备的比率，代表产能利用程度。当设备使用率超过95%以上，代表设备使用率接近满点，通货膨胀的压力将随产能无法应付而升高，在市场预期利率可能升高情况下，对美元是利多。反之，如果产能利用率在90%以下，且持续下降，表示设备闲置过多，经济有衰退的现象，在市场预期利率可能降低情况下，对美元是利空。这一数据的历史走势图，可以从以下网址查询到：http：//www.martincapital.com/chart-pgs/Ch_indus.htm。图4-29就是这一数据的最新走势图（截至2016年3月23日）。

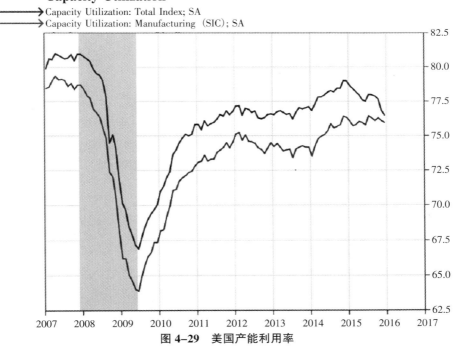

图4-29 美国产能利用率

第十四个是美国的新屋销售。它是指签订出售合约的房屋数量，由于购房者通常都是通过抵押贷款、按揭贷款形式认购房屋，因此对当前的抵押贷款利率比较敏感。房地产市场状况体现出居民的消费支出水平，消费支出若强劲，则表明该国经济运行良好，因此，一般来说，新屋销售增加，理

美国建筑业会影响国际铜价的走势，而铜价是重要的大宗商品，其反映了经济增长和通胀预期也会影响金价。

论上对于美元是利好因素，将推动该国美元走强，利空黄金；销售数量下降或低于预期，将对美元形成压力，利多黄金。这一数据的历史走势图，可以从以下网址查询到：http：//www.martincapital.com/chart-pgs/Ch_sales.htm。图 4-30 就是这一数据的最新走势图（截至 2016 年 3 月 23 日）。

图 4-30　美国新屋销售

第十五个是美国的消费者信心指数。消费者支出占美国经济的 2/3，对于美国经济有着重要的影响。为此，分析师追踪消费者信心指数，以寻求预示将来的消费者支出情况的线索。消费者信心指数稳步上扬，表明消费者对未来收入预期看好，消费支出有扩大的迹象，从而有利于经济走好，利多美元；反之利空。每月公布两次消费者信心指数，一次是在月初，另一次是在月末。这一数据的历史走势图，可以从以下网址查询到：http：//www.martincapital.com/chart-pgs/Ch_conco.htm。图 4-31 就是这一数据的最新走势图（截至 2016 年 3 月 23 日）。

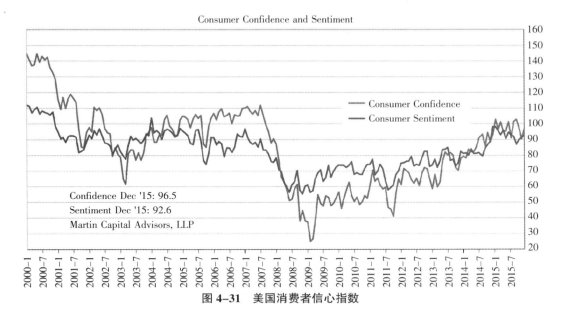

图 4-31　美国消费者信心指数

通过关注这些经济数据的整体走势，我们可以对美国经济整体和动态有一定的认识，从而也就可以分析清楚黄金的货币属性在现阶段的状态。

所有经济数据最终影响美联储的货币政策预期，进而影响黄金走势。

第四节　投资属性——利率水平

在布雷顿森林体系没有崩溃之前，黄金一直都是货币和商品的二合一体，但是随着该体系的崩溃，以及牙买加体系的建立，黄金的货币属性被人为地去除了。随着各国对黄金买卖的官方解禁，黄金的商品属性得到还原，但是货币属性却一直受到压制，投资者不得不将黄金作为投资品来达到保值的需要，以便间接实现黄金货币属性的职能。

投资的主要目的在于追求风险调整后的收益最大化，其实这里的投资并不仅限于价值性投资，还包括理性计算后的投资。衡量收益水平的主要尺度和基准是利率水平，利率水平使得各项投资品之间出现了收益差，而收益差则带来了资

欧洲政府其实一直很看重黄金的货币属性，特别是法国和德国。

本的流动，再次促进收益差的变化，形成一个自我强化的过程。举个简单的例子，当股票市场的收益高于黄金市场的收益时，投资资本会涌向股票市场，而大量流入的资本会进一步推高股价，从而使得股票市场的收益率进一步提高，收益差进一步变高，直到基准收益（以利率水平为代表）出现了变化或者资本流入不足时，收益差才逐渐缩小和反转。索罗斯是研究和利用这一过程的高手。

在本小节中，我们将从利率水平开始介绍如何去利用黄金的投资属性。利率水平位于第三核心层，是影响黄金价格走势的第三重要因素。黄金本身不能产生孳息，所以调整风险后的利率水平升高会使得黄金作为投资品缺乏吸引力，从而使得资本从黄金流出，流向其他有孳息的投资产品，主要是以有价证券代表的市场。我们主要分析黄金的投资属性，需要同时分析股票市场，进行约翰·墨菲所说的跨市场分析。不过确切地说，应该进行的是证券市场的分析，也就是包括债券在内。

在进行黄金投资属性分析时，我们要同时注意两个对立统一的方面，这就是利率水平和资本流动。利率水平从广义来讲就是收益差别，而资本流动则可以从各个口径的货币供给和宏观基金为主的对冲基金入手研究。利率水平是资本流动的原因，是黄金呈现投资属性的基础，而资本流动则是投资属性的直接后果。通过利率水平的分析，我们可以对资本流动做出初步的分析，而通过资本流动我们可以验证风险调整后的利率水平（见图4-32）。吉姆·罗杰斯是分析全球资本流动的高手，而乔治·索罗斯则是分析全球收益差的高手，两人以前的合作可谓相得益彰。

在本小节，我们就从利率水平与黄金价格的关系开始讲起。由于美国是全球最大的资本集散地，而作为投资品的黄金又主要是以美元标价，同时世界许多国家的货币又是与美元挂钩的，所以美国央行美联储相当于一个准世界银行，它的利率政策对全球利率影响很大，不少大宗商品也是以美元

考虑了风险水平之后的收益率差决定了资本的流动。

利率水平是资本流动的原因，是黄金呈现投资属性的基础，而资本流动则是投资属性的直接后果。

图 4-32 利率水平和资本流动

标价，我们有太多的理由去研究美联储的利率决定。

图 4-35 是联邦基金利率（可以看作美国的基准利率）与黄金价格走势之间的关系，可以看到似乎黄金价格与联邦基金呈现了正相关性，之所以这样主要有两个原因：第一，经济增长出现不稳定性时（最近 40 年美国经济的不稳定主要表现为高通胀），黄金价格由于货币属性增强会走高，而美联储为抑制恶性通胀也会提高利率水平，加上黄金的风向标作用，所以黄金价格此时会先于利率水平出现上升。第二，当美联储提高利率水平时，公司经营的成本提高了，经营业绩下降，股票价格会下跌。同时由于利率水平上升，债券价格也会下降，从而使得债券交易缺乏吸引力，这使得黄金吸引力上升了，在这种情况下黄金价格会出现与利率水平几乎同步的走势，这时候黄金的上涨是由于其投资属性所引起的。

不过图 4-33 中的 2000~2005 年走势比较奇怪，表现为利率水平下降，而黄金却走高，这段走势不能用黄金的投资属性来解释，这段时期美国经历了股市暴跌，金融引发经济陷入动荡，同时美国遭受"9·11 事件"的袭扰，并且发动了针对欧亚大陆的大规模军事行动，财政赤字大幅度上升，而且 M3 口径的美元发行量严重过剩，政治和经济稳定性遭到严重动摇，此阶段主要是黄金的货币属性在主导金价走势。"异病同治，同病异治"是中医的辨证治病之道，也可以引用到黄金走势的分析上。

这里需要特别提到的是，在《黄金价格与实际利率的关系》一文中，作者指出："实际利率是唯一与黄金价格相关的指标，但并不是直线相关。只有实际利率转为负的时

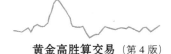
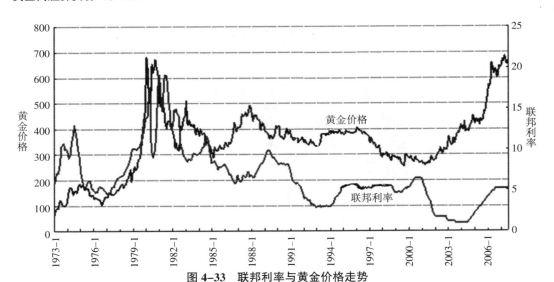

图4-33　联邦利率与黄金价格走势

候，黄金价格才会大幅上涨。2001年，随着美国3月期国债实际利率降至0%以下，黄金价格实现了大幅上涨。黄金是没有收益的，法定货币则是有收益的。在实际利率转为负的时候，持有法定货币会使手里资产缩水，投资避险需求成为主要推升黄金价格的因素……实际利率是确定黄金价格长期走势的一个指标，并不是一个短期交易的工具。考虑到美元是世界上的储备货币，我们主要关注美国的实际利率。当3月期国债开始转为负向的时候，黄金价格开始上涨（当实际利率为正的时候，投资者投资有收益的货币，以便获得收益，但黄金并没有收益），当10年实际利率转为负向的时候，黄金价格开始大幅上扬。扣除通货膨胀后的实际利率是持有黄金的机会成本（因为黄金不能生息，实际利率是人们持有黄金必须放弃的收益），实际利率为负的时期，人们更愿意持有黄金。"由此可以发现，利率水平对于金价走势具有决定性的意义。国金证券相关研究也得出了类似的结论（见图4-34）。

查看美国主要利率的走势图，可以从下面的网址登录：http：//www.martincapital.com/chart-pgs/Ch_rtssh.htm。图4-35是一幅示意图，其中有联邦基金目标利率、联邦贴现利率、30年期国债利率等主要利率的历史走势（截至2016年3月23日）。

实际利率是唯一与黄金价格相关的指标，但并不是直线相关。只有实际利率转为负的时候，黄金价格才会大幅上涨。

216

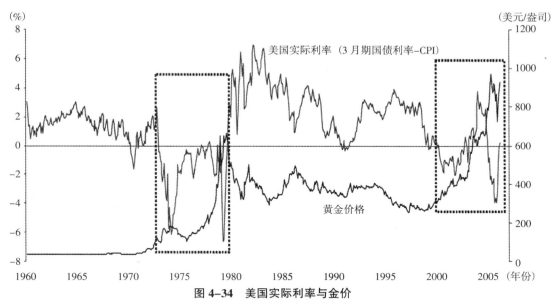

图 4-34　美国实际利率与金价

资料来源：国金证券研究所。

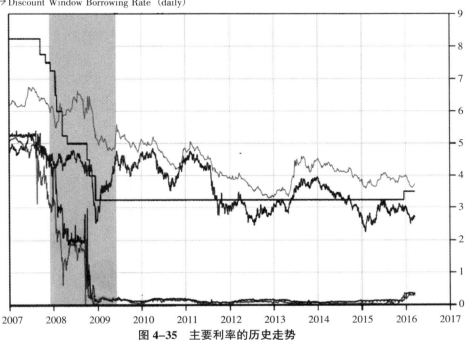

图 4-35　主要利率的历史走势

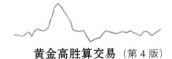

第五节　投资属性——资本流动

黄金的投资属性直接体现为引发资本流动，从2006年开始，"流动性过剩"成为解释当今经济现象最为时髦的用语，外汇交易中则盛行"套息交易"（Carry Trade），东亚新兴市场国家则对"热钱"（Hot Money）高度警惕，它们反复斟酌资本项目开放这个问题。

在全球经济中，资本和信息的高速流动使得追逐最大化的投资收益成为了可能。资本过剩使得那些存在"跷跷板效应"的投资品同时上升成为可能，也使投资品出现暴涨成为可能，无论是"郁金香泡沫"、"南海泡沫"、"密西西比泡沫"，还是发生在最近的次贷危机等，都是资本过剩引发的，那些短期供给有限和存在良好预期的投资品最容易成为资本过剩下暴涨的标的物。

资本流动是影响黄金价格的第四层核心因素，资本流动跟随风险调整后的收益差，不过资本流动有时候也不顾风险的大小，只追逐最快速的暴利。资本在地理上流动，在投资标的间流动。黄金的走势往往与股票走势相反，不过在资本过剩的情况下却可能出现同时上升的奇观，这正是量化宽松后发生的情况。

为什么股票市场可以与黄金市场同时上升呢？第一，通货膨胀的存在使得黄金和股票作为保值手段的作用显著；第二，货币大量发行使得资本过剩，股票市场有大量的资本流入，黄金市场也有大量资本流入；第三，股票市场涨得过高，经济和金融不稳定程度加重，促进了黄金市场的进一步上升。

利率水平与资本流动有着密切的关系。利率水平上升使得存款的吸引力上升，使得股票和债券交易的吸引力下降，如果利率水平上升源于通胀恶化或者导致了恶性通缩，则黄

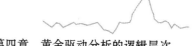

金的吸引力会上升，这样资本就会流向黄金。需要注意的是，由于欧元、日元、英镑、澳元和加拿大元与美元是外汇市场上的对手货币，而黄金也是以美元标价，所以其他货币引起美元指数涨跌时，也会影响到金价走势。欧元等货币被称为非美货币，严格来讲黄金也是非美货币之一，所以非美货币之间存在联动效应。当欧元区处于升息进程时，美元区升息机会不多，甚至处于降息进程，那么追逐息差的资本就会流向欧元，那么欧元相对美元就会升值，这会使得黄金的美元价格也受到提振。所以，通过查看主要国家的利率水平，我们可以掌握资本的大致流向，从而知道非美货币是否走势趋强，进而带动金价。对金价影响最大的是美国实际利率水平，从图4-36可以发现美国实际利率水平是导致基金资金进出黄金期货市场的关键因素。

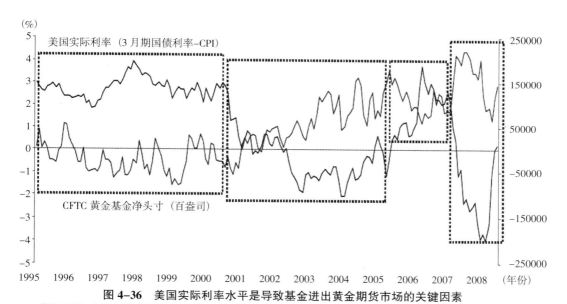

图4-36 美国实际利率水平是导致基金进出黄金期货市场的关键因素
资料来源：国金证券研究所。

下面这个网站提供了主要经济体的利率水平：http：//www.tradingeconomics.com/Default.aspx。通过比较主要经济体的利率差异，特别是非美货币经济体的利率与美国利率的差异，以及利率趋向，可以帮助判断黄金的美元价格。资本流动最终是由利率水平差异引起的，而资本流动会使投资品的收益水平发生变化，相当于准利率水平的变化，这就是两者之间的关系，不过这种因果关系是不对称的，也就是利率水平对资本流动的影响要大很多（见图4-37）。

利率水平

资本流动

图 4-37　利率水平和资本流动

资本流动最终是由利率水平差异引起的，而资本流动会使得投资品的收益水平发生变化，相当于准利率水平的变化，这就是两者之间的关系，不过这种因果关系是不对称的，也就是利率水平对资本流动的影响要大很多。

除了关注利率水平的差异和变动趋向，我们还需要注意的是资本的绝对数量。由于国际黄金以美元标价，所以美元的充裕度或者说发行数量直接关系到追逐黄金的资本数量的多寡。作为中长期黄金投资者，我们需要关注的是美元年度发行量的变化，月度变化容易受到季节性的影响，如圣诞时的货币流通量就远大于平时。美元的发行量主要有三个度量口径：M1、M2 和 M3。对黄金价格影响最为深远的是 M3，这是流通在全世界美元的极佳度量指标。我们可以从 shadowstats.com 这个网站找到上述三个口径美元发行量变化情况。由于美国政府从 2006 年开始不再公布 M3 的发行量，所有此后的 M3 数据都是非官方的。图 4-38 是美元截至 2011 年 5 月 15 日的发行情况，可以看到的是美元 M3 发行量在最近 3 年不断飙升，令人触目惊心。资本绝对数量暴增容易引起通胀不断上升，最终导致金融体系和经济出现问题，这就使得黄金的货币属性得以显现，同时大量的资本必然使得资产配置发生变化，对黄金的投资需求增加，而通胀使得保值需要增加，黄金作为商品，其抵御物价水平上涨的能力与大宗商品一样。

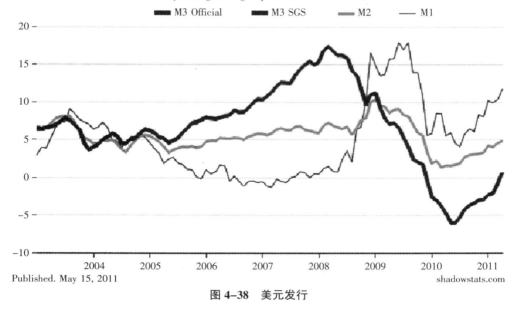

Annual U.S. Money Supply Growth–SGS Continuation
Monthly Average through Apr. 2011（St Louis Fed，SGS）

Published. May 15, 2011　　shadowstats.com

图 4-38　美元发行

　　投资基金对黄金的吞吐量很大，而且基金整体的研究能力和研判能力强于一般小投资者，所以通过了解基金持有黄金仓位的变化可以较好地分析金价走势。图 4-39 是基金持有黄金仓位与黄金价格之间的关系图。柱状线是持仓水平，曲线是黄金价格走势，可以看出两者有很强的正相关性，由于基金属于战略建仓者，其追涨杀跌的可能性很小，所以前期金价走势对持仓决定影响远远小于持仓决定对后期金价走势的影响。SPDR 是全球最大的黄金投资基金，从图 4-40 可以发现基金资金的进出对金价走势的影响力越来越大。

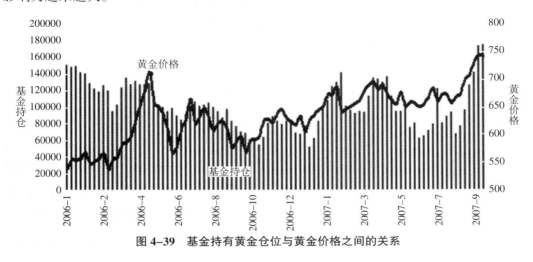

图 4-39　基金持有黄金仓位与黄金价格之间的关系

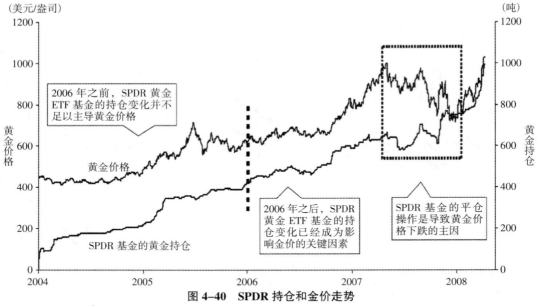

图 4-40　SPDR 持仓和金价走势

资料来源：国金证券研究所。

美国商品期货交易管理委员会（CFTC）网站上有黄金期货持仓报告，不过都是数据报单形式，我们推荐交易者采用走势图的形式，如图 4-40 所示，这样的图在国内不少期货公司的网站上都能找到，如中期期货和西南期货的网站。通过查看历史的持仓变化，可以看到资本在黄金市场的进出。同时，我们还需要留意证券市场的资本进出，这个可以从美国股市的股指走势和成交量变化看到。大型投资者们操作的资金往往在股票和黄金两个市场进出，两个市场的负相关性较高（见图 4-41）。

　　因此，交易者在进行黄金的投资属性分析时需要考察股市的情况，因为资本会在股市和黄金之间做出选择，所以我们随时关注美国股市的走向，因为美国股市是全球资本的集中地，是全球股市的风向标，虽然有所谓的新兴市场，但是这些腾飞之地往往依赖于对美国的出口。美国股市的走势可以从 http://www.martincapital.com/chart-pgs/Ch_stklo.htm 这个网址查看。当股市走好时，黄金通常会受到冷遇，不过也有可能两者同时上升，这是因为过渡期和资本过剩的原因。此

　　美国股市是全球资本的集中地，是全球股市的风向标，其 VIX 指数与金价短期波动关系密切。

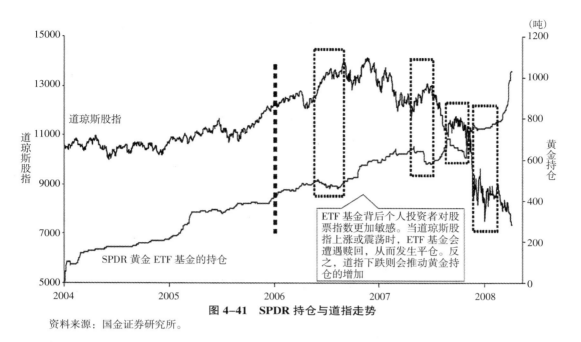

图 4-41　SPDR 持仓与道指走势

资料来源：国金证券研究所。

外，央行收金、黄金 ETF 操作及黄金期货持仓和分析师情绪也都反映了资金的流动状况，而这些信息可以从 www.169gold.com 这个网站获取。资金流动不仅引发金价中长期走势的变化，也会影响金价在日内的走势变化。一天当中黄金交易中心在全球的移动和交替也引发了资金的流动，这也是驱动金价的日内资金流动因素。每个市场的主要参与者都受到日常作息的制约，因此资金在黄金市场上的进出也存在显著的规律。全球最为重要的黄金市场是纽约黄金市场、伦敦黄金市场和中国香港黄金市场。

目前纽约黄金市场已成为世界上交易量最大和最活跃的期金市场。纽约商品交易所是全球最具规模的商品交易所，同时是全球最早的黄金期货市场。其中，COMEX 分部黄金期货每宗交易量为 100 盎司，交易标的为 99.5% 的成色金。迷你黄金期货，每宗交易量为 50 盎司，最小波动价格为 0.25 美元/盎司。参与 COMEX 黄金买卖以大型的对冲基金及机构投资者为主，他们的买卖对金市产生极大的交易动力；庞大的交易量吸引了众多投机者加入，整个黄金期货交易市场有很高的市场流动性。同时，美国纽约也是全球黄金电子盘交易的主要提供者。

伦敦是世界上最大的黄金市场，每天进行上午和下午的两次黄金定价。由五大金行定出当日的黄金市场价格，该价格一直影响纽约和中国香港的交易。伦敦黄金市场主要指伦敦金银市场协会（LBMA），该市场是 OTC 市场。LBMA 的会员主要有两类：做市商和普通会员。做市商目前有 9 家，均为知名投行，如巴克莱银行、德意志银行、

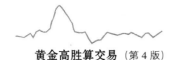

汇丰银行、高盛国际、JP摩根等。LBMA黄金的最小交易量为1000金衡制盎司，标准金成色为99.5%。

中国香港黄金市场已有90多年的历史。其形成以香港金银贸易场的成立为标志。1974年，香港政府撤销了对黄金进出口的管制，此后香港金市发展极快。由于中国香港黄金市场在时差上刚好填补了纽约、芝加哥市场收市和伦敦开市前的空档，可以连贯亚、欧、美，形成完整的世界黄金市场。其优越的地理条件引起了欧洲金商的注意，伦敦五大金商、瑞士三大银行等纷纷来港设立分公司。他们将在伦敦交收的黄金买卖活动带到中国香港，逐渐形成了一个无形的当地"伦敦金市场"，促使中国香港成为世界主要的黄金市场之一。

目前，中国香港黄金市场由三个市场组成：①香港金银贸易市场，华人资金商占优势，有固定买卖场所，主要交易的黄金规格为99标准金条，交易方式是公开喊价，现货交易；②伦敦金市场，以国外资金商为主体，没有固定交易场所；③黄金期货市场，是一个正规的市场，其性质与美国的纽约和芝加哥的商品期货交易所的黄金期货性质是一样的。交投方式正规，制度也比较健全，可弥补金银贸易场的不足。上述三个交易中心相继开市，这就使得三大地区的资金轮番进场和出场，这就形成了日内波动的短期规律。著名的黄金研究网站www.kitco.com提供了三日金价走势的对比功能，从中我们可以发现和利用金价日内的波动规律（如图4-42至图4-44所示），具体的方法是通过前两日的波动规律来推断第三日的波动规律。

黄金与外汇一样具有日内波动规律。

图 4-42 金价日内的波动规律（1）

图 4-43 金价日内的波动规律（2）

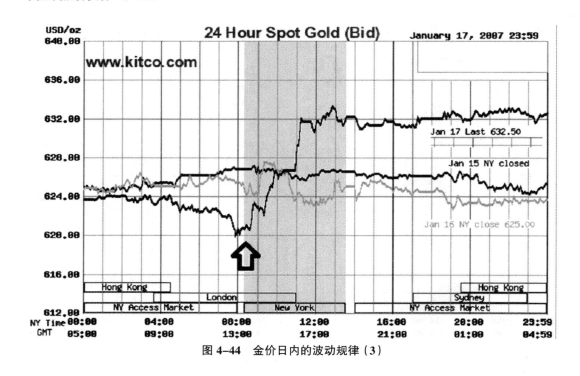

图4-44　金价日内的波动规律（3）

第六节　商品属性——金饰需求

　　对于中长期黄金交易者而言，掌握了黄金的货币属性和投资属性已经足够保障交易方向的正确性了，不过我们仍然需要掌握另外一项技能，这就是确定恰当的进场时机和位置。在提供年内进场位置上，黄金的商品属性意义重大，因为黄金的年内波动存在既定的周期性和规律性，可以为我们找到极佳的进场位置。

　　黄金商品属性包括两个方面：一个是金饰需求，另一个是工业用金。金饰需求是黄金需求的主要来源，目前占整个生产性用金的80%以上。据统计，2004年首饰用金2610吨，占生产性用金的86%，占全年黄金总需求的74.6%。金饰需求是影响黄金价格的第五层因素。不过，黄金价格的趋势性运动却并不受金饰需求的显著影响，作为金饰的最大需求国

印度需求往往只是一个炒作的小题材而已。

226

之一的印度，它的黄金需求并没有对金价产生多大的影响，如图4-45所示。

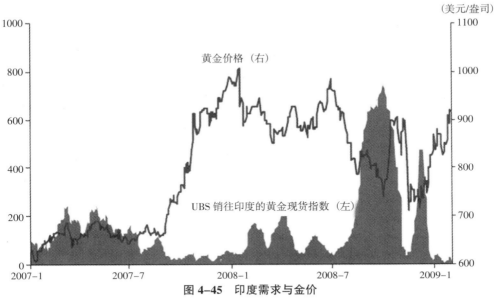

图4-45　印度需求与金价

资料来源：国金证券研究所。

金饰需求和工业用金也是对立统一的关系，两者都涉及商品生产，都是黄金的商品属性。工业用金的年内变化不大，其长期变化主要受到技术进步的影响；而金饰需求的年内变化很大，其长期变化主要受到收入水平的影响。所以，在下面这个太极图中，金饰需求是阳性，是最活跃的部分，我们寻找中长期的进场位置时也需要依靠金饰需求的季节性（见图4-46）。

图4-46　金饰需求和工业用金

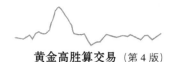
首饰金需求对黄金价格的影响主要呈现季节性与周期性的特点，通常第一季度和第四季度，金饰需求增长明显。主要是因为每年印度的婚庆及宗教节日、中国的农历新年、西方的圣诞节和情人节对金饰的需求都较其他时间增多。图4-47是黄金年内波动的周期性，按照月度来标注，有两条平均线，一条是1995~2006年的月度波动均线，第二条是1968~2006年的月度波动均线，可以看到每年的7月都是黄金价格的年内低点，如果你从货币属性和投资属性的角度看好中长期的黄金走势，那么就应该选择在黄金价格回调较大的7月左右买进。当然每年的低点不一定都在7月，但是年中出现低点却有非常大的概率。

2011年年中的金价却成为了历史高点。季节性并不是真正的规律。

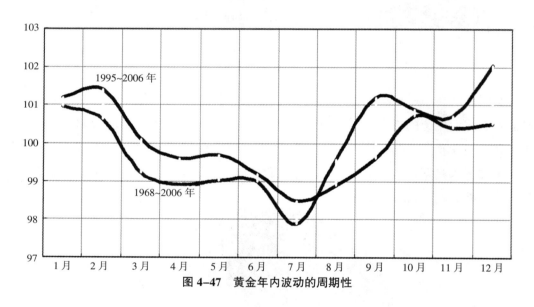

图4-47　黄金年内波动的周期性

第七节　商品属性——工业用金

工业用金很少引起投资者和普通消费者的注意。作为五金之王，黄金在化学、物理、电子性能等方面表现优异，在电子、通信、航空航天、化工、医疗等部门以及与人们日常

生活相关的各类生活日用品当中都有着非常广泛的应用空间。工业用金对黄金价格的影响不是很明显，所以这是我们分析金价时最后一个考虑的因素，工业用金位于黄金驱动逻辑层次的最外层。

工业用金位于黄金驱动逻辑层次的最外层。

现代电子行业的飞速发展，必然伴随着对电子产品可靠性要求的增加，黄金则因其具有其他金属所无法替代的高稳定性而备受青睐。同时，电子产品日益微型化，少量的单位用金不会对产品成本构成威胁，因此电子元件逐渐使用黄金作为原材料。

黄金由于耐高温、耐腐蚀等特性，在航空航天领域也有着广泛的运用。随着大量航空航天技术应用于民，黄金在此方面的市场前景也被看好。例如，一种在航空航天中用于防紫外线的镀金玻璃，现在可应用于建筑，能起到很好的防太阳辐射和隔热作用。

另外，黄金还可用于日用品，如镀金钟表、皮带扣、打火机、钢笔等。钟表王国瑞士，其金饰品业每年用金量达40吨左右，其中95%都用在制表业上。日本仅一家手表厂一年消耗金盐就达1吨，相当于消耗黄金680公斤。通常世界经济的发展速度决定了黄金的总需求，尽管科技的进步使得黄金替代品不断出现，但黄金以其特殊的金属性质使其需求量仍呈上升的趋势。目前全世界每年需求量400吨左右，对于金价的影响不大。工业用金仅是缓慢和长期地对金价发生作用，所以在工业用金和金饰品用金的小太极图中，工业用金属于阴性因素，如图4-46所示。

黄金有着商品的属性，这是黄金其他属性的基础，同时这一属性也使得黄金与其他商品一样具有规避通货膨胀的保值作用（注意不是避险作用，避险作用当属黄金最强，不动产最差）。黄金作为商品与其他大宗商品的关系密切起来，大宗商品的价格走势往往会促进黄金的价格走势。大宗商品的指数代表为CRB指数，该指数显示了重要的大宗商品的整体走势情况。CRB指数与黄金价格的关系如图4-48所示，可以

在通胀预期和资产重估两个层面，CRB 指数与金价是正相关的。

看到两者是正相关关系。

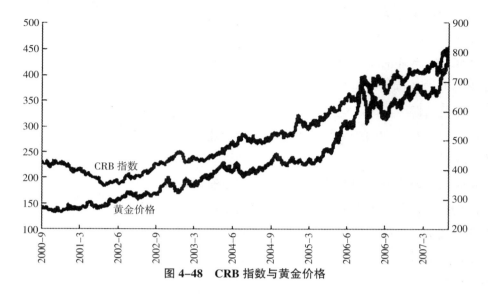

图 4-48　CRB 指数与黄金价格

大宗商品里面的原油和铜的走势与黄金的走势也是正相关关系，原油是现代经济的能源基础，而铜则是现代经济的材料基础，铜被称为最好的"经济学家"。图 4-49 和图 4-50 展示了原油价格及铜价与黄金价格的关系。

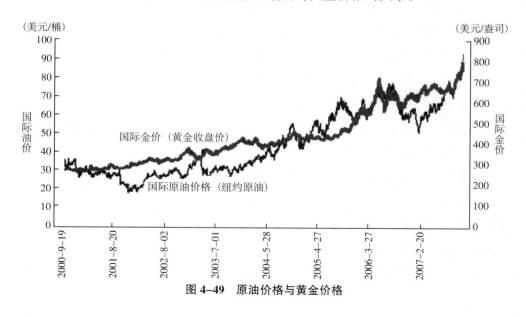

图 4-49　原油价格与黄金价格

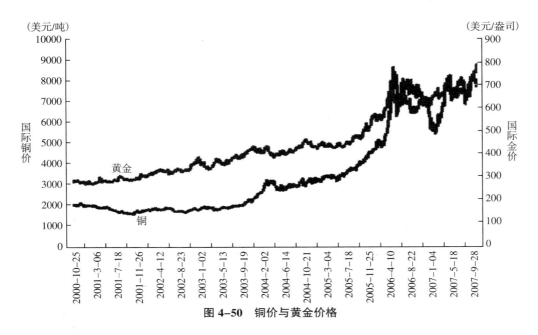

图 4-50　铜价与黄金价格

CRB 指数的走势图可以从以下网址查到：http：//www.martincapital.com/chart-pgs/Ch_crb.htm。前几年的 CRB 指数走势图如图 4-51 所示（截至 2011 年 5 月 26 日），更

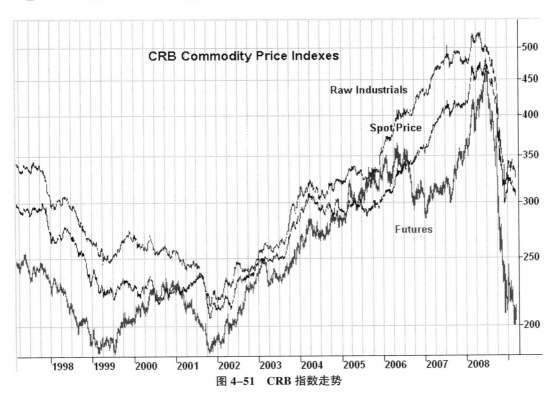

图 4-51　CRB 指数走势

新的数据可以从期货软件上查看。

黄金、原油和铜等重要商品的走势图，可以从以下网址查到：http://www.martincapital.com/chart-pgs/Ch_comod.htm。这些重要商品前几年的走势图如图4-52所示（截至2011年5月26日），更新的数据可以从期货软件上查看。

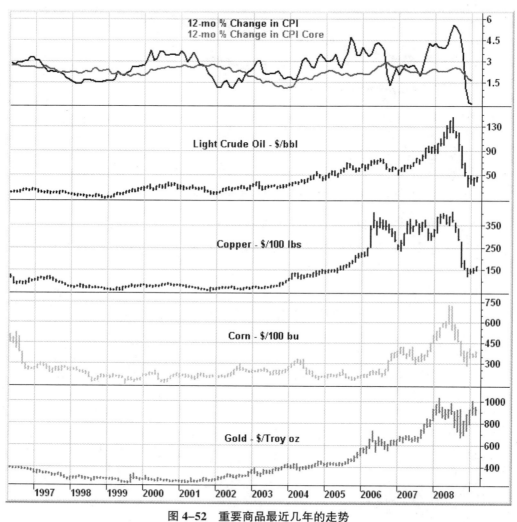

图 4-52　重要商品最近几年的走势

我们已经将黄金的中长期分析方法教给了大家，最后需要强调的两点是：第一，要按照逻辑层次从内向外分析，内重于外；第二，要将黄金市场与其他投资市场结合起来分析，进行跨市场分析，首先是外汇市场，其次是股票市场，最后是商品市场。

【开放式思考题】和【进一步学习和运用指南】

第一章

【开放式思考题】在研读完第一章的内容之后，可以进一步思考下列问题。虽然这些问题并没有固定的标准答案，但能够启发思考，跳出来看某些观点。

1. 敛散与市场情绪有什么关系？

2. 敛散与胜算率和风险报酬率的分布有什么关系？进一步来讲，与仓位管理有什么关系？

3. 除了布林带和 ATR 之外，还有什么技术指标可以用来观察敛散性？

4. 天量与高波动率日有什么规律？

【进一步学习和运用指南】

1. 建议进一步阅读约翰·布林格（John Bollinger）关于布林带的专著和相关论述。

2. 思考 N 字结构与斐波那契比率的关系，可以进一步阅读《斐波那契高级交易法——外汇交易中的波浪理论和实践》。

3. 建议阅读史蒂夫·尼森（Steve Nison）关于蜡烛图的相关专著。

4. 如果一个纯粹的 MACD 和均线能够打败市场，那么发明这些指标的人早就把整个金融市场的利润都拿走了。交易是博弈，战争是博弈，你能用某个简单的指标或者公式来赢得战争吗？想要利用公式来战胜对手盘，与想要利用公式来战胜敌对方，有

何区别？都是一样的幼稚！话难听，理却明！建议进一步阅读《股票大作手操盘术：原著新解和实践指南》一书的第十五章"趋势突破点和 N 字结构"。

5. J.L 的进场时机其实有三种，如果你仔细阅读其原著以及其他相关的文献材料的话。第一种与 N 字结构相关的突破而作，我们定义为破位交易。第二种与共识预期极点相关的反转交易，这个往往出现在空头陷阱和多头陷阱附近，也就是说假突破，我们定义为败位交易。第三种与上涨的回调或者下跌中的反弹有关，J.L 利用这种趋势中的回撤进场，我们定义为见位交易。三种进场时机，都涉及关键点位，所以 J.L 的关键点位并不是一个单一突破而作策略的基础。建议进一步阅读《股票大作手操盘术：原著新解和实践指南》一书的第十七章"趋势中的回调与进场时机"。

第二章

【开放式思考题】在研读完第二章的内容之后，可以进一步思考下列问题。虽然这些问题并没有固定的标准答案，但能够启发思考，跳出来看某些观点。

1. 从敛散周期来分析，什么情况下顾比均线会失效？或者说会误导交易者？

2. 可以用 ADX 代替布林带观察收口吗？

3. 在见位进场中，为什么震荡指标可以帮助我们把握恰当的时机？

4. 可否利用乖离率指标区分"大幅运动"和"小幅运动"？

【进一步学习和运用指南】

1. 建议进一步阅读戴若·顾比（Daryl Guppy）关于平均线组的相关论述。

2. 有兴趣的读者可以在网络上搜索下威尔斯·王尔德（Wells Wilder）发明技术指标的来龙去脉。

3. 如何将 K 线形态、斐波那契点位、震荡指标结合起来分析黄金短期走势？请参阅《黄金短线交易的 24 堂精品课》《斐波那契高级交易法——外汇交易中的波浪理论和实践》和《高抛低吸——斐波那契四度操作法》。

第三章

【开放式思考题】在研读完第三章的内容之后，可以进一步思考下列问题。虽然这些问题并没有固定的标准答案，但能够启发思考，跳出来看某些观点。

1. 除了布林带之外，还有哪些波动边界指标可以与 K 线形态结合起来使用？

2. 可否将震荡指标与本章的方法结合起来使用，比如利用背离提升信号有效性？

【进一步学习和运用指南】

1. 西方交易方法的核心在于黄金分割率及其衍生比率，无论是斐波那契交易方法，还是加特力交易方法、艾略特波浪理论，甚至江恩理论、螺旋历法都与黄金比率密切联系，这些西方交易技术的精华都集中体现于黄金率（斐波那契比率）的具体运用。东方交易方法的核心在于阴阳之道的主宰，上升与下降、收敛和发散、震荡与单边，所有这些都集中于阴阳这两种根本力量的交互运动中，阴阳线或者说蜡烛图是东方哲学思维在交易界的最直接体现。比率和布林带边界是"位"的载体，蜡烛图是"态"的载体，如何将它们有效结合起来呢？建议进一步阅读《黄金短线交易的 24 堂精品课》第十四课"'势、位、态'思想主导下的系统交易方法"。

2. 阅读《黄金短线交易的 24 堂精品课》的第十六课"最关键的指标：风险偏好"，思考如何将风险偏好置入本章的交易策略中，进一步提高其胜算率。

第四章

【开放式思考题】在研读完第四章的内容之后，可以进一步思考下列问题。虽然这些问题并没有固定的标准答案，但能够启发思考，跳出来看某些观点。

1. 黄金三重属性与金价波动率的关系是什么？

2. 通胀与金价的关系到底是什么？背后的原因是什么？

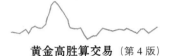

【进一步学习和运用指南】

1. 驱动因素为什么重要呢？对于想要同时提高胜算率和风险报酬率的交易者而言，只有搞透彻了驱动因素才能确认适合自己的格局和走势。驱动因素是"因"，行为因素是"果"，行情本身只是"现象"，导致行情发生的原因才是"本质"。相关性只是现象层面的研究对象，而因果性才是本质层面的研究对象。强烈建议进一步阅读《黄金短线交易的24堂精品课》的第十五课"黄金驱动分析的框架与步骤"，掌握两个关键的框架——"驱动层次和三种属性"和"风险—收益矩阵"。

2. 思考下面表格中的内容。

黄金	大牛市	美国财政支出激增，财政赤字增加	美国大规模军事行动
		美国恶性通胀，CPI > 4%	原油价格飙升
		实际利率持续下降	美联储进入降息周期
	大熊市	实际利率持续上升	美联储进入加息周期

3. 今天的黄金仍旧具有货币属性，这并不全是历史的惯性，更准确地说这是由黄金本身的特性所决定的，不以某一利益团体的意志为转移。虽然目前世界上没有一个国家采用金本位制，但是欧美大国的官方储备还是以黄金为主。黄金作为货币的属性不是单凭人为力量就能抹去的，随着全球纸币的滥发，随着地缘政治的日益动荡，随着经济滞胀的到来，黄金的货币属性将日益显著。建议进一步阅读《黄金短线交易的24堂精品课》的第十七课"货币属性"。

本书所用技术指标的官方指南

本书采用的技术指标全部基于 MT4.0 软件，该软件的使用说明可以通过该软件的官网查询，该软件的下载也请到该网站，该站点为我们提供编程方面的支持。本书使用到的技术指标都可以到该网站下载，具体而言，本书用到的指标有：

第一章：1. MT4.0 软件（提供黄金行情的服务器请查询下表）

MT4 服务器地址	
209.61.206.16：443	千禧国际
66.114.120.22：443	MVP-Demo Accounts-MVP Global Trading, LLC
mt4demo.sts.bg：443	交叉盘
217.74.32.222：443	Alpari-Demo，GMT+1，黄金，美指（延迟），刷新慢，Alpari Ltd.，俄罗斯
209.61.208.17：443	23，GMT-6，仅直盘及少量叉盘，刷新频率高，"Direct Forex, LLC"，美国
mt.forexua.com：443	Forex-Server，GMT+2，"直盘，美指，少量叉盘"，"股指，股票"，有滑点，Forex Ltd.
mt1.fxprofit.ru：443	FxProfit-Demo，GMT+1，黄金，"股指，股票，期货"，Integra Capital Ltd.
66.114.120.22：443	InterbankFX-Demo，GMT+0，仅货币直盘及很少叉盘，刷新频率高，"Interbank FX, LLC"，美国
demo.metaquotes.net：443	MetaQuotes-Demo，GMT+1，黄金，"股票，股指，期货"，MetaQuotes Software Corp.
66.235.184.206：443	MIG-Demo，GMT+1，"黄金白银，货币"，MIG Investments SA.，瑞士
demo.fxteam.ru：443	North Finance-Demo，GMT+2，"货币，黄金，白银"，"股票，股指"，North Finance Company Ltd.
66.148.84.147：443	Ntwo-Main，GMT+0，"黄金，白银"，少量叉盘，Ntwo Capital Market LLC
66.36.230.215：443	PTMillennium-Server，GMT+2，"货币全（HKD，CNY），金银"，期货，PT Millennium Penata Futures
217.8.185.218：443	XTrade-Demo，GMT+1，货币直盘，X-Trade Brokers DM S.A.
66.235.184.157：443	Money-Tec Demo，GMT+1，"直盘，黄金，少量叉盘"，"股票，股指"，刷新慢，MoneyTec LLC
212.12.60.156：443	Gimex-NEXTT，GMT+1，"直盘，黄金，少量叉盘"，"股票，股指，期货"，刷新快，Gimex Group
217.27.32.243：443	Windsor Brokers-Demo，GMT+2，"货币，金银"，"股票，股指，期货"，Windsor Brokers Ltd.，塞浦路斯

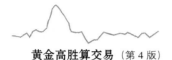
MT4 服务器地址	
212.100.249.39：443	ForexService–Server，GMT+1，"货币，黄金"，"股票，期货"，Financial Network Worldwide Ltd.，俄罗斯
217.16.27.150：443	FIBO–Demo，GMT+1，"货币（NZD，NOK，SGD，SEK）"，"Fibo Group，Ltd."，英国伦敦
66.36.231.125：443	TeleTrade–Server，GMT+2，仅直盘及少量叉盘，Teletrade D.J. International Consulting Ltd.，俄罗斯
83.142.230.30：443	Admiral–Demo，GMT+0，"直盘及少量叉盘，黄金"，股指，Admiral Investments and Securities Ltd.，英国伦敦
66.36.242.238：443	FxPro–Server，GMT+0，"货币，金银"，期货，Fx–Pro Ltd，英国
66.36.240.247：443	Orion–Demo，GMT+4，"货币，金银"，"股票，股指，期货"，Orion Global Financial Services，美国
212.109.44.23：443	Ukrsotsbank–MT4，GMT+2，"货币，金银"，Ukrsotsbank，俄罗斯
66.235.180.133：443	SNC–Server，GMT+2，仅货币直盘及很少叉盘，"SNC Investments，Inc."，加拿大
mt4demo.sts.bg：443	sTS–Demo，GMT+2，"货币，金银"，"股票，股指，期货"，STS Finance SC，保加利亚
209.61.206.23：443	cfg
212.26.141.67：443	fxintegralbank 有美指
mt.forexua.com：443	（USDINX）美指
217.74.44.33：443	（USDINX）美指
83.220.163.101：443	美指
220.194.27.26：443	民生银行，速度极快，外汇直盘，交叉盘
64.151.87.186：443	Velocityx
216.93.180.133：443	BroCo 外汇，期货，美盘，股指
4.79.152.145：443	Forex.com
195.14.73.180：443	Henyep Investion（UK）
218.213.70.13：443	ODL
212.187.233.32：443	Alpari UK Demo
203.186.54.79：9004	ARA Markets

  2. 参数为（13，0，1.618）的布林带，bands.mq4

 第二章：1. 顾比复合移动均线，GMMAshort.mq4，GMMAlong.mq4

  2. 参数为（13，0，1.618）的布林带，bands.mq4

  3. 随机震荡指标，stochastic.mq4

  4. 斐波那契混合轴心点指标，live charts with fibo pivots.mq4

  5. 45 度线，MT4.0 软件画图工具自带

 第三章：1. 参数为（13，0，1.618）的布林带，bands.mq4

  2. 45 度线，MT4.0 软件画图工具自带

GMMAshort.mq4 源代码：

```
#property indicator_chart_window
#property indicator_buffers 6
#property indicator_color1 ForestGreen
#property indicator_color2 ForestGreen
#property indicator_color3 ForestGreen
#property indicator_color4 ForestGreen
#property indicator_color5 ForestGreen
#property indicator_color6 ForestGreen


//---- buffers
double ExtMapBuffer1 [ ];
double ExtMapBuffer2 [ ];
double ExtMapBuffer3 [ ];
double ExtMapBuffer4 [ ];
double ExtMapBuffer5 [ ];
double ExtMapBuffer6 [ ];


//+------------------------------------------------------------------+
//| Custom indicator initialization function                         |
//+------------------------------------------------------------------+
int init ( )
  {
//---- indicators
  SetIndexStyle (0, DRAW_LINE);
  SetIndexBuffer (0, ExtMapBuffer1);
  SetIndexStyle (1, DRAW_LINE);
  SetIndexBuffer (1, ExtMapBuffer2);
  SetIndexStyle (2, DRAW_LINE);
  SetIndexBuffer (2, ExtMapBuffer3);
  SetIndexStyle (3, DRAW_LINE);
```

```
        SetIndexBuffer (3, ExtMapBuffer4);
        SetIndexStyle (4, DRAW_LINE);
        SetIndexBuffer (4, ExtMapBuffer5);
        SetIndexStyle (5, DRAW_LINE);
        SetIndexBuffer (5, ExtMapBuffer6);
//----
    return (0);
    }


int deinit ()
    {
    return (0);
    }


int start ()
    {
    int i, j, limit, counted_bars=IndicatorCounted ();

    if (counted_bars<0) return (-1);
    if (counted_bars>0) counted_bars--;
    limit=Bars-counted_bars;

    for (i=0; i<limit; i++) {
      ExtMapBuffer1[i]=iMA (NULL, 0, 3, 0, MODE_EMA, PRICE_CLOSE, i);
      ExtMapBuffer2[i]=iMA (NULL, 0, 5, 0, MODE_EMA, PRICE_CLOSE, i);
      ExtMapBuffer3[i]=iMA (NULL, 0, 8, 0, MODE_EMA, PRICE_CLOSE, i);
      ExtMapBuffer4[i]=iMA (NULL, 0, 10, 0, MODE_EMA, PRICE_CLOSE, i);
      ExtMapBuffer5[i]=iMA (NULL, 0, 12, 0, MODE_EMA, PRICE_CLOSE, i);
      ExtMapBuffer6[i]=iMA (NULL, 0, 15, 0, MODE_EMA, PRICE_CLOSE, i);
    }
```

```
   return （0）；
   }
//+---------------------------------------------------------------+
```

GMMAlong.mq4 源代码：

```
#property indicator_chart_window
#property indicator_buffers 6
#property indicator_color1 Blue
#property indicator_color2 Blue
#property indicator_color3 Blue
#property indicator_color4 Blue
#property indicator_color5 Blue
#property indicator_color6 Blue


//---- buffers
double ExtMapBuffer1 [ ]；
double ExtMapBuffer2 [ ]；
double ExtMapBuffer3 [ ]；
double ExtMapBuffer4 [ ]；
double ExtMapBuffer5 [ ]；
double ExtMapBuffer6 [ ]；


//+---------------------------------------------------------------+
//| Custom indicator initialization function                      |
//+---------------------------------------------------------------+
int init （）
   {
//---- indicators
   SetIndexStyle （0，DRAW_LINE）；
```

```
    SetIndexBuffer（0，ExtMapBuffer1）;
    SetIndexStyle（1，DRAW_LINE）;
    SetIndexBuffer（1，ExtMapBuffer2）;
    SetIndexStyle（2，DRAW_LINE）;
    SetIndexBuffer（2，ExtMapBuffer3）;
    SetIndexStyle（3，DRAW_LINE）;
    SetIndexBuffer（3，ExtMapBuffer4）;
    SetIndexStyle（4，DRAW_LINE）;
    SetIndexBuffer（4，ExtMapBuffer5）;
    SetIndexStyle（5，DRAW_LINE）;
    SetIndexBuffer（5，ExtMapBuffer6）;
//----
    return（0）;
    }


int deinit（）
    {
    return（0）;
    }


int start（）
    {
    int i，j，limit，counted_bars=IndicatorCounted（）;

    if（counted_bars<0）return（-1）;
    if（counted_bars>0）counted_bars--;
    limit=Bars-counted_bars;

    for（i=0；i<limit；i++）{
        ExtMapBuffer1[i]=iMA（NULL，0，30，0，MODE_EMA，PRICE_CLOSE，i）;
        ExtMapBuffer2[i]=iMA（NULL，0，35，0，MODE_EMA，PRICE_CLOSE，i）;
```

```
        ExtMapBuffer3[i]=iMA (NULL, 0, 40, 0, MODE_EMA, PRICE_CLOSE, i);
        ExtMapBuffer4[i]=iMA (NULL, 0, 45, 0, MODE_EMA, PRICE_CLOSE, i);
        ExtMapBuffer5[i]=iMA (NULL, 0, 50, 0, MODE_EMA, PRICE_CLOSE, i);
        ExtMapBuffer6[i]=iMA (NULL, 0, 60, 0, MODE_EMA, PRICE_CLOSE, i);
     }


   return (0);
  }
//+------------------------------------------------------------+
```

live charts with fibo pivots.mq4 源代码：

```
#property indicator_chart_window
#property indicator_buffers 1
#property indicator_color1 EMPTY


extern bool pivots = false;
extern bool camarilla = true;
extern bool midpivots = false;
extern int MyPeriod = PERIOD_D1;
/*+------------------------------------------------------------+
  MyPeriod = Period in minutes to consideration, could be:
  1440 for D1
  60 for H1
  240 for H4
  1 for M1
  15 for M15
  30 for M30
  5 for M5
  43200 for MN1
  10080 for W1
  +------------------------------------------------------------*/
```

```
        double R=0;
        double day_high=0;
        double day_low=0;
        double yesterday_high=0;
        double yesterday_open=0;
        double yesterday_low=0;
        double yesterday_close=0;
        double today_open=0;
        double today_high=0;
        double today_low=0;
        double r2=0;
        double r1=0;
        double p=0;
        double s1=0;
        double s2=0;
        double s3=0;
        double r3=0;
        double P=0;
        double Q=0;
        double R1，R2，R3;
        double M0，M1，M2，M3，M4，M5;
        double S1，S2，S3;
        double H4，H3，L4，L3;
        double nQ=0;
        double nD=0;
        double D=0;
        double rates_d1［2］［6］;
        double ExtMapBuffer1［］;
        //+------------------------------------------------------------------+
        //| Custom indicator initialization function |
```

```
//+------------------------------------------------------------------+
int init ( )
{
IndicatorBuffers (4) ;
SetIndexStyle (0, DRAW_ARROW) ;
SetIndexArrow (0, 159) ;
SetIndexBuffer (0, ExtMapBuffer1) ;


//---- indicators
R1=0; R2=0; R3=0;
M0=0; M1=0; M2=0; M3=0; M4=0; M5=0;
S1=0; S2=0; S3=0;
H4=0; H3=0; L4=0; L3=0;
r2=0; r1=0; p=0; s1=0; s2=0; s3=0; r3=0;


//----
return (0) ;
}
//+------------------------------------------------------------------+
//| Custor indicator deinitialization function |
//+------------------------------------------------------------------+
int deinit ( )
{
//---- TODO: add your code here
ObjectDelete ("r1 Label") ;
ObjectDelete ("r1 Line") ;
ObjectDelete ("r2 Label") ;
ObjectDelete ("r2 Line") ;
ObjectDelete ("r3 Label") ;
ObjectDelete ("r3 Line") ;
ObjectDelete ("r1 Label") ;
```

```
    ObjectDelete ("r1 Line");
    ObjectDelete ("r2 Label");
    ObjectDelete ("r2 Line");
    ObjectDelete ("r3 Label");
    ObjectDelete ("r3 Line");
    ObjectDelete ("R1 Label");
    ObjectDelete ("R1 Line");
    ObjectDelete ("R2 Label");
    ObjectDelete ("R2 Line");
    ObjectDelete ("R3 Label");
    ObjectDelete ("R3 Line");
    ObjectDelete ("S1 Label");
    ObjectDelete ("S1 Line");
    ObjectDelete ("S2 Label");
    ObjectDelete ("S2 Line");
    ObjectDelete ("S3 Label");
    ObjectDelete ("S3 Line");
    ObjectDelete ("P Label");
    ObjectDelete ("P Line");
    ObjectDelete ("H4 Label");
    ObjectDelete ("H4 Line");
    ObjectDelete ("H3 Label");
    ObjectDelete ("H3 Line");
    ObjectDelete ("L3 Label");
    ObjectDelete ("L3 Line");
    ObjectDelete ("L4 Label");
    ObjectDelete ("L4 Line");
    ObjectDelete ("M5 Label");
    ObjectDelete ("M5 Line");
    ObjectDelete ("M4 Label");
    ObjectDelete ("M4 Line");
```

```
ObjectDelete ("M3 Label");
ObjectDelete ("M3 Line");
ObjectDelete ("M2 Label");
ObjectDelete ("M2 Line");
ObjectDelete ("M1 Label");
ObjectDelete ("M1 Line");
ObjectDelete ("M0 Label");
ObjectDelete ("M0 Line");
//----
return (0);
}
//+--------------------------------------------------------------+
//| Custom indicator iteration function |
//+--------------------------------------------------------------+
int start ()
{

//---- TODO: add your code here

//---- exit if period is greater than daily charts
if (Period () > 1440)
{
Print ("Error-Chart period is greater than 1 day.");
return (-1); // then exit
}

//---- Get new daily prices

ArrayCopyRates (rates_d1, Symbol (), MyPeriod);

yesterday_close = rates_d1 [1] [4];
```

```
yesterday_open = rates_d1 [1] [1];
today_open = rates_d1 [0] [1];
yesterday_high = rates_d1 [1] [3];
yesterday_low = rates_d1 [1] [2];
day_high = rates_d1 [0] [3];
day_low = rates_d1 [0] [2];


//----Calculate Pivots


R = yesterday_high－yesterday_low; //range
p = (yesterday_high + yesterday_low + yesterday_close) / 3; // Standard Pivot
r1 = p + (R*0.38);
r2 = p + (R*0.62);
r3 = p + (R*0.99);
s1 = p － (R*0.38);
s2 = p － (R*0.62);
s3 = p － (R*0.99);
D = (day_high－day_low);
Q = (yesterday_high－yesterday_low);
P = (yesterday_high+yesterday_low+yesterday_close) /3;
R1 = (2*P) －yesterday_low;
S1 = (2*P) －yesterday_high;
R2 = P + (yesterday_high－yesterday_low);
S2 = P － (yesterday_high－yesterday_low);


R3 = (2*P) + (yesterday_high－ (2*yesterday_low));
M5 = (R2+R3) /2;
//R2=P-S1+R1;
M4 = (R1+R2) /2;
//R1 = (2*P) －yesterday_low;
M3 = (P+R1) /2;
```

//P =（yesterday_high+yesterday_low+yesterday_close）/3；

M2=（P+S1）/2；

//S1=（2*P）−yesterday_high；

M1=（S1+S2）/2；

//S2=P−R1+S1；

S3=（2*P）−（（2*yesterday_high）−yesterday_low）；

M0=（S2+S3）/2；

if（Q>5）

{

nQ=Q；

}

else

{

nQ=Q*10000；

}

if（D>5）

{

nD=D；

}

else

{

nD=D*10000；

}

Comment（" High = "， yesterday_high," Previous DaysRange = "， nQ," \nLow = "，
yesterday_low,"CurrentDaysRange=", nD,"\nClose=", yesterday_close）；

//−−−− Set line labels on chart window

```
//———— Pivot Lines
if (pivots==true)
{
if (ObjectFind ("R1 label") ! = 0)
{
ObjectCreate ("R1 label", OBJ_TEXT, 0, Time [0], R1);
ObjectSetText ("R1 label","R1", 8,"Arial", EMPTY);
}
else
{
ObjectMove ("R1 label", 0, Time [0], R1);
}

if (ObjectFind ("R2 label") ! = 0)
{
ObjectCreate ("R2 label", OBJ_TEXT, 0, Time [20], R2);
ObjectSetText ("R2 label","R2", 8,"Arial", EMPTY);
}
else
{
ObjectMove ("R2 label", 0, Time [20], R2);
}

if (ObjectFind ("R3 label") ! = 0)
{
ObjectCreate ("R3 label", OBJ_TEXT, 0, Time [20], R3);
ObjectSetText ("R3 label","R3", 8,"Arial", EMPTY);
}
else
{
```

```
ObjectMove ("R3 label", 0, Time [20], R3);
}


if (ObjectFind ("P label")! = 0)
{
ObjectCreate ("P label", OBJ_TEXT, 0, Time [0], P);
ObjectSetText ("P label","Pivot" +DoubleToStr (P, 4), 8,"Arial",
EMPTY);
}
else
{
ObjectMove ("P label", 0, Time [0], P);
}


if (ObjectFind ("S1 label")! = 0)
{
ObjectCreate ("S1 label", OBJ_TEXT, 0, Time [0], S1);
ObjectSetText ("S1 label","S1", 8,"Arial", EMPTY);
}
else
{
ObjectMove ("S1 label", 0, Time [0], S1);
}


if (ObjectFind ("S2 label")! = 0)
{
ObjectCreate ("S2 label", OBJ_TEXT, 0, Time [20], S2);
ObjectSetText ("S2 label","S2", 8,"Arial", EMPTY);
}
else
{
```

```
ObjectMove ("S2 label", 0, Time [20], S2);
}


if (ObjectFind ("S3 label")! = 0)
{
ObjectCreate ("S3 label", OBJ_TEXT, 0, Time [20], S3);
ObjectSetText ("S3 label","S3", 8,"Arial", EMPTY);
}
else
{
ObjectMove ("S3 label", 0, Time [20], S3);
}


//--- Draw Pivot lines on chart
if (ObjectFind ("S1 line")! = 0)
{
ObjectCreate ("S1 line", OBJ_HLINE, 0, Time [40], S1);
ObjectSet ("S1 line", OBJPROP_STYLE, STYLE_DASHDOTDOT);
ObjectSet ("S1 line", OBJPROP_COLOR, MidnightBlue);
}
else
{
ObjectMove ("S1 line", 0, Time [40], S1);
}


if (ObjectFind ("S2 line")! = 0)
{
ObjectCreate ("S2 line", OBJ_HLINE, 0, Time [40], S2);
ObjectSet ("S2 line", OBJPROP_STYLE, STYLE_DASHDOTDOT);
ObjectSet ("S2 line", OBJPROP_COLOR, MidnightBlue);
}
```

```
else
{
ObjectMove ("S2 line", 0, Time [40], S2);
}


if (ObjectFind ("S3 line")! = 0)
{
ObjectCreate ("S3 line", OBJ_HLINE, 0, Time [40], S3);
ObjectSet ("S3 line", OBJPROP_STYLE, STYLE_DASHDOTDOT);
ObjectSet ("S3 line", OBJPROP_COLOR, MidnightBlue);
}
else
{
ObjectMove ("S3 line", 0, Time [40], S3);
}


if (ObjectFind ("P line")! = 0)
{
ObjectCreate ("P line", OBJ_HLINE, 0, Time [40], P);
ObjectSet ("P line", OBJPROP_STYLE, STYLE_DOT);
ObjectSet ("P line", OBJPROP_COLOR, YellowGreen);
}
else
{
ObjectMove ("P line", 0, Time [40], P);
}


if (ObjectFind ("R1 line")! = 0)
{
ObjectCreate ("R1 line", OBJ_HLINE, 0, Time [40], R1);
ObjectSet ("R1 line", OBJPROP_STYLE, STYLE_DASHDOTDOT);
```

```
ObjectSet ("R1 line", OBJPROP_COLOR, FireBrick);
}
else
{
ObjectMove ("R1 line", 0, Time [40], R1);
}


if (ObjectFind ("R2 line")! = 0)
{
ObjectCreate ("R2 line", OBJ_HLINE, 0, Time [40], R2);
ObjectSet ("R2 line", OBJPROP_STYLE, STYLE_DASHDOTDOT);
ObjectSet ("R2 line", OBJPROP_COLOR, FireBrick);
}
else
{
ObjectMove ("R2 line", 0, Time [40], R2);
}


if (ObjectFind ("R3 line")! = 0)
{
ObjectCreate ("R3 line", OBJ_HLINE, 0, Time [40], R3);
ObjectSet ("R3 line", OBJPROP_STYLE, STYLE_DASHDOTDOT);
ObjectSet ("R3 line", OBJPROP_COLOR, FireBrick);
}
else
{
ObjectMove ("R3 line", 0, Time [40], R3);
}
}
//---- End of Pivot Line Draw
```

```
//－－－－－ Camarilla Lines

if (camarilla==true)
{
if (ObjectFind ("H4 label")！= 0)
{
ObjectCreate ("H4 label", OBJ_TEXT, 0, Time [20], H4);
ObjectSetText ("H4 label","H4", 8,"Arial", EMPTY);
}
else
{
ObjectMove ("H4 label", 0, Time [20], H4);
}


if (ObjectFind ("H3 label")！= 0)
{
ObjectCreate ("H3 label", OBJ_TEXT, 0, Time [20], H3);
ObjectSetText ("H3 label","H3", 8,"Arial", EMPTY);
}
else
{
ObjectMove ("H3 label", 0, Time [20], H3);
}


if (ObjectFind ("R1 label")！= 0)
{
ObjectCreate ("R1 label", OBJ_TEXT, 0, Time [20], r1);
ObjectSetText ("R1 label","Fib R1", 8,"Arial", White);
}
else
```

```
{
ObjectMove（"R1 label", 0, Time［20］, r1）;
}


if（ObjectFind（"R2 label"）!＝0）
{
ObjectCreate（"R2 label", OBJ_TEXT, 0, Time［20］, r2）;
ObjectSetText（"R2 label","Fib R2", 8,"Arial", White）;
}
else
{
ObjectMove（"R2 label", 0, Time［20］, r2）;
}


if（ObjectFind（"R3 label"）!＝0）
{
ObjectCreate（"R3 label", OBJ_TEXT, 0, Time［20］, r3）;
ObjectSetText（"R3 label","Fib R3", 8,"Arial", White）;
}
else
{
ObjectMove（"R3 label", 0, Time［20］, r3）;
}


if（ObjectFind（"P label"）!＝0）
{
ObjectCreate（"P label", OBJ_TEXT, 0, Time［20］, p）;
ObjectSetText（"P label","Pivot", 8,"Arial", White）;
}
else
{
```

```
ObjectMove ("P label", 0, Time [20], p);
}


if (ObjectFind ("S1 label")! = 0)
{
ObjectCreate ("S1 label", OBJ_TEXT, 0, Time [20], s1);
ObjectSetText ("S1 label","Fib S1", 8,"Arial", White);
}
else
{
ObjectMove ("S1 label", 0, Time [20], s1);
}


if (ObjectFind ("S2 label")! = 0)
{
ObjectCreate ("S2 label", OBJ_TEXT, 0, Time [20], s2);
ObjectSetText ("S2 label","Fib S2", 8,"Arial", White);
}
else
{
ObjectMove ("S2 label", 0, Time [20], s2);
}


if (ObjectFind ("S3 label")! = 0)
{
ObjectCreate ("S3 label", OBJ_TEXT, 0, Time [20], s3);
ObjectSetText ("S3 label","Fib S3", 8,"Arial", White);
}
else
{
ObjectMove ("S3 label", 0, Time [20], s3);
```

```
}

//———— Set lines on chart window

if (ObjectFind ("S1 line")! = 0)
{
ObjectCreate ("S1 line", OBJ_HLINE, 0, Time [40], s1);
ObjectSet ("S1 line", OBJPROP_STYLE, STYLE_DASHDOTDOT);
ObjectSet ("S1 line", OBJPROP_COLOR, Sienna);
}
else
{
ObjectMove ("S1 line", 0, Time [40], s1);
}

if (ObjectFind ("S2 line")! = 0)
{
ObjectCreate ("S2 line", OBJ_HLINE, 0, Time [40], s2);
ObjectSet ("S2 line", OBJPROP_STYLE, STYLE_DASHDOTDOT);
ObjectSet ("S2 line", OBJPROP_COLOR, Sienna);
}
else
{
ObjectMove ("S2 line", 0, Time [40], s2);
}

if (ObjectFind ("S3 line")! = 0)
{
ObjectCreate ("S3 line", OBJ_HLINE, 0, Time [40], s3);
ObjectSet ("S3 line", OBJPROP_STYLE, STYLE_DASHDOTDOT);
ObjectSet ("S3 line", OBJPROP_COLOR, Sienna);
```

```
}
else
{
ObjectMove ("S3 line", 0, Time [40], s3);
}


if (ObjectFind ("P line")! = 0)
{
ObjectCreate ("P line", OBJ_HLINE, 0, Time [40], p);
ObjectSet ("P line", OBJPROP_STYLE, STYLE_DASHDOTDOT);
ObjectSet ("P line", OBJPROP_COLOR, YellowGreen);
}
else
{
ObjectMove ("P line", 0, Time [40], p);
}


if (ObjectFind ("R1 line")! = 0)
{
ObjectCreate ("R1 line", OBJ_HLINE, 0, Time [40], r1);
ObjectSet ("R1 line", OBJPROP_STYLE, STYLE_DASHDOTDOT);
ObjectSet ("R1 line", OBJPROP_COLOR, Sienna);
}
else
{
ObjectMove ("R1 line", 0, Time [40], r1);
}


if (ObjectFind ("R2 line")! = 0)
{
ObjectCreate ("R2 line", OBJ_HLINE, 0, Time [40], r2);
```

```
ObjectSet ("R2 line", OBJPROP_STYLE, STYLE_DASHDOTDOT);

ObjectSet ("R2 line", OBJPROP_COLOR, Sienna);

}

else

{

ObjectMove ("R2 line", 0, Time [40], r2);

}


if (ObjectFind ("R3 line")! = 0)

{

ObjectCreate ("R3 line", OBJ_HLINE, 0, Time [40], r3);

ObjectSet ("R3 line", OBJPROP_STYLE, STYLE_DASHDOTDOT);

ObjectSet ("R3 line", OBJPROP_COLOR, Sienna);

}

else

{

ObjectMove ("R3 line", 0, Time [40], r3);

}


if (ObjectFind ("L3 label")! = 0)

{

ObjectCreate ("L3 label", OBJ_TEXT, 0, Time [20], L3);

ObjectSetText ("L3 label","L3", 8,"Arial", EMPTY);

}

else

{

ObjectMove ("L3 label", 0, Time [20], L3);

}


if (ObjectFind ("L4 label")! = 0)

{
```

```
ObjectCreate ("L4 label", OBJ_TEXT, 0, Time [20], L4);
ObjectSetText ("L4 label","L4", 8,"Arial", EMPTY);
}
else
{
ObjectMove ("L4 label", 0, Time [20], L4);
}


//---- Draw Camarilla lines on Chart
if (ObjectFind ("H4 line")! = 0)
{
ObjectCreate ("H4 line", OBJ_HLINE, 0, Time [40], H4);
ObjectSet ("H4 line", OBJPROP_STYLE, STYLE_DASHDOTDOT);
ObjectSet ("H4 line", OBJPROP_COLOR, MediumBlue);
}
else
{
ObjectMove ("H4 line", 0, Time [40], H4);
}


if (ObjectFind ("H3 line")! = 0)
{
ObjectCreate ("H3 line", OBJ_HLINE, 0, Time [40], H3);
ObjectSet ("H3 line", OBJPROP_STYLE, STYLE_DASHDOTDOT);
ObjectSet ("H3 line", OBJPROP_COLOR, MediumBlue);
}
else
{
ObjectMove ("H3 line", 0, Time [40], H3);
}
```

```
if (ObjectFind ("L3 line")！= 0)

{

ObjectCreate ("L3 line", OBJ_HLINE, 0, Time [40], L3);

ObjectSet ("L3 line", OBJPROP_STYLE, STYLE_DASHDOTDOT);

ObjectSet ("L3 line", OBJPROP_COLOR, MediumBlue);

}

else

{

ObjectMove ("L3 line", 0, Time [40], L3);

}


if (ObjectFind ("L4 line")！= 0)

{

ObjectCreate ("L4 line", OBJ_HLINE, 0, Time [40], L4);

ObjectSet ("L4 line", OBJPROP_STYLE, STYLE_DASHDOTDOT);

ObjectSet ("L4 line", OBJPROP_COLOR, MediumBlue);

}

else

{

ObjectMove ("L4 line", 0, Time [40], L4);

}

}

//-------End of Draw Camarilla Lines


//------ Midpoints Pivots


if (midpivots==true)

{


if (ObjectFind ("M5 label")！= 0)

{
```

```
ObjectCreate ("M5 label", OBJ_TEXT, 0, Time [20], M5);
ObjectSetText ("M5 label","M5", 8,"Arial", EMPTY);
}
else
{
ObjectMove ("M5 label", 0, Time [20], M5);
}


if (ObjectFind ("M4 label")! = 0)
{
ObjectCreate ("M4 label", OBJ_TEXT, 0, Time [20], M4);
ObjectSetText ("M4 label","M4", 8,"Arial", EMPTY);
}
else
{
ObjectMove ("M4 label", 0, Time [20], M4);
}


if (ObjectFind ("M3 label")! = 0)
{
ObjectCreate ("M3 label", OBJ_TEXT, 0, Time [20], M3);
ObjectSetText ("M3 label","M3", 8,"Arial", EMPTY);
}
else
{
ObjectMove ("M3 label", 0, Time [20], M3);
}


if (ObjectFind ("M2 label")! = 0)
{
ObjectCreate ("M2 label", OBJ_TEXT, 0, Time [20], M2);
```

```
ObjectSetText ("M2 label","M2", 8,"Arial", EMPTY);
}
else
{
ObjectMove ("M2 label", 0, Time [20], M2);
}


if (ObjectFind ("M1 label")! = 0)
{
ObjectCreate ("M1 label", OBJ_TEXT, 0, Time [20], M1);
ObjectSetText ("M1 label","M1", 8,"Arial", EMPTY);
}
else
{
ObjectMove ("M1 label", 0, Time [20], M1);
}


if (ObjectFind ("M0 label")! = 0)
{
ObjectCreate ("M0 label", OBJ_TEXT, 0, Time [20], M0);
ObjectSetText ("M0 label","M0", 8,"Arial", EMPTY);
}
else
{
ObjectMove ("M0 label", 0, Time [20], M0);
}


//---- Draw Midpoint Pivots on Chart
if (ObjectFind ("M5 line")! = 0)
{
ObjectCreate ("M5 line", OBJ_HLINE, 0, Time [40], M5);
```

```
ObjectSet ("M5 line", OBJPROP_STYLE, STYLE_DASHDOTDOT);

ObjectSet ("M5 line", OBJPROP_COLOR, DimGray);

}

else

{

ObjectMove ("M5 line", 0, Time [40], M5);

}


if (ObjectFind ("M4 line")! = 0)

{

ObjectCreate ("M4 line", OBJ_HLINE, 0, Time [40], M4);

ObjectSet ("M4 line", OBJPROP_STYLE, STYLE_DASHDOTDOT);

ObjectSet ("M4 line", OBJPROP_COLOR, DimGray);

}

else

{

ObjectMove ("M4 line", 0, Time [40], M4);

}


if (ObjectFind ("M3 line")! = 0)

{

ObjectCreate ("M3 line", OBJ_HLINE, 0, Time [40], M3);

ObjectSet ("M3 line", OBJPROP_STYLE, STYLE_DASHDOTDOT);

ObjectSet ("M3 line", OBJPROP_COLOR, DimGray);

}

else

{

ObjectMove ("M3 line", 0, Time [40], M3);

}


if (ObjectFind ("M2 line")! = 0)
```

```
{
ObjectCreate ("M2 line", OBJ_HLINE, 0, Time [40], M2);
ObjectSet ("M2 line", OBJPROP_STYLE, STYLE_DASHDOTDOT);
ObjectSet ("M2 line", OBJPROP_COLOR, DimGray);
}
else
{
ObjectMove ("M2 line", 0, Time [40], M2);
}


if (ObjectFind ("M1 line")! = 0)
{
ObjectCreate ("M1 line", OBJ_HLINE, 0, Time [40], M1);
ObjectSet ("M1 line", OBJPROP_STYLE, STYLE_DASHDOTDOT);
ObjectSet ("M1 line", OBJPROP_COLOR, DimGray);
}
else
{
ObjectMove ("M1 line", 0, Time [40], M1);
}


if (ObjectFind ("M0 line")! = 0)
{
ObjectCreate ("M0 line", OBJ_HLINE, 0, Time [40], M0);
ObjectSet ("M0 line", OBJPROP_STYLE, STYLE_DASHDOTDOT);
ObjectSet ("M0 line", OBJPROP_COLOR, DimGray);
}
else
{
ObjectMove ("M0 line", 0, Time [40], M0);
}
```

```
}
//----End of Midpoint Pivots Draw


//---- End of Program
return （0）;
}
//+------------------------------------------------------------+
```

　　关于 MT4.0 软件指标载入的方法请参考网上相关文章和附录 3 的使用指南，本书的方法并不保证你能够获利，任何成功的交易方法都是符合交易者本身特点的方法，任何书本知识都不能代替真正的实践。另外，需要申明的是：我们不接受社会资金，不代客理财，不推荐平台，不提人工交易指令，所以请不要就以上问题向我们发送电邮，任何提供上述服务的机构与人士都与我们无关，我们也不愿意提供这些服务，我们致力于交易哲学和交易绩效的进步，在使用本书提供的交易技术时，请遵守所在地的法律和法规。

常见使用疑问解答

本书出版以后得到了广大黄金交易者的广泛认可，同时也有不少读者来信就学习和运用本书策略提出问题。现在就几个普遍的问题给出解答，以便大家更准确地把握本书的精髓，进而真正达到进行高期望值交易的终极目标。

1. 看了你的书，感觉很实用。我是做纸金的，对其中的 H4 进出场交易部分内容，结合实际 MT4 图看，布林带设置为（13，0，1.5）感觉效果好些，不知道你以为如何？

回答：纸黄金杠杆要相对较低，因此采纳 4 小时交易策略要适合一些，关于布林带参数的设置每个人的习惯不一样，与个人的风险管理风格和对市场的判断有关，最终还需要接受市场的长期检验，建议继续观察其效果，可以通过程序进行验证。

2. 您好，我看了您的《黄金高胜算交易》一书，认为书中所提供的交易方法非常有用！我想进行实践，却发现 MT4 无法看黄金行情，不知从何入手，请指教！

回答：可以从网上搜索带有黄金行情的 MT4 服务器地址，然后按照《外汇交易进阶》提供的方法进行服务器更换。

3.《黄金高胜算交易》这本书的配套指标我都全部下载了，不过其中一个"核心点斐波那契线"的指标在实际运用当中貌似和书中的有些区别：书中的是带有折线的实时水平线，但是我下载的却没有看到折线。难道要修改源代码吗？请高手直接告知如何修改。（我是国家级程序员）

回答：提供下载的这个斐波那契指标是静态的，只显示当天的斐波那契枢纽点位，可以从互联网或者 MT4 软件自带的"软件图书馆"搜索其他类似指标，其中就包括了你想要的类型。

4.《黄金高胜算交易》当中布林带的指标可否重新设置为（25，2）或（20，2）？原书中的参数为（13，1.618）我感觉用书中的参数太敏感了。大家设置为（25，2）或

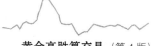

（20，2）试一下效果怎么样，如果有心得别忘了发上来讨论啊。

回答：布林带在该系统中作收敛和发散的形态判断，只要你设置的布林参数能比较好地反映相应形态都是可以的。（论坛成员作答）

5. 我已经下载了MT4软件并将书中的那些技术指标全部安装完毕，但是在MT4中无法查看到上海黄金T＋D的数据，那么该如何使用书中所述的方法呢？盼望版主能释疑，不胜感激。我现在使用的是中国黄金投资网的黄金现货行情分析系统，能否把这些指标移植到这个系统里面呢？

回答：MT4都是国际的，看不到T＋D的，但是价格换算后差不了多少，一般我用伦敦金的金价×0.2186就是了。（论坛成员作答）

6. 高胜算里的1小时和4小时矛盾时怎么操作？按照哪一个来走？

回答：两个系统是独立的，如果你要合着使用，那就要创造新的规则。

7.《黄金高胜算交易》提到可以将布林轨参数设置成（13，0，1.618），1.618已经到小数点3位，没办法直接这样设置，请问有什么办法？

回答：参数为（13，0，1.618）的布林带，通过自定义指标中的bands.mq4设置。

8. 请教：《黄金高胜算交易》1小时图交易理论是否能用到外汇上？1小时图交易理论和4小时图交易理论是否能用到股票上？谢谢。

回答：这个还没有尝试过，更没有做进一步的统计检验，不过"势、位、态"的思维是一样的。

9. 在《黄金高胜算交易》中关于出场信号的45度线该怎样确定？因为随着蜡烛线的放大缩小45度角会随着变化啊，不知该怎样确定好？

回答：这个吸收了江恩理论其中的一个精髓，不过毕竟是一个辅助手段，用来识别可能的乖离和回调而已，掌握其目的即可，不必拘泥于形式。

10.《黄金高胜算交易》里的参数（顾比复合移动均线、斐波那契、布林带）适用于白银吗？

回答：你可以自己亲自调试的，按照原来的参数进行测试，同时还可以根据自己的经验对参数进行几个变动测试，看看哪个结果更能适合你的交易模式，从而引导你稳定盈利。（资深读者作答）

11. Stoch指标默认参数是（9，4，4），书上好像是（5，3，3），请问怎样设置才更好？

回答：（5，3，3）是灵敏的指标参数，不过有利也有弊。（资深读者作答）

12.《黄金高胜算交易》当中布林带的指标可否设置为（25，2）？原书中的参数为

（13，1.618），我感觉用书中的参数太敏感了。

回答：书中主要是针对做短线而言的，所以对灵敏度就要求高些。布林带在该系统中作收敛和发散的形态判断，只要你设置的布林参数能比较好地反映这个形态都是可以的（资深读者作答）。

13. 在《黄金高胜算交易》中关于出场信号的 45 度线该怎样确定？程序如何实现？

回答：我个人认为没有必要那么教条。我个人理解是：在高胜算中 45 度线应该是由你买入位置为起点，到最高价格 K 线的收盘价为终点，两者的连线与水平方向的夹角（资深读者作答）。

14. 我才看了《黄金高胜算交易》，昨天晚上试着用其中的 1 小时分析理论进行操作，我是做纸黄金的，但是尝试的结果却正好和我分析的相反。顾比均线在前面的交叉后，出现回档，然后布林带收口，斐波那契中轴线适离，蜡烛线出现短线，随机指标过度。按照理论，顾比均线回档、布林线收口、随机指标过度、菲那纳奇轴线适离、蜡烛线短小，我在 936 附近介入（见附图 2-1），可随后怎么就跌得这么厉害呢（见附图 2-2）。附图 2-3 可能更清楚一些。

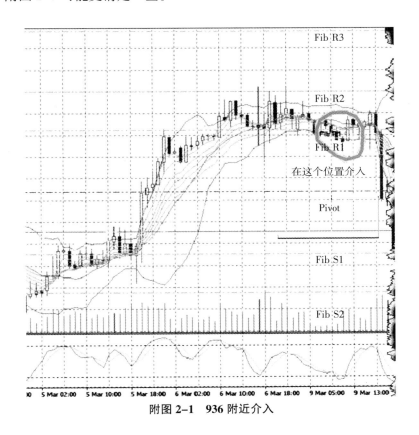

附图 2-1　936 附近介入

附图 2-2　走势出乎提问者的意料

附图 2-3　更加直观的交易过程

　　回答：从技术分析的角度看，楼主的这笔交易存在一些问题。在楼主交易时段，我也截了相关的图形。下面是我对交易的一些分析过程，和大家一起探讨一下。从 1 小时图看（见附图 2-4）：

　　（1）进场的位置曾出现黑三兵的 K 线形态，预示后市可能有下跌的风险。虽然最后收了一个十字星，并随后出现一根较大阳线，但此时均线已经走坏，10 小时线下穿 20 小时线出现死叉。

　　（2）此时的随机指标（参数 8，5，5）却收出金叉，与均线信号不一致。

　　（3）此时的布林通道处于盘整收窄阶段，此时预示多空双方力量平衡，行情有可能往某一方向突破。

　　分析：由于均线信号与随机指标信号不一致，加上布林通道收窄，显示金价方向不明，应当等待方向明确才能进场。此时，为了印证我们的观点，可以把时间周期切换到更大的周期观察，因而我们选择了 4 小时图（见附图 2-5）。从 4 小时图看（见圆圈处）：

（1）金价仍在 10 期线之上，但已经开始非常接近 10 期线，显示后市有可能考验 10 期线的支撑能力。

（2）随机指标在超买区已经出现死叉并逐步走低。

分析：依据三重时间架构的原理，我们在 1 小时图进行交易时，就应在其更大级别的 4 小时图中观察趋势方向，此时的随机指标出现死叉并不能为我们对金价的后市价格继续看涨带来十足的信心，再加上纸黄金也只有做多才能获得，因而我们应当选择等待。

综上所述，楼主此次交易的问题在于在方向未明时过早进场做多。其实，很多时候在交易时并不需要太多复杂的指标或均线系统。大道至简，很多简单的方法（如两条均线+一个随机指标）在交易中使用已经足够了。在交易的过程中，我们一定要注意在不同周期的观察比对，如果希望在 1 小时图中操作，则应以 1 小时图作为操作的依据，配合大周期定方向（看 4 小时图），中周期定进场时间（看 1 小时图），小周期选买卖点（看 15 分钟图），再加上指标和均线系统的合理使用，交易的胜率就定能提高。

附图 2-4　1 小时走势（两条竖线之间为楼主的开仓位）

附图 2-5　4 小时走势（两条竖线对应 1 小时图区间）

其实，这本书中说的最浅显实用的是 4 小时交易方法：配合布林带、K 线形态。这个方法简单实用也有效。毕竟周期越长，屏蔽的假信号越多，越接近真相。当然同时也要参考更长的周期图来鉴别。(资深读者和交易者 xjx 和赦敌作答)

15. 我下载了斐波那契混合轴心点指标，然后安装出来一个 MetaEditor 页面，但是在我的交易软件上找不到这个指标，这是怎么一回事？下载的指标怎么能在交易软件上找到啊？请帮我解答一下，十分感谢！

回答：按照下面几幅图（见附图 2-6 至附图 2-8）的示范操作即可（资深读者tempasdf 作答）。

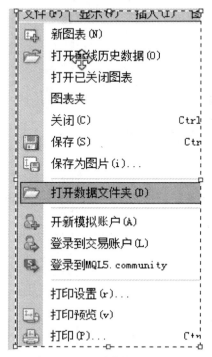

附图 2-6　寻找指标流程（1）

附图 2-7　寻找指标流程（2）

附图 2-8　寻找指标流程（3）

16. 拜读了您的大作《黄金高胜算交易》，让我整个交易的绩效突飞猛进，也让我对您的系列书籍的知识更能融会贯通。我一直对"势、位、态"这三方面有所疑虑，直到读完这本书之后就明白了。想请问版主或是其他朋友，《黄金高胜算交易》一书所提到的 1 小时理论是否可运用在 M5 或 M15？这样的交易对于日内交易者来说是否可行（中国台湾读者 dallaswang1970）？

回答：一个成功的系统，一定是基于特定的品种和特定的周期，甚至特定的时间段；要对这些前提做改变，就需要做大量和长期的测试和改变，否则，系统必然失败。（资深读者 tianyayw 作答）

17. 本人刚刚接触 MT4 黄金软件，并下载了《黄金高胜算交易》中的一些公式，但不知怎么引入？敬请老师赐教。

回答：按照如下步骤引入公式代码：

（1）打开 MT4 系统单击"黄色"键，打开 Meta Editor 窗口。

（2）选择打开，找到 MQ4 文件，并打开，设定好参数后，单击编译键。

（3）将 MQ4 文件及编译生成的 *.ex4 文件一同拷贝到 C：\Program Files\Trader（即 MT4）\experts\indicators 之下。

（4）重新启动 MT4 交易系统，并在自定义指标下双击编译的文件，即可使用。（资深读者 xiaol66 作答）

18.《黄金高胜算交易》当中两个系统的运用有什么需要注意的盲点？

回答：对魏老师的理念，尤其是"势、位、态"三维和"收敛—发散"二元感触

颇深。但应用于具体交易来说，还有很多盲点。

（1）1小时策略明显适用于趋势，在震荡中效果和获利一般，而4小时比较适用于震荡。

（2）轴心点混合斐波那契我感觉这个条件限制性一般，想想看，如果顾比均线出现回档加上KD指标的超买，基本上轴心点这个条件就满足了。

（3）1小时策略对欧系货币尤其好使。因为布林收口可以在欧系亚盘中得到很好的体现，而日元就不太好判别布林收口，所以我一直在做欧系货币。

（4）最致命的是总会遇到1小时策略和4小时策略互相矛盾的信号，让人很纠结，不知道该多还是空。我想不只是小趋势顺应大趋势一说。很多次4小时的反转信号由于出现在亚盘，都不是很稳定。你想两根K线，实体不过30点，在亚盘震荡出现个覆盖，能说明多大问题，重要的是欧洲一开盘，你不知道到底要往什么地方走。（资深读者"小心面很烫"作答）

19.《黄金高胜算交易》大家都学到了什么？

回答：读过魏老师的《黄金高胜算交易》后，受益不小啊！感谢魏老师！个人总结本书对本人的帮助有以下几点：第一，通过图文讲解，为我这样的新手提供了一个好的高胜算交易系统，为我提供了一个非常高的起点和坚实的基础。指引了一个明确的方向啊！再次感谢魏老师的分享！本书我个人感觉重要的不在这套交易系统本身，而是超越本系统的一个交易理念和策略。比如三屏过滤、布林收口、K线形态在交易活动中的运用等！第二，我一直对布林带的运用很迷茫，不知此有何用，看了魏老师的这部著作后，终于茅塞顿开。第三，K线形态分析一直感觉是一种很缥缈的技术，如何过滤K线假信号一直是我迷惑不解的问题，拜读这本大作，特别是魏老师本书中提到的4小时交易法，通过布林带形态、K线形态及K线处在布林带的位置，以及斐波那契线谱的支撑阻力作用等，简明扼要地指出了K线的精辟所在！

通过贴图来分享下心得：这个1小时走势图（见附图2-9）是我在上次9月美联储会议宣布暂时不缩减QE后的大涨后追的多单（我做的白银）。1小时图中第1个圆圈是多单大概位置。持仓到第二天早上，我看了4小时图（见附图2-10），没看出什么异常。再看日线图（见附图2-11），在日线图中，当时布林带的形态很奇怪，日线顶在布林带上轨，并且布林带明显收口（图中箭头所指处）。再参照斐波那契的阻力线，最后我是保本略小赚平仓了，后来走势就不说了。我在第三天晚上8：30那个冲高的1小时图长上影线处进空（资深读者和交易者赦敌作答）。

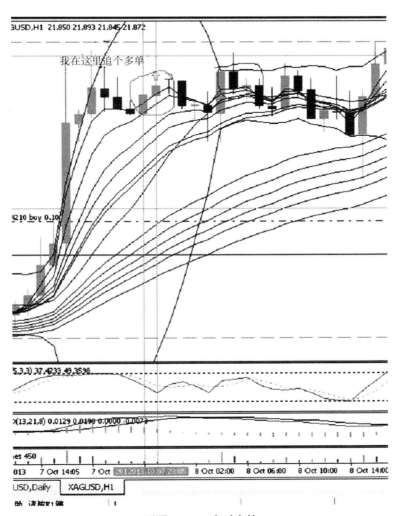

附图 2-9　1 小时走势

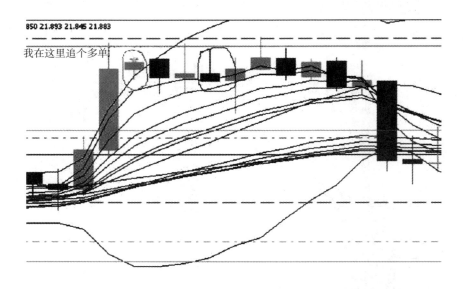

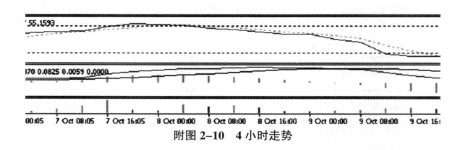

附图 2-10　4 小时走势

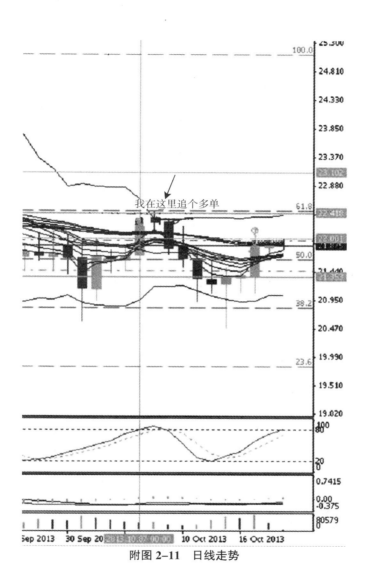

附图 2-11　日线走势

　　如果你有什么使用心得和疑问，可以通过我们的公众号联系我们，我们将会选择一些有代表性的来信与大家分享，欢迎大家提交一些更加深入的使用心得和成败总结。

MT4 软件中文使用手册

MetaTrader 4——这是由俄罗斯 MetaQuotes Software Corp 公司开发的第四代互联网交易平台。通过 MetaTrader 4，您可以在世界货币市场 FOREX、股票市场和期货市场上交易。MT4 最强大的功能在于其可以自行编制符合个人交易理念的图表分析指标，以及可以实现无人值守的外汇全自动交易。它具有强大的图表分析功能以及灵活性和良好的扩展性，因此逐渐成为国内外汇交易者十分青睐的分析和交易工具。当然，我们在进行交易的时候是通过 EBS 或者是路透，而不是通过零售外汇经纪商，因此 MT4 对于我们来讲更多的是技术分析工具，而不是下单平台。不过，由于其强大的技术分析功能，所以我们依然需要重视它的熟练使用。为了让采纳本书作为教材的外汇交易者尽快熟悉 MT4 的使用，我们根据 MT4 本身的使用手册以及网络上流传的相关文献整理出了 MT4 的中文使用手册。

一、下载

因为 MT4 可以在软件上添加服务器，所以电脑里下载安装一个 MT4，就可以使用多个外汇交易商的服务器了。这里下载的服务器是俄罗斯 Alpari 公司的，可以看外汇和贵金属现货、美元指数、道琼斯工业指数股票、美国股指和商品期货等行情，并且注册的模拟账户如果保持活动，一直有效，不用每个月重新申请。如果对这个服务器不满意，可以参照后面的说明添加更换其他交易商的服务器。下载链接图标如附图 3–1 所示。

如果上面的下载链接失效或者因为 MT4 升级时自动升级程序无法完成，请直接到官方网站 http://www.alpari.cn/downloadmt4.asp 下载（可以下载 MT4 的网站很多）。MT4 要求操作系统在 Windows98 以上，显示器最低要求为 1024×768。

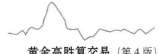

附图 3-1　下载链接图标

二、安装

双击下载的安装文件，即可进行安装，安装过程第一个界面是选择语言，请选择"中文（中国）"，然后点"下一步"按照提示安装就可以了，如附图 3-2 所示。当然这里选择的语言不正确，也可以在登录平台后再进行修改。软件可以覆盖安装在原有的版本上，并且保有原有设置。如果需要同时运行几个账户，则必须安装在不同的文件目录内，如附图 3-3 和附图 3-4 所示。

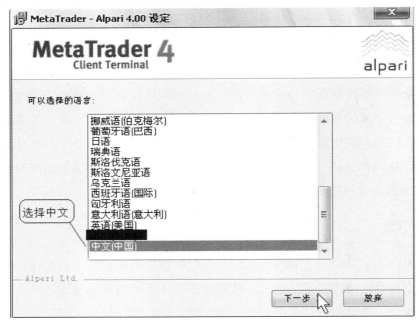

附图 3-2　语言选择界面

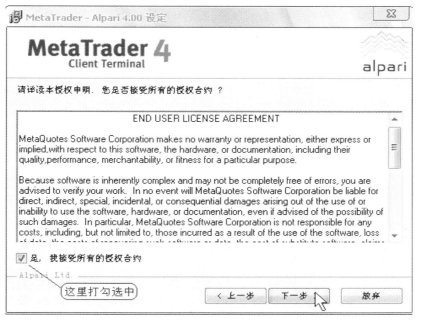

附图 3-3　授权界面

附图 3-4　目录安装界面

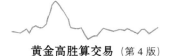

三、申请账号

1. 申请模拟账号

安装完毕，双击程序图标启动软件。初次登录软件时，系统默认弹出"开新模拟账号"窗口，只有在申请完毕模拟账号后，系统才能连接服务器显示行情。当然，以后也可以随时从"文件"菜单中点"开新模拟账号"选项或者在导航器窗口账户项上点右键选"开新模拟账户"开设一个新的模拟账户。一般 MT4 的服务器设置的模拟账号有效期为一个月，到期后需要重新注册。俄罗斯 Alpari 公司的服务器注册的模拟账户如果保持活动，三个月内完成一笔交易，账号会一直有效。MT 软件注册的账号会有两个密码，一个是交易密码 (Password)，另一个是查询密码 (Investor)。交易密码登录具有交易的全部权限，查询密码登录只能查看，不能交易。两者不要混淆。如果进入后界面显示的是英文，那么可以点击左上角菜单的第二项 View→Languages，在弹出窗口中选择 Chinese (Simplified)，即简体中文，然后关闭软件重新启动即可换为中文。

表中各项可以不填真实的个人信息，填完后，你必须选中"我同意订阅你们的新闻简报"，然后才能点"下一步"按钮继续进行注册（见附图 3-5）。

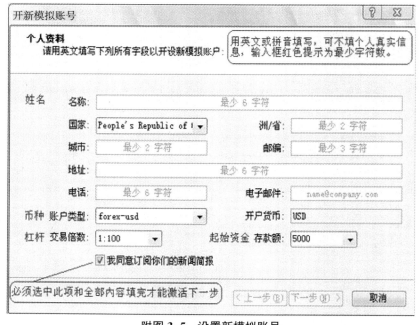

附图 3-5　设置新模拟账号

在此选中一个连接的服务器，列表中会列出有效服务器的地址、名称和 Ping 的时

间。Ping 的时间最短的服务器最好（见附图 3-6）。

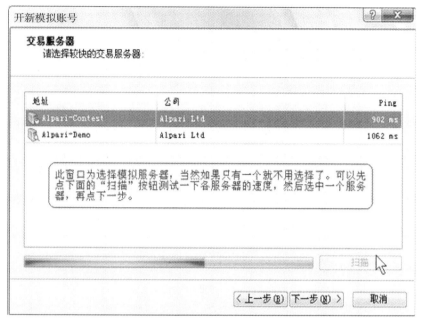

附图 3-6　选择服务器

如果注册成功，将会出现一个包含所开立账户数据的窗口："账号"——账号的数值，"主密码"——访问密码，"投资人密码"——只读密码（见附图 3-7）。注册后，新账户将会出现在"导航—账户"窗口中。终端栏的"邮箱"里（见附图 3-8）也会出现有关注册的消息标题，双击标题可以看到注册的账号密码等信息，账号和密码最好保存到记事本里，以免重装软件后因忘记密码不得不重新注册模拟账户。

2. 开设真实账户

真实账户与模拟账户不同，不能直接从终端软件中开立。账号和密码只能由交易商 Alpari 公司授予。真实账户在服务窗口"导航—账户"窗口有一个特殊标识。使用真实账户时，需要通过服务窗口的"导航"菜单"导航—账户—登入"或主菜单"文件—登录"进行登录。如果想在 Alpari 公司开设真实账户，请联系我们索取详细的开户指南。

四、登录

1. 模拟账号注册后，系统会默认自动保存账号密码

软件启动后会用此账号密码自动连接服务器。如果因为重装软件导致不能自动登

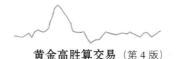

附图 3-7　注册成功界面

附图 3-8　有关注册的消息标题

录，则点"文件菜单—登录"，输入账号和密码，选择模拟服务器并选中"保存账户信息"后点"登录"按钮即可。

2. 在线升级

MT4 软件启动后连接到服务器时会自行检验程序新版本。如果发现新版本，"自动更新"窗口会自动弹出，客户端开始下载更新。下载更新这些文件，点"开始"按钮即可（见附图 3-9）。在窗口中能够查看更新进程和下载进度。下载更新完成后，新版本将会自动安装并重启（见附图 3-10）。有时自动升级到最后一步无法完成，则需要重新下载最新版本，也可以选择不升级，把弹出的升级窗口直接关掉即可，一般不影响使用。但有些高版本下编译的自定义指标和智能交易不能在低版本 MT4 上运行（出现死机或无反应状态），这点要注意。如何获知正在使用的 MT4 版本信息：点击主菜单"帮助—关于"，版本信息显示在弹出窗口的左下角。

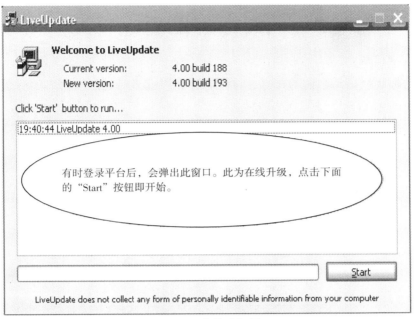

附图 3-9　在线升级界面

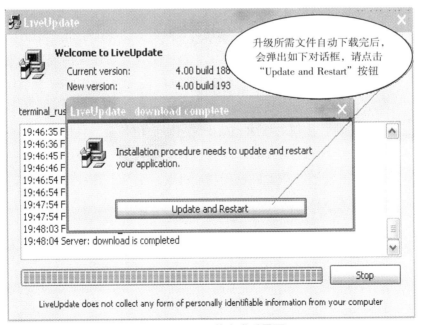

附图 3-10　下载完成后界面

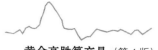

五、用户界面概览

1. 主窗口标题

软件的标题栏显示当前的账号、软件名称和当前激活的图表窗口的标题及其分析周期（见附图 3–11）。

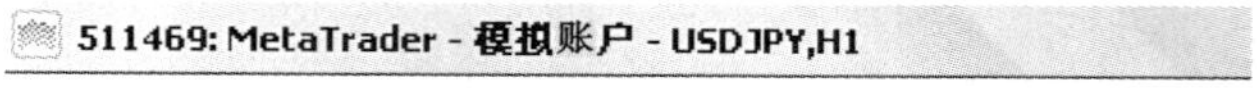

511469: MetaTrader - 模拟账户 - USDJPY,H1

附图 3–11　主窗口标题

2. 主菜单

主菜单包含用户终端能操作的所有指令和功能。主菜单包含七个模块："文件"、"显示"、"插入"、"图表"、"工具"、"窗口"、"帮助"。更加详细的信息请查看"菜单一览"部分（见附图 3–12）。

文件(F)　　显示(V)　　插入(I)　　图表(C)　　工具(T)　　窗口(W)　　帮助(H)

附图 3–12　主菜单

3. 工具栏

终端软件包含四种类型的工具栏："常用"、"图表"、"画线"和"时段"。这些工具栏与主菜单中的一些指令和功能相同，然而，这些工具栏可以灵活调整，这些功能在操作过程中会频繁使用。所有的工具栏都是浮动窗口，能够放置在终端工作区的任何地方。通常情况下，工具栏放置在主菜单的下面。主菜单命令"显示—工具栏"能够显示/隐藏工具栏。工具栏按钮的增加和减少，可以使用各自工具栏右键菜单中的"定制"命令来操作。在激活的图表窗口，与分析对象结合的控制操作可以被执行。将鼠标指针放在工具栏按钮上会出现此按钮的功能提示，因为工具栏的功能会在菜单里都有介绍，在此不再赘述（见附图 3–13）。

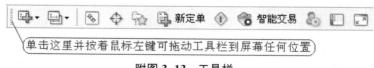

（单击这里并按着鼠标左键可拖动工具栏到屏幕任何位置）

附图 3–13　工具栏

4. "市场报价"窗口

"市场报价"、"数据窗口"、"导航"和"终端"都是服务性窗口。这些窗口都是浮动窗口，它们能够以其最有用的展现方式移动到屏幕的任何地方。打开/关闭"市场报价"

窗口能够使用快捷键 Ctrl+M，或使用主菜单命令"显示—市场报价"，或按"常用工具栏"中的 按钮（见附图 3–14）。

附图 3–14　"市场报价"窗口

在这个窗口中显示客户终端从服务器接收到报价的所有金融品种。在客户终端安装后，这个列表中包含了一套初始的品种名称。终端下次运行的时候，上次程序退出时的品种列表被恢复显示。

在"市场报价"窗口区域按鼠标右键，则显示出右键菜单。"显示所有商品"命令可以显示所有可提供的品种列表。在抬头"买价"、"卖价"、"日期"中显示的报价开始从这些品种接收过来。为了最小化访问流量，我们推荐对于在报价窗口中没用的品种可以使用右键菜单中的"隐藏"或"Delete"键删除。这样就只接收保留在列表窗口中的品种的报价。"隐藏全部"命令将删掉除了有开仓头寸以外的所有品种。"商品列表"命令可以打开"商品"窗口，这个窗口列出了所有可以提供的品种。在这个窗口中，品种按照不同的类型："Forex"（外汇）、"CFDs"（差价合约）、"Futures"（期货）、"Stocks"（股票），"Indexes"（指数）进行了分组。"显示商品"命令可以增加所需要的品种，"隐藏商品"命令能够从报价窗口删除品种。"自定商品组合"可以将设置好的报价窗口保存为文件，以后可直接调入；交易品种代码可参考 http：//www.alparirussia.cn/cn/cspec/#energ。

"图表窗口"命令能够打开选中品种的图表窗口。"新定单"命令调用定单控制窗

口。"弹出报价"命令或按 F10 键则能够在屏幕上弹出另外一个报价窗口，这个窗口中列出的品种和"市场报价"窗口中列出的品种一样，并可以在右键菜单设置属性（见附图 3-15）。

弹出报价		✕
GBPUSD	2.0495	2.0498
EURUSD	1.4662	1.4664
USDJPY	110.17	110.20
USDCAD	0.9811	0.9815
GBPJPY	225.78	225.85
GOLD	779.10	780.10

附图 3-15 "弹出报价"窗口

"即时图"标签能够显示选中品种的每笔价位图。

5. "数据窗口"

当把鼠标指针放在图表中的 K 线上，"数据窗口"便显示此 K 线的价位（开高低收价）、时间和图表中的技术指标数值。"数据窗口"是一个信息窗口，不能进行任何其他的操作。在这个窗口中，可以快速得到需要的信息，甚至可以拷贝出窗口内的信息用作其他用途，拷贝操作需要执行"复制"命令，这个命令只在"数据窗口"的右键菜单中提供（见附图 3-16）。

数据窗口	✕
GBPUSD,M5	
Date	2007.11.19
Time	13:35
Open	2.0501
High	2.0505
Low	2.0492
Close	2.0492
Volume	45
MA(60)	2.0493

附图 3-16 "数据窗口"

6. "导航"窗口

"导航"窗口列出的功能用树状结构显示，包括"账户"、"技术指标"、"智能交易系

统"、"自定义指标"和"脚本","导航"窗口有助于快速地管理这些对象。"导航"允许快速访问不同的终端功能。这个窗口可以使用快捷键 Ctrl + N 打开，或者使用主菜单中的"视图—导航"命令打开；或者按"标准工具条"中的  按钮（见附图 3–17）。

附图 3–17　"导航"窗口

"账户"列出已开的账户。在右键帮助菜单可以打开一个新的模拟账户或删除一个旧账户。为了获准进入一个账户，需要执行"登入"命令或者鼠标双击所选账户的名称。"删除"命令可以删除一个账户，"开新模拟账户"命令可以打开一个新的账户。

"技术指标"组列出了基本的技术分析指标。在选中的技术指标上通过双击鼠标左键或使用右键菜单中的"附加到图表"命令能够在图表上加上该技术分析指标。此外，还可以用鼠标将选中的技术指标拖拽到任何一个图表中。

"智能交易系统"列出能提供的所有智能交易系统。右键菜单"创建智能交易系统"能够开始创建一个新的智能交易系统。"修改"用来修改已有的智能交易系统，"删除"用来删除智能交易系统。在选中的智能交易系统上通过双击鼠标左键或使用右键菜单中的"附加到图表"命令能够在图表上加上该智能交易系统。还可以用鼠标将选中的智能交易系统拖拽到任何一个图表中。如果这个智能交易系统的按钮是灰色，则表示这个智能交易系统不能使用。

"自定义指标"列出所有提供的用户自定义指标。在"脚本"中列出所提供的脚本。"自定义指标"和"脚本"的控制和"智能交易系统"的控制类似。

注意：更加详细的信息可以阅读"智能交易系统，自定义指标和脚本"部分。

在"导航"窗口，除了上面描述的"常规"标签以外，还有"收藏夹"标签。通过它可以快速访问经常使用的对象。例如，在这个标签内可以仅放置需要的账号、技术指标、脚本和智能交易。这样就能够加快交易员的工作速度，尤其是在需要高效操作的时候。为了移动所需的对象到"收藏夹"，需要运行右键菜单中的"添加到收藏

夹"命令。如果收藏夹中的一些对象不再需要，可使用右键菜单中的"从收藏夹删除"命令从标签中删除。

注意：在"收藏夹"中的所有对象能够没有任何限制地执行它们的功能。

7."终端"窗口

"终端"是一个多功能窗口，它能够控制交易活动（交易），查看新闻（新闻）和账户历史（账户历史），设置预警（警报），同时也可以使用 Internet 邮箱（邮箱）和系统日志（日志）。这个窗口可以使用主菜单命令"视图—终端"打开，或使用快捷键 Ctrl＋T，或按"标准"工具条中的 ▦ 按钮（见附图 3-18）。

附图 3-18　"终端"窗口

（1）"交易"标签。

"交易"包含当前账户状态信息、开仓记录和被列出的定单情况。在其右键菜单中可以使用以下命令（见附图 3-19）：

新定单——一张新定单。在定单管理窗口显示此命令。

平仓——平掉所选中已成交定单。

修改或删除定单——修改或删除挂单或者已成交定单的"止损"和"获利"。

追踪止损——设置所选中定单的追踪止损点数。命令"无"指屏蔽此功能。"删除所有"命令用来禁止所有的移动止损。

获利显示方式——设置已成交定单中获利是显示盈亏点数还是盈亏金额。盈亏金额又可以用基础货币或者交易后的货币计算。

佣金——显示/隐藏"佣金"栏，现在交易商的利润一般体现在交易点差中，不收取佣金。有时交易商会代介绍经纪人收取客户的交易佣金。

税金——显示/隐藏"税金"栏，外汇交易中不涉及税金。

注释——显示/隐藏"注释"栏，注释为在定单窗口注释框所输入的内容。

自动排列——通过改变窗口的尺寸自动排列栏目的尺寸。

网格——显示/隐藏分隔栏目的网格。

当使用键盘进行交易操作时，快捷键 Ctrl+F9 能够切换到"终端—交易"窗口。

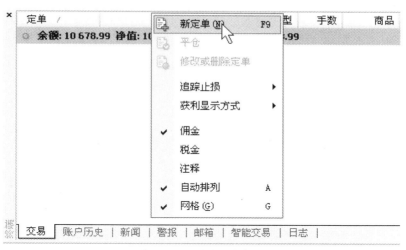

附图 3–19　"交易"标签

（2）"账户历史"标签。

"账户历史"包含所选时间段的账户历史信息。其右键菜单可以提供以下的命令（见附图 3–20）：

所有交易记录——显示从账户开始交易起的所有交易明细。

最近 3 个月——显示最近 3 个月的历史交易记录。

本月——显示自本月 1 日起的历史交易记录。

自定义时段——可以选择其他周期或设置任意起止时间。

保存为户口结单——把账户历史交易明细用 HTML 格式的文件存在硬盘中。

保存为详细户口结单——把包括账户历史交易明细和交易总结以及资金曲线图用

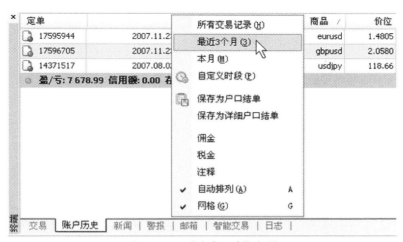

附图 3–20　"账户历史"标签

HTML 格式的文件存在硬盘中。

佣金——显示/隐藏"佣金"栏，现在交易商的利润一般体现在交易点差中，不收取佣金。有时交易商会代介绍经纪人收取客户的交易佣金。

税金——显示/隐藏"税金"栏，外汇交易中不涉及税金。

注释——显示/隐藏"注释"栏，注释为窗口注释框所输入的内容。

自动排列——通过改变窗口的尺寸自动排列栏目的尺寸。

网格——显示/隐藏分隔栏目的网格。

（3）"新闻"标签。

"新闻"标签内含有引入的新闻。在其右键菜单中可以提供以下命令（见附图 3-21）：

显示——查看选择的新闻内容。也可以通过鼠标双击标题来阅读内文。

复制——拷贝标题信息到剪贴板。

类别——显示/隐藏"范畴"栏。

自动排列——通过改变窗口的尺寸自动排列栏目的尺寸。

网格——显示/隐藏分隔栏目的网格。

附图 3-21　"新闻"标签

（4）"警报"标签。

"警报"标签包含创建的报警信号信息。在创建报警信号后，当指定的事件执行时，客户终端可能通过声音信号发出通知而不是通过显示器显示。其右键菜单包含以下一些命令（见附图 3-22）：

创建——创造一个新的警报事件。报警方式：当事件发生时执行的动作。其中 Sound 为播放声音文件，File 为启动一个文件，Email 为填写主题和内容后发送邮件，这需要在程序选项中设置邮件系统的参数。商品：所要设置报警的金融品种。条件：选择（"Time="，"Bid<"，"Bid>"，"Ask<"，"Ask>"）其中之一。价位：条件的值。执行：

事件发生时所要执行的文件。维持：报警重复的时间周期。最多重复次数：报警重复的最多次数。

修改——修改报警；也可以直接双击鼠标左键打开警报编辑器窗口。

删除——删除报警。

启动/关闭——允许/禁止报警。

自动排列——通过改变窗口的尺寸自动排列栏目的尺寸。

网格——显示/隐藏分隔栏目的网格。

附图 3-22　"警报"标签

（5）"邮箱"标签。

"邮箱"标签用于操作内部邮箱。这个标签中包含了终端接收到的所有邮件。通过在选中标题上双击鼠标左键可以查看被选中邮件的内容，或者通过右键菜单"显示"命令（见附图 3-23）。

创建——通过这个标签发信给系统管理员和技术支持部门，模拟账户不能使用。

显示——显示所选中邮件的内容。

删除——删除所选中邮件。

自动排列——通过改变窗口的尺寸自动排列栏目的尺寸。

网格——显示/隐藏分隔栏目的网格。

附图 3-23　"邮箱"标签

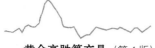

（6）"智能交易"标签

"智能交易"标签是专门记录智能系统事件的日志，在窗口中仅显示最新的信息。为了核查以前的信息，需要运行"打开"菜单命令，然后选择需要的文件（见附图3-24）。

打开——打开历史日志文件，查看以前的日志内容。

复制——拷贝日志信息到剪贴板。

自动滚动——日志自动滚动，保持第一行显示最新信息。

自动排列——通过改变窗口的尺寸自动排列栏目的尺寸。

网格——显示/隐藏分隔栏目的网格。

附图3-24 "智能交易"标签

（7）"日志"标签。

"日志"标签中包括了终端的开始、终端操作事件、所有交易操作的工作。在窗口中仅显示最新的信息。为了核查以前的信息，需要运行"打开"菜单命令，然后选择需要的文件（见附图3-25）。

打开——打开历史日志文件，查看以前的日志内容。

复制——拷贝日志信息到剪贴板。

自动滚动——日志自动滚动，保持第一行显示最新信息。

自动排列——通过改变窗口的尺寸自动排列栏目的尺寸。

网格——显示/隐藏分隔栏目的网格。

附图3-25 "日志"标签

8. 图表窗口

报价图表是数据分析的基础。除了动态的报价以外，图表包含不同类型的分析方法：画线分析，技术分析和用户自定义指标，文字标签和图形对象。更加详细的信息请查看"图表操作"部分。

9. 状态栏

终端上的状态栏显示额外的信息。状态栏中有一个指示器显示连接服务器的状态，同时显示当前的"模板和图表夹"的名字以及指令提示和报价数值（见附图3-26）。

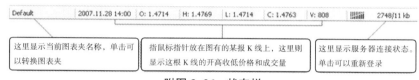

附图3-26　状态栏

六、菜单一览

1. "文件"菜单

"文件"菜单如附图3-27所示。

附图3-27　"文件"菜单

新图表——打开金融品种的图表窗口。此指令会列出可提供金融品种的列表。可以从列表中选中一个金融品种打开一个新的图表窗口。也可以使用"常用按钮"中

的操作。

打开离线历史数据——打开离线的图表。这个指令能够选择所需的存放历史数据的文件。在这种模式下，最新的报价没有保存在历史文件中。

打开已关闭图表——恢复被删除的图表。如果菜单"工具—选项—图表"选中了"保存删除的图表便于再次打开"，则删除的图表被保存了；还可以对这里的图表做永久性删除。

图表夹——打开图表夹管理菜单。也可以使用"常用按钮"中的操作。更加详细的信息请查看"模板和图表夹"部分。

关闭——关闭图表。

保存——将历史数据保存为扩展名为"CSV"、"PRN"和"HTM"的文本文件。

保存为图片——把图表保存为"BMP"或"GIF"格式。

开新模拟账户——开立一个新的模拟账户。也可以通过窗口"导航器—账户—右键开新模拟账户"运行或按"Insert"键。

登录——认证身份。也可以通过窗口"导航器—账户—选中某个账号—右键登入"运行。

打印设置——打印参数简要设置。

打印预览——图表预览。也可以使用"常用按钮"中的操作。

打印——打印图表。如果在"打印设置"中的"属性"选择了"彩色打印"，那么能够打印彩色图表，而不是黑白图表。同样也可以使用"常用按钮"中的操作，也可以使用快捷键"Ctrl+P"或在主菜单选择"文件—打印"操作。

退出——退出用户端软件。

2."显示"菜单

"显示"菜单如附图3-28所示。

Languages——"语言"，通过子菜单控制用户端显示的语言。当程序重启后语言转换才能生效。

工具栏——通过子菜单来决定显示的工具栏。"定制"指令能够让用户自定义工具栏。

状态栏——打开/关闭终端窗口下面的状态栏。

图表工具栏——打开/关闭图表工作区下面的状态栏（标签），这里显示打开的图表对应的金融品种名称。

市场报价——显示/隐藏服务窗口"市场报价"。也可以使用快捷键"Ctrl＋M"或

附图 3-28 "显示"菜单

"常用按钮"中的  操作。

数据窗口——显示/隐藏"数据窗口"。也可以使用快捷键"Ctrl+D"或"常用按钮"中的 操作。

导航器——显示/隐藏"导航"窗口。也可以使用快捷键"Ctrl+N"或"常用按钮"中的 操作。

终端——显示/隐藏"终端"窗口。也可以使用快捷键"Ctrl+T"或"常用按钮"中的 操作。

全屏幕——打开/关闭全屏幕模式。在全屏模式下工具栏、状态栏和所有服务窗口都将关闭,屏幕中只显示用户终端主窗口标题、主菜单、图表工作区和图表窗口的标签。重复操作此指令,则屏幕回到原来的状态。也可以使用快捷键"F11"或"常用按钮"中的 操作。

3. "插入"菜单

"插入"菜单如附图 3-29 所示。

技术指标——为图形窗口添加技术指标,也可以使用"常用"工具条中的 操作,或者点击导航窗口的"技术指标"、"自定义指标"来操作。

画线工具——为图形窗口添加直线、通道、江恩、斐波那契、安德鲁分叉线、循环周期线等分析。还可以添加图形对象——图形、箭头、文字给图形窗口做标注。

图形——使用几何体(矩形、三角形、椭圆形)在报价图表中标明不同的区域。

箭头——使用符号(箭头、测试和停止符号)在报价图表中突出标明重要的事件。

文字——文字用于在图表中进行注释,它会随着图表而滚动。

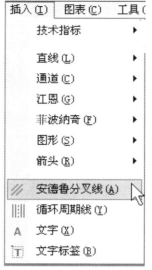

附图 3-29　"插入"菜单

文字标签——文字标签被附加在另一窗口，不存在于图表中。图表滚动时，文字标签将不会移动。也可以通过画线工具栏按钮来操作，更加详细的信息请查看"图表操作—画线分析"部分。

4."图表"菜单

"图表"菜单如附图 3-30 所示。

技术指标列表——显示当前图表使用的技术指标，并可以修改指标参数和删除指标。也可以使用快捷键"Ctrl+I"或图表中的右键菜单来操作。

对象——显示和删除当前图表中的对象元素（图形、文字、箭头），也可以使用快捷键"Ctrl+B"或图表中的右键菜单来操作。

柱状图——显示柱状图，也叫竹线图或美国线。也可以使用快捷键"Alt+1"或"图表"工具栏中的 ⊞ 操作。

阴阳烛——显示日本蜡烛图，也就是我们所说的 K 线。也可以使用快捷键"Alt+2"或"图表"工具栏中的 ⊞ 操作。

折线图——显示用收盘价连接在一起的曲线。也可以使用快捷键"Alt+3"或"图表"工具栏中的 ⊠ 操作。

图表置前景——如果这个功能被激活，那么所有分析对象放置在图表的后面而不是遮住 K 线。

时段——图表的时间周期。

附图 3-30　"图表"菜单

模板——显示和管理可使用的模板。"保存模板"——指令能够将当前激活的图表窗口保存为模板;"删除模板"——删除以前保存的模板;"加载模板"——直接调入某个已经保存的模板应用于当前图表。也可以使用图表中的右键菜单来操作。

刷新——重新更新当前图表要使用的历史价格数据。也可以在图表窗口的右键菜单使用同样的指令操作。

网格——显示/隐藏图表窗口的网格。也可以在图表窗口的右键菜单使用同样的指令操作或使用快捷键"Ctrl+G"操作。

成交量——显示/隐藏图表中的成交量。也可以在图表窗口的右键菜单使用同样的指令操作或使用快捷键"Ctrl+L"操作;或"图表"工具栏中的 ⌞ 操作。

自动滚动——在新的价位到来时,启动/关闭图表自动向左滚动。也可以使用"图表"工具栏中的 ⌞ 操作。

图表平移——从窗口右边移动图表,图表中右边留出空白区域。也可以使用"图表"工具栏中的 ⌞ 操作。

放大——放大显示图表中的 K 线等线型。也可以使用"+"键或"图表"工具栏中

的 🔍 操作；或者按住鼠标左键，沿着水平轴向右移动光标指针。

缩小——缩小显示图表中的 K 线等线型。也可以使用 "–" 键或 "图表" 工具栏中的 🔍 操作；或者按住鼠标左键，沿着水平轴向左移动光标指针。

图表步进——观察历史图形时，每次向左移动一格（1 根 K 线）图表，也可以按 F12 进行同样的操作。

属性——显示图表属性窗口。也可以按热键 F8 或图表中右键菜单进行同样的操作。

5. "工具" 菜单

"工具" 菜单如附图 3–31 所示。

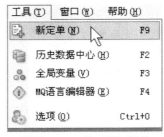

附图 3–31　"工具" 菜单

新定单——显示新定单的窗口。新定单窗口也可以在 "市场报价" 窗口通过右键菜单，或在 "终端" 交易窗口通过右键菜单显示；或在 "市场报价" 窗口的金融品种上双击鼠标左键；或按热键 F9；或在 "常用" 工具条上选择 🔲；或在图表中右键菜单中打开。

历史数据中心——显示历史数据控制窗口。扩展名为 "HST" 的存档文件包含了显示在图表中的金融品种的数据，能够进行编辑。这个窗口也能通过热键 F2 显示。

全局变量——在激活的图表窗口中显示智能交易系统的全局变量窗口。

MQ 语言编辑器——为用户自编程序编辑启动 MetaEditor IDE。 也可以通过热键 F4 完成同样的操作。

选项——显示用户软件终端的选项窗口，在这个窗口中用户可以自定义连接、交易过程、图表、智能交易系统等的参数。详细信息请查阅 "软件选项设置" 部分。

6. "窗口" 菜单

"窗口" 菜单如附图 3–32 所示。

新窗口——打开新的金融品种的图表窗口。同样可以按 "标准" 工具条中的按钮 🔲▾ 完成同样的操作。

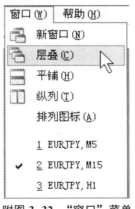

附图 3-32　"窗口"菜单

层叠——设置图表为层叠。

平铺——设置图表为平铺。

纵列——设置图表为纵列。

排列图标——在最小化窗口排列图标。

在这个菜单的底线列出所有打开的图表窗口，当前激活的窗口被选中。

7."帮助"菜单

"帮助"菜单如附图 3-33 所示。

帮助主题——显示帮助主题，有中文，按钮 F1 执行同样的操作。

MQL4.community——连接打开 http：//www.mql4.com/?source=terminal 网页。

关于——打开关于这个程序的信息窗口。

附图 3-33　"帮助"菜单

七、图表操作

1. 打开图表

在终端安装的过程中将会创建缺省的图表夹 Default，在打开终端时会默认并列显示图表夹中保存的四个主要货币对 EURUSD、USDCHF、GBPUSD、USDJPY 的图表窗口（见附图 3-34）。每个窗口都可以关闭、改变时间周期、放大到整个图表窗口，然后

点窗口底部的品种标签可以在不同的品种间切换。如果不小心把品种标签栏关闭掉了，可以点"显示"菜单—图表工具栏重新显示。对哪个图表进行操作，就得单击图表区域或品种标签先选中它，使它处于激活状态。虽然可以不加限制地打开多个品种或同一品种多个周期的新窗口，但图表打开过多，不但软件启动加载时运行很慢，而且使用过程中在图表窗口间每次转换查看时系统都要重新计算图表数据，也会导致系统变慢。不同周期窗口如附图3-35所示。

附图 3-34　不同品种标签显示窗口

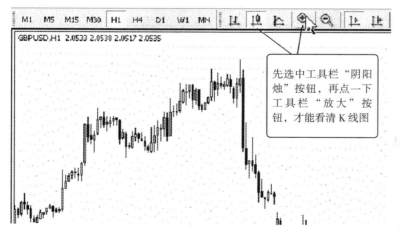

附图 3-35　不同周期窗口

有四种方式可以打开一个新图表：①使用"常用按钮"中 操作；②点"文件菜单—新图表"；③点"窗口菜单—新窗口"；④在市场报价窗口选中某个品种，点右键"图表窗口"。新图表打开后系统自动保存，不会丢失。

2. 设置图表属性

图表是一种金融品种价格动态的时间模型，可以执行主菜单"图表—属性"来显示图表属性窗口，也可以通过图表的右键菜单选择"属性"或直接按 F8 键来显示。在此窗口中可以自定义图表颜色（在颜色页中），如附图 3–36 所示。

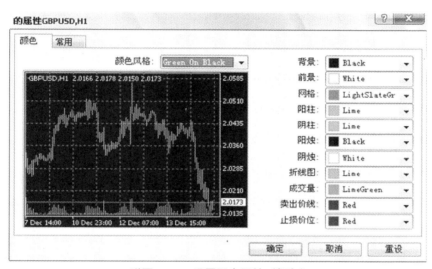

附图 3–36　设置图表属性（颜色）

背景——整个图表的背景。

前景——坐标轴、刻度和开高低收价格。

网格——网格。

阳柱——阳线的框线。

阴柱——阴线的框线。

阳烛——阳线的实体部分。

阴烛——阴线的实体部分。

折线图——折线图和十字星。

成交量——成交量线。

卖出价线——图表中显示的卖出价水平线。

止损价位——止损止盈价位的水平线。

窗口左边的图中能实时看到修改颜色的结果。除了手工选中颜色以外，在"颜色风格"的下拉列表框中还可以选择预定义的风格："Yellow on Black"、"Green on Black"（默认）、"Black on White"。选择不同的颜色风格时，对此风格的描述颜色也会改变。设置好的颜色风格必须保存在模板里才不会丢失。

此窗口还能自定义常规图表属性，切换到"常用"属性页并选择所需选项，如附图 3-37 所示。

附图 3-37　设置图表属性（常用）

离线图表——切换图表到离线模式。选中这个选项将不能接收新的实时报价，也不能用新的价格数据画图。取消此选项后就能接收和画出新的价格数据。打开离线图表模式（主菜单"文件—打开离线历史数据"），此选项自动选中。

图表置前景——选中此选项，图表价格数据会放置在屏幕最前端，所有的分析对象都放于其后。此选项也可以通过主菜单"图表—图表置前景"实现。

平移图表——允许/禁止从窗口的右侧移动图表以使图表窗口右侧留出空白。在图表工具条上选择 ，或者选择主菜单"图表—图表平移"，功能相同。

图表自动滚动——允许/禁止当收到新的报价时图表向左滚动。在图表工具条上选择 或者选择菜单"图表—自动滚动"，功能相同。

固定比例 1∶1——固定图表比例为 1∶1。

固定比例——固定图表比例。终端中的所有图表缺省为自动缩放比例，选中此选项将不再自动缩放比例而是固定比例，此时"最大固定比例"和"最小固定比例"被激活。

柱状图——显示图表为柱状图表。在图表工具条上选择  或者选择主菜单"图表—柱状图",或按快捷键 ALT+1,功能相同。

蜡烛图——显示图表为日本蜡烛图表,就是我们平时所用的 K 线。在图表工具条上选择 □ 或者选择主菜单"图表—蜡烛图",或按快捷键 ALT+2,功能相同。选中蜡烛样式,再点一下放大按钮 □ 才能看清蜡烛形状。

折线图——显示图表为用收盘价连接起来的曲线。在图表工具条上选择 □ 或者选择主菜单"图表—折线图",或按快捷键 ALT+3,功能相同。

显示开盘最高最低收盘价——在图表的左上角显示/隐藏 OHLC 价格(开盘价、最高价、最低价、收盘价)。

显示卖出价线图——在图表上显示/隐藏卖出价线图。

显示时段间隔——显示/隐藏时间区间,从 1 分钟到 1 小时图用天来区隔;4 小时图用周来区隔;日线图用月来区隔;周线图和月线图用年来区隔。同样也可以通过"程序选项"来实现相同的操作。

显示网格——显示/隐藏图表窗口的网格;右键菜单、主菜单"图表"中的"显示网格"命令或者快捷键 Ctrl+G 与此功能相同。

显示成交量——显示/隐藏成交量。右键菜单、菜单"图表"中的"成交量"命令或者快捷键 Ctrl+L 与此功能相同。

显示对象说明——显示/隐藏图表中的对象说明。

注意:图表属性设置完毕,要点"确定"按钮退出。"重设"按钮是恢复默认的意思。

3. 图表控制

(1) 改变时间周期。

此客户终端支持九种不同的数据时段,从分钟到月。在进行技术分析指标和画线分析时,大量的图表时间周期是必要的。可以在"时段"工具条上选择需要的时段,在"图表"工具条上选择 □ 或选中主菜单"图表—时段"。

(2) 缩放。

图表能被缩放,这样就可以增减同时显示在屏幕上柱状图的数目。可以在"图表"工具条使用 □ □ 操作,或使用快捷键"+/-",或在右键菜单中选择"放大/缩小"。此外,还可以在图表设置窗口中通过"固定比例"来设置缩放最大、最小值。

(3) 滚动、自动滚动和图表平移。

如果通过缩放也不能将所有需要的数据显示出来,滚动图表可能有所帮助。滚动

就是左右移动图表中的价格数据。可以通过在图表中的任意一点按住鼠标左键后左右拖动鼠标或者按键盘上的左右或上下箭头来滚动图表。可以使用快速导航线显示指明了时间和日期的图表区域。如果移动图表到没有价格数据的区域，缺少的柱状图会被自动下载。

"自动滚动"能一直跟踪最新柱状图。无论当前屏幕显示的是什么区域，自动滚动将保证图表最右侧会让你看到最新的柱状图。可以在工具条上选择 ⬆ 或主菜单"图表—自动滚动"来实现此功能。

"图表平移"能从屏幕的右端移动最新的柱状图，以使图表右侧留出空白，便于一目了然察看当前柱图位置。可以在"图表"工具条上选择 ⬆ 或主菜单"图表—图表平移"来实现此功能。

（4）使用鼠标。

在图表中的任意点按住鼠标左键能水平拖动图表，滚动鼠标滚轮也可以快速水平滚动图表。

在图表的垂直坐标刻度处按住鼠标左键并垂直拖动可以改变图表的垂直缩放比例。

在图表的水平坐标刻度处（快速导航线区域除外）按住鼠标左键并水平拖动可以改变图表的水平缩放比例。

在图表中的任意点（指标线除外）按鼠标右键能调出图表右键菜单。

在技术分析指标上（各种线、符号、图表的柱等）双击左键能调出技术指标参数设置窗口。

在对象上（画线分析、文本、几何图形或箭头）双击左键能选中对象。

在所选对象上按住鼠标左键并移动，能移动所选对象。

在所选的趋势线上同时按住 Ctrl 和鼠标左键，并且移动，将会画出平行的趋势线（创建一个通道）。

在所选对象上点击鼠标右键可以调出对象设置窗口。

（5）使用右键菜单控制图表。

一部分右键菜单命令能管理图表：

智能交易系统——二级菜单控制智能交易。

技术指标列表——控制技术分析指标的参数。

对象列表——控制图表窗口显示的对象。

时段——二级菜单控制图表的时间周期。

模板——使用二级菜单来控制模板。

刷新——刷新历史数据。这样，在所能提供的有效历史数据内，丢失的数据都将被下载。图表菜单中的"刷新"命令也能有同样的效果。

放大——选择图表主菜单中相同命令，按"+"键或选择图表工具条上按钮能放大图表。

缩小——选择图表主菜单中相同命令，按"–"键或选择图表工具条上按钮能缩小图表。

删除指标窗口——在副图指标窗口右键菜单删除。

保存为图片——保存当前的工作区或图表的图片到电脑硬盘。

打印预览——预览图表，选择主菜单"文件—打印预览"或选择"常用"工具条上的按钮有同样的功能。

打印——打印图表。如果程序选项中的"彩色打印"选项被选中将可能打印彩色图表。选择主菜单"文件—打印"或按快捷键"Ctrl＋P"或选择"常用"工具条上的按钮有同样的功能。

属性——不同条件下的右键菜单中选择"属性"会有不同的效果。如果是在图表右键菜单中，将会调出图表属性窗口。如果是在技术指标窗口的右键菜单中，将会调出技术指标参数设置窗口。也能通过热键 F8 实现相同功能。

（6）快速导航线。

快速导航线用来快速改变图表或者图表的时间周期、精确定位图表位置。快速导航线能够使用 Enter 键打开，从而显示在图表窗口左下方（见附图 3–38）。

附图 3–38　快速导航线

也可以移动鼠标光标到图表窗口左下方时间坐标处，双击鼠标左键。快速导航线的命令格式：

［准确的时间（小时：分钟）］

［准确的日期］

［准确的时间和日期］

［金融品种的名称］，［图表的时间周期］

［金融品种的名称］

［图表的时间周期］

注意：可以使用 Enter 键打开快速导航线，使用 Esc 键关闭。注意仅上面提及的命

令可以在快速导航线运行。同时运行几个命令将不会得到想要的结果。

为了移动屏幕到具体的时间和日期，需要在日期和时间之间用一个空格来隔开。例如，使用命令"2004.10.16 08：30"能够移动棒图到 2004 年 10 月 16 日 08：30。其中日期的表示格式为年.月.日（××××.××.××）或日.月.年（××.××.××××），在时间前面的第一个"0"可以省略，例如，您能够简单地用"8：30"代替"08：30"。改变图表的金融品种需要输入金融品种的全名，而通常用来表示图表时间周期的字母"ì"可以省略。命令"GBPUSD 30"和"GBPUSD ì30"一样，能够把图表转换成英镑美元的 30 分钟图。

（7）十字线。

点击"画线"工具栏的十字线按钮，鼠标指针就变为十字线，在图表上移动鼠标，则图表纵坐标和横坐标处分别显示十字线中心点位置的时间和报价；若按住鼠标左键不放在图表上拖动，则显示从鼠标按下位置算起的 K 线根数横坐标、价格点数纵坐标和报价。利用这个功能可以预期未来某个图表位置的报价（在图表右侧留有空白的情况下）。和其他画线按钮一样，点画线工具栏的箭头按钮或按下鼠标右键则解除画线状态。

（8）快捷键。

快捷键是指用不同的键或多键组合快速运行不同的程序。在激活的图表窗口能够使用下列快捷键运行命令：

"←"或"↑"——图表向左滚动，按一次滚动三格（三根 K 线），按住不放则连续快速滚动。

"→"或"↓"——图表向右滚动，按一次滚动三格（三根 K 线），按住不放则连续快速滚动。

Page Up——图表向左翻页滚动，按住不放则连续快速滚动。

Page Down——图表向右翻页滚动，按住不放则连续快速滚动。

Home——移动图表到开始。

End——移动图表到最后。

"−"——通过缩小 K 线大小增加图表表示的范围。

"+"——通过放大 K 线大小缩小图表表示的范围。

Alt＋1——显示图表为柱状图（转换图表为柱状图）。

Alt＋2——显示图表为日本蜡烛图（转换图表为蜡烛图）。

Alt＋3——显示图表为折线图（转换图表为折线图）。

Ctrl+A——设置所有的技术指标图表窗口为默认高度。

Ctrl+E——启动/关闭智能交易系统。

Ctrl+G——显示/隐藏网格。

Ctrl+L——显示/隐藏成交量。

Ctrl+I——显示"技术指标"窗口。

Ctrl+S——把图表存为扩展名为"CSV"、"PRN"、"HTM"的文件。

Ctrl+P——打印图表窗口。

Ctrl+F4——关闭图表窗口。

Ctrl+F6——激活下一个图表窗口。

Delete——删除所有选中的图表对象。

Backspace——删除图表窗口中最新的对象。

F6——测试图表窗口的智能交易系统。

F7——改变图表窗口中智能交易系统的设置。

F8——显示"属性"窗口（如果光标指示在技术指标窗口，则显示技术指标属性；其他的情况下，显示图表的属性）。

F9——显示"新定单"窗口。

F12——以步进的方式向左移动图表。

Enter——打开/关闭快速导航线窗口。

（9）热键。

在终端能够通过热键快速激活控制主菜单。如果一个命令或子菜单分配了一个热键，那么会有下划线标明出来。为了进入热键操作模式，需要按"Alt"键。如为了激活主菜单中"文件"菜单，使用 Alt 加上在菜单上的下划线字母"F"。可以使用一些命令的热键来打开菜单。键盘在快捷键模式下，这些命令也能够使用"Enter"键运行。

4.添加技术指标

技术分析指标是将金融品种的价格和/或成交量进行数学运算以预测未来的价格变化。技术分析指标信号能帮助决定是否开仓或平仓。通过功能属性判断，技术分析指标分为两类：趋势指标和震荡指标。趋势指标可以确立价格向某个方向运动以及同时或滞后出现的价格拐点。震荡指标可以提前或同时确立价格的拐点。添加技术指标是图形分析的核心环节，如何在图表上合理地搭配技术指标，需要一定的技巧和长时间的总结。如果添加技术指标过多，将会占用大量内存，甚至会造成死机。

有三种方式可以为当前激活的图表窗口添加技术指标：①点插入菜单—技术指

标—单击某个指标（见附图 3-39）；②点"常用"工具条中的 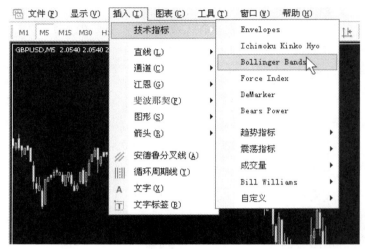 操作；③在导航器窗口的技术指标和自定义指标里双击某个指标或者拖动到图表窗口。在弹出的指标属性窗口中可以修改指标参数、线型（双击左键修改）、颜色、应用时间周期范围和添加水平线等，设置完毕点"确定"按钮生效，点"重设"按钮恢复默认设置（见附图 3-40）。

附图 3-39　添加技术指标

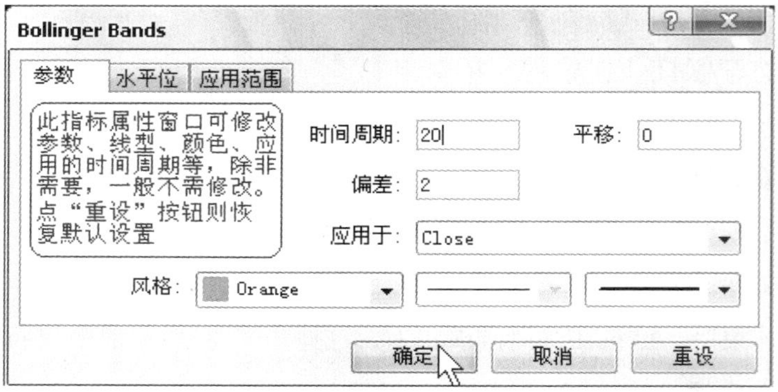

附图 3-40　修改指标参数

　　系统自带了很多传统指标，http：//ta.mql4.com/cn/indicators 和软件帮助主题中有对这些指标及其使用方法的全部描述。英汉对照名称如下：

　　（1）成交量类（Volumes）。

　　Accumulation/Distribution 离散指标（A/D）。

　　Money Flow Index 资金流量指标（MFI）。

　　On Balance Volume 能量潮指标（OBV）。

Price and Volume Trend 价量趋势指标（PVT）。

Volume 成交量柱状图。

（2）震荡类（Oscillators）。

Average True Range 平均波幅通道指标（ATR）。

Chaikin Oscillator 蔡金摆动指标。

Chaikin Volatility 蔡金波动性指标。

DeMarker DeM 指标。

Detrended Price Oscillator 非趋势价格摆动指标（DPO）。

Elder-Rays 爱耳德射线指标。

Envelopes 包络线指标。

Force Index 强力指数指标。

Ichimoku Kinko Hyo 一目平衡表指标。

Momentum 动量指标（MTM）。

Moving Average Convergence/Divergence 指数平滑异同移动平均指标（MACD）。

Moving Average of Oscillator 移动振动平均震荡器指标（OSMA）。

Price Rate of Change 价格变动率指标（ROC）。

Relative Strength Index 相对强弱指数指标（RSI）。

Relative Vigor Index 相对活力指数指标（RVI）。

Stochastic Oscillator 随机震荡指标（KD）。

Williams' Percent Range 威廉指标（%R）。

（3）趋势类（Trends Indicators）。

Average Directional Movement Index 平均方向性运动指标（ADX、DMI）。

Accumulation Swing Index 累积摆动指标（ASI）。

Bollinger Bands 布林通道指标。

Commodity Channel Index 商品通道指数指标（CCI）。

Moving Average 移动平均线（MA）。

Simple Moving Average 算术移动平均线（SMA）。

Exponential Moving Average 指数加权移动平均线（EMA）。

Weighted Moving Average 线性加权移动平均线（WMA）。

Parabolic SAR 抛物线状止损和反转指标（SAR）。

Standard Deviation 标准离差（StdDev）。

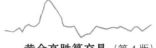

（4）比尔威廉指标（Bill Williams）。

Acceleration/Deceleration 加速和减速震荡指标（AC）。

Alligator 鳄鱼指标。

Awesome Oscillator AO 震荡指标。

Fractals 分形指标。

Gator Oscillator 加多摆动指标。

Market Facilitation Index 市场促进指数指标（BW MFI）。

添加自定义技术指标：MT4 终端提供了强大的自编指标功能，用户既可以自己设计编写指标，还可以从网络上寻找下载他人提供的自定义指标。将指标文件（.ex4）放到 MT4 安装目录 \experts\indicators 这个文件夹里，然后重启 MT4，应用时点插入菜单—技术指标—自定义指标或者双击导航器窗口中的自定义指标就可以了。如果指标文件是.mq4（源码文件），在此文件上双击打开 MetaEditor 编辑器，点击工具栏菜单"编写"按钮即可生成.ex4 文件。

修改技术指标：技术指标添加到图表以后，仍然可以修改。在指标线上点右键"属性"，或通过在图表空白处点右键菜单"技术指标列表"，或点图表菜单"技术指标列表"，然后选中指标再点"编辑"按钮打开指标属性设置窗口进行修改（见附图 3-41）。

附图 3-41　修改技术指标

删除技术指标：若想删除技术指标，则在指标线上点右键"删除技术指标"，或通过在图表空白处点右键菜单"技术指标列表"，或点图表菜单"技术指标列表"，然后选中指标再点"删除"按钮。如果在一个副图指标窗口只有一个技术指标，则右键菜单中"删除技术指标"和"删除指标窗口"是一样的。

叠加技术指标：主图窗口可以无限制地叠加主图技术指标，重复添加指标过程即可；副图指标窗口不但可以叠加参数不同的相同指标（实现单线变多线），还可以叠加具有相近水平坐标位的不同副图指标，以节省屏幕空间。叠加方法是先设置好副图指

标，再在导航器窗口把要添加的指标用鼠标拖放到这个副图指标窗口，在弹出的指标属性窗口设置好参数点"确定"完成。指标的叠加便于利用指标的多指标、多参数的共振来提高分析的成功率。

为副图指标添加平均线：这又是一个很有用的功能，MT4 自带的副图指标大都没有平均线，用户自己可以添加。将导航器窗口—技术指标—Moving Average 向副图指标窗口拖放，在弹出的 Moving Average 指标设置窗口参数标签项下，设置参数，并选择"应用于 Previous Indicator's Data"，然后点"确定"就可以了。指标添加了平均线后便于更直观地观察趋势状态。

关于外汇成交量指标：因为外汇市场没有统一的交易所，MT4 上的 Volumes 不是真实成交量，而是根据单位 Tick 跳动次数和频率通过公式算出来的数字，用来代替成交量计算指标数值。

查看指标数值：将鼠标光标放在技术指标的线条上，会提示技术指标的数值。也可以点主菜单"显示—数据窗口"或使用快捷键"Ctrl+D"或点"常用按钮"中的 打开数据窗口，然后鼠标指针在图表上水平移动，就可以得到坐标位的全部指标数值。

5. 画线分析

画线分析是在价格和技术指标图表中画上线条和几何图形。包括支撑/阻力线、趋势线、斐波那契、江恩和安德鲁分叉线等。在软件终端，画线分析组合在"插入"菜单和"画线分析"工具条中。

（1）水平线。

Horizontal Line，水平线用来标示不同的水准。特别是用来标示支撑位和阻力位。支撑位是指当价格受买方（多头）控制时，阻止其下跌的水准。阻力位则相反，当价格受卖方（空头）控制时，抑制其进一步上涨的水准。

（2）垂直线。

Vertical Line，垂直线一般用于在时间轴上标示不同的界限，或用于技术指标信号和动态价位的比较。

（3）趋势线。

Trendline，趋势线便于揭示价格趋势。为了设定趋势，必须确定两点位置，然后接连这两个点成一条线。

（4）角度线。

Trend by Angle，角度线有助于揭示价格的发展走势。与简单的趋势线相比，运用此工具可设置趋势线度数。

（5）线性回归通道。

Linear Regression Channel，线性回归是统计学的分析工具，基于可利用数据预测今后的价值。在上涨趋势下，假设下一个棒图将高于前一个棒图。在这种逻辑假设下，线性回归方法可获得此假设的统计确定。需要设定两个点创建这一工具。

（6）等距通道。

Equidistant Channel，等距通道（平行线）指一种趋势通道。这类通道线总是平行的。为创建这种工具，必须确定两个点。

（7）标准偏差通道。

Standard Deviation Channel，标准偏差通道。标准偏差是用统计的方法测量波动性。标准偏离影响此通道的宽度。必须调整两个点来创建此工具。

（8）江恩45度线。

Gann Line，甘氏45度线是45度角的趋势线。必须设定两个点来创建此工具。

（9）江恩扇形线。

Gann Fan，甘氏扇形线是从一点以不同角度画出的一组趋势线，1×1趋势线（45度）是最重要的一条线。如果价格曲线高于此线，意味着市场向好，如果低于此线，市场向淡。1×1（45度）甘氏扇形线被认为是在上升趋势下的一条强大的支撑线，突破此线被认为是一转向信号。需要设定两点来创建甘氏扇形线。

（10）江恩网格线。

Gann Grid，甘氏网格线是一条45度角的网格线。必须设定两个点来创建此工具。

（11）斐波那契回调线。

Fibonacci Retracement，斐波那契回撤是Leonardo Fibonacci发现的数字逻辑推论，即每一个随后的数据是前两个数字的总和：1、1、2、3、5、8、13、21、34、55、89、144等。每个数据约等于前一个的1.618倍，且每个前一数据约等于后一数据的0.618倍。此工具是运用决定的趋势线上两点来创建的。然后画出9条水平线，斐波那契水平：0.0%、23.6%、38.2%、50%、61.8%、100%、161.8%、261.8%和423.6%与趋势线交叉。

（12）斐波那契时间周期线。

Fibonacci Time Zones，斐波那契时间周期线是以斐波那契的时间间隔1、2、3、5、8、13、21、34等画出的许多垂直线。假定主要的价格变化期望在这些线附近。运用确定的单位时间间隔长度的两点来创建此工具。

（13）斐波那契扇形线。

Fibonacci Fan，斐波那契扇形线。此工具是运用确定的趋势线的两点来创建的。然后通过第二点画出一条"无形的（看不见的）"垂直线。然后，从第一个点画出第三条趋势线，并与斐波那契水平：38.2%、50%和61.8%的无形垂直线交叉。主要的价格变化被预期位于这些线附近。

（14）斐波那契弧线。

Fibonacci Arc，斐波那契弧线。此工具是运用确定的趋势线的两点来创建的。然后三条弧线均以第二个点为中心画出，并在趋势线的斐波那契水平：38.2%、50%和61.8%交叉。主要的价格变化被预期位于这些线附近。

（15）斐波那契扩展。

Fibonacci Expansion，斐波那契扩展。运用画出两条波浪的三个点来创建此工具。然后画出的三条线，与斐波那契水平：61.8%、100%和161.8%的第三条"无形"线交叉。主要的价格变化被预期位于这些线附近。

（16）安德鲁分叉线。

Andrews Pitchfork，安德鲁分叉线。运用三个点并画出三条平行走势线用来创建此工具。第一条趋势线从三点中最左边点（此点为重要的顶点）开始刚好画在最右边两点中间。此线相当于分叉线的手。然后，第二条和第三条趋势线从最右端两点开始平行于第一条线画出（这是重要的最高点和最低点），这些线相当于交叉线的牙齿。安德鲁交叉线的理论是基于支撑和阻力线的标准原理。

（17）循环周期线。

Cycle Lines，周期线。此工具画出相等时间间隔的许多垂直线。通常地，单位时间间隔相对应一个周期。在这种情况下，通过假定的这些线描述未来的周期。运用两个点及确定单位时间间隔的长短来创建此工具。

6. 模板

设置一个技术分析图表模型颇费心机，如果每打开一个新图表就重新手工设置是相当麻烦的，现在用模板功能就能完美地解决这个问题。模板是一组能应用到其他图表的图表窗口属性，它记录了图表窗口的特性和利用的元素，它保存了图表类型、时段、缩放比例信息和画线分析的设置、技术指标和自定义技术指标信息。模板能方便地将不同的图表快速调整到同一类型。

保存模板：这是使用模板的第一步。可以选择主菜单"图表—模板—保存模板"，也可以在图表右键菜单里选择相同的命令，或者在"图表"工具条里选择按钮，建议

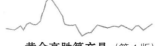

取一个好记的文件名。模板以 TPL 的文件格式存储在 MT4 安装目录的 Templates 文件夹下。模板一旦被创建，它就可以无限制地被使用多次。在安装终端软件的过程中会创建一个常规模板"DEFAULT.TPL"，以后，可以在图表活动窗口的属性中改变这个模板。

加载模板：就是模板的直接调用。可以选择主菜单"图表—模板—加载模板"，或在图表窗口右键菜单选择"模板—加载模板"，或者在图表工具条上的 按钮单击一个模板，当前的图表窗口就会变成模板的样式。使用了模板的图表仍然可以随意修改，修改也可以保存成新的模板或者覆盖原模板文件。

删除模板：可以选择主菜单"图表—模板—删除模板"，或在图表窗口右键菜单选择"模板—删除模板"，或者在图表工具条上的 按钮单击一个模板，则删除模板文件。注意系统的模板"DEFAULT.TPL"不能删除，但可以修改后覆盖保存。

7. 图表数据更新

数据更新如果出错或图表中有空白，可以使用刷新来更新数据。可以选择主菜单"图表—刷新"或选择右键菜单中的相同命令来实现此功能。而且如果要填充空白区域，你只需移动图表到相应区域。如果执行上述操作，缺少的数据将会从服务器上下载并显示在图表上。

注意，显示在图表中的柱状图数量不能超过在主菜单"工具—选项—图表属性页"中设置的值。

8. 图表夹

MT4 图表窗口区域打开显示的所有图表就组成了一个图表夹。如果这些图表不能满足需要，则可以通过图表夹的方式来管理多组图表。所有的图表夹管理命令都在主菜单中，选择主菜单"文件—图表夹"调出此命令。当前的图表夹名称显示在状态条上，并且图表夹控制菜单中的此图表夹名前面的选择框会被选中。"下一个图表夹"和"上一图表夹"可以顺序在不同的图表夹之间切换，不过打开新图表夹比较费时，所以建议不要频繁切换。图表夹存放在 MT4 安装目录下的 Profiles 文件夹中。

创建图表夹：要创建一个新图表夹，可以将当前的图表夹通过控制菜单里的选项"另存为"保存为新的图表夹名称，然后对图表进行修改，系统会自动保存这些修改（见附图 3-42）。

调入图表夹：点击主菜单"文件—图表夹"的某个图表夹名称则调入图表夹（见附图 3-43）。

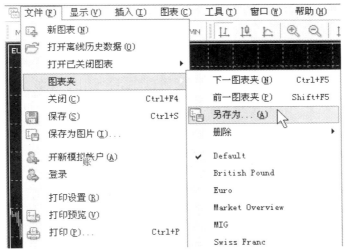

附图 3-42　创建图表夹

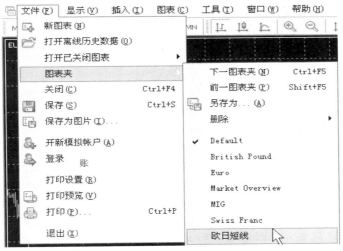

附图 3-43　调入图表夹

　　删除图表夹：主菜单"文件—图表夹—删除"能删除图表夹，注意当前的图表夹和缺省的图表夹（DEFAULT）不能被删除。

八、下单交易

1. 开仓

开仓是交易的第一步，是根据市价单或挂单指令所做出的。

（1）市价单。

市价单是以市场当前价格成交的定单。买入是以交易商作为卖方的叫价（卖出价）

成交的，卖出是以交易商作为买方的出价（买入价）成交的。市价单中可以同时设置止损和获利定单。

定单可通过定单控制窗口"新定单"发出执行指令（见附图3-44）。此窗口可以使用主菜单中"工具—新定单"指令打开，也可以使用"常用"工具条中的 按钮打开；或使用热键F9；或在"市场报价"窗口和"终端—交易"窗口中使用右键菜单的"新定单"命令；也可以在"市场报价"窗口中鼠标双击金融品种的名称。作为市价单必须在打开的新定单窗口中交易类型框里选择"即时成交"（默认即可）。

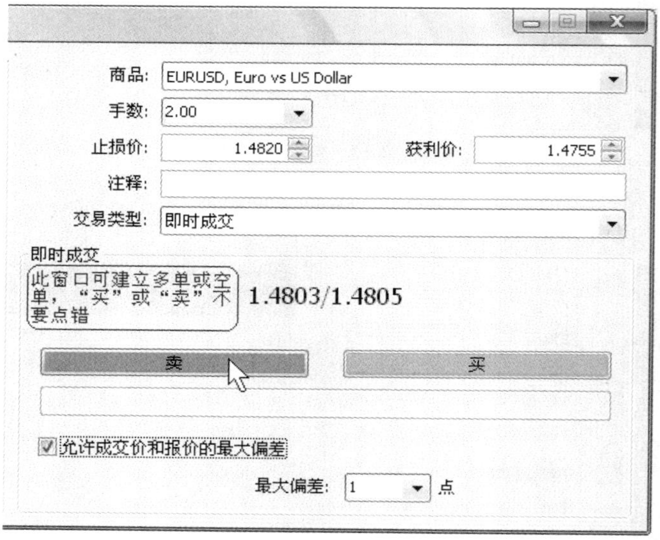

附图3-44　市价单

新定单窗口上必须设定：

商品——选择所要交易的金融品种，默认显示当前图表对应的品种或者在市场报价窗口所选中的品种。

手数——选择下单的数量，也可以手工输入。

止损价——设定止损价格，默认是零，表示不设。如果输入数值后想改回零，可用Delete键或Backspace键修改。

获利价——设定止盈价格，默认是零，表示不设。如果输入数值后想改回零，可用Delete键或Backspace键修改。

注释——填写注释内容，注解的大小不可超过25个字符。

卖/买——选择下单方向建立多仓或空仓。

允许成交价和报价的最大偏差——不选或选择零表示不允许滑点成交。有时市场

变化太快，允许滑点更便于成交。

定单设定好以后，点击"买"或"卖"按钮后，即弹出成交信息窗口，点击"确定"关闭窗口。成交后的定单将显示在"终端—交易"窗口，图表上也将显示开仓部位的下单价格水平（见附图 3-45）。有时在按下"卖"或"买"按钮后若遇价格波动剧烈，可能"重新报价"窗口会出现，要求对新价格进行确认。

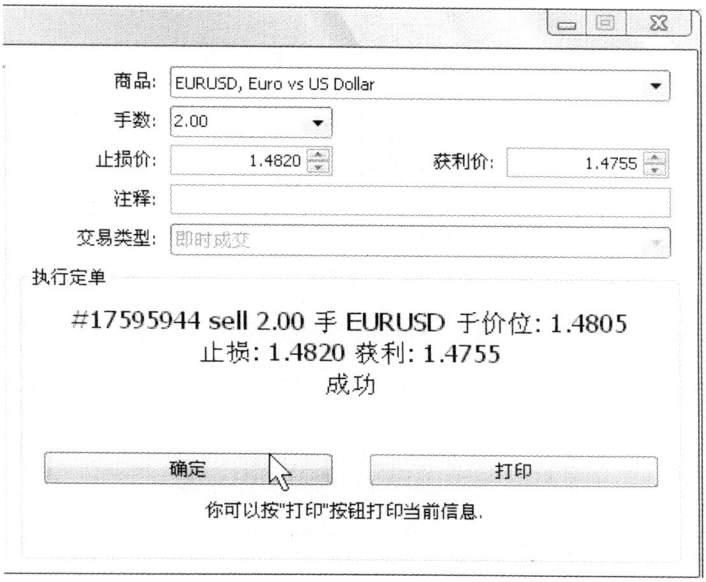

商品:	EURUSD, Euro vs US Dollar
手数:	2.00
止损价:	1.4820　　获利价:　1.4755
注释:	
交易类型:	即时成交

执行定单

#17595944 sell 2.00 手 EURUSD 于价位: 1.4805
止损: 1.4820 获利: 1.4755
成功

确定　　　　　　　　打印

你可以按"打印"按钮打印当前信息.

附图 3-45　定单设定成功界面

如果设定的止损和获利定单水平太接近当前市场价格，"市价单"将显示出"无效价格"的信息。必须修改止损和止盈到当前价格的一定距离（一般是 5 点）以外，并重新请求执行市价单。

（2）挂单。

挂单交易是在未来的价格等于设定的价格水平时才以市价成交，挂单同时也可以设置止损和获利价。挂单交易包括四种类型（见附图 3-46）：

限价买单（Buy Limit）——设置在未来某个低于当前市场价格水平的位置买入，属于逆势建仓。

止损买单（Buy Stop）——设置在未来某个高于当前市场价格水平的位置买入，属于顺势追涨。

限价卖单（Sell Limit）——设置在未来某个高于当前市场价格水平的位置卖出，属于逆势建仓。

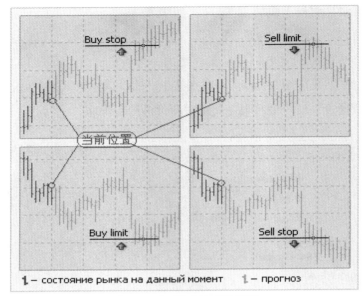

附图3-46　挂单的四种类型

止损卖单（Sell Stop）——设置在未来某个低于当前市场价格水平的位置卖出，属于顺势杀跌。

和市价单一样，首先打开新定单窗口，其次在交易类型框里选择"挂单交易"（见附图3-47）。此挂单窗口除了和市价单相同的以外，必须设定：

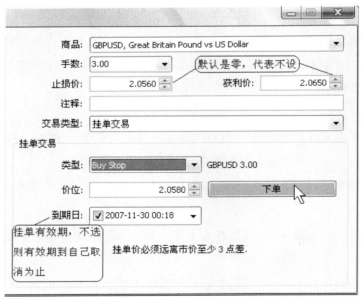

附图3-47　挂单窗口

类型——选择挂单的类型（限价买单、止损买单、限价卖单、止损卖单）。

价位——设定下单价格水平。

到期日——设定定单的有效时间。

下单——发送执行定单命令。

点击"下单"按钮后，挂单将显示在"终端—交易"窗口里。并可以双击或通过右键菜单进行修改或删除（见附图 3-48）。当挂单在市价达到预设价格成交建仓后，在"终端—交易"窗口中的挂单记录会被删除，开仓记录将显示。在"终端—账户历史"窗口中仍可以看到完整的挂单记录。

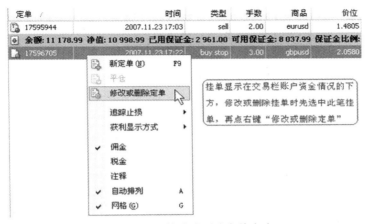

附图 3-48　修改或删除定单（1）

若想修改挂单价或止损获利价，则需先更改原设定数值，这时"修改"按钮才被激活，点"修改"按钮即可完成；若想删除挂单，则直接点"删除"按钮（见附图3-49）。

（3）止损。

止损设置用于在金融品种价格开始向无盈利方向运行时使亏损最小化。该设置常常不是与开仓就是与挂单交易结合，开仓后也可以为定单添加止损。若要添加止损或修改，则需要使用"终端—交易"窗口的右键菜单"修改或删除定单"命令，或用鼠标左键双击需要修改头寸（挂单交易）。在弹出定单窗口后，需要在"止损"栏输入需要的价格。一旦定单的此栏有变动，将会存储新的价格。如果要删除此止损，此栏必须显示零。在每项操作执行完成后，应按下"修改定单"按钮。在设定止损价之后，在图表窗口会显示定单价格水平的标记；设定于挂单交易的止损仅在挂单交易成交开仓后才能被激活。当市价达到预设止损价格后，系统将执行平仓操作，在"终端—交

易"窗口中的开仓记录会被删除，在"终端—账户历史"窗口中仍可以看到完整的交易记录。止损设置如附图 3-50 所示。

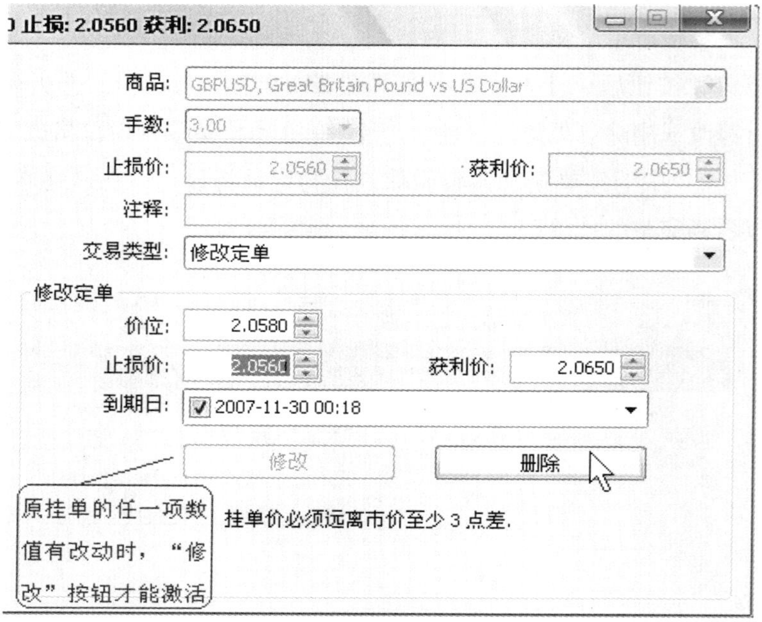

附图 3-49　修改或删除定单（2）

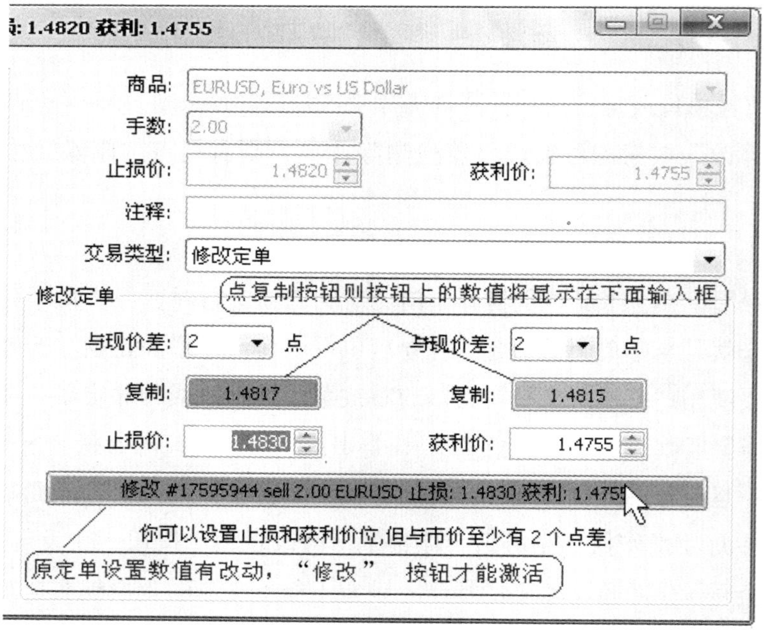

附图 3-50　止损设置

（4）止盈（获利价设置）。

止盈有的交易平台叫作限价，止盈设置是为了在金融品种价格达到预期水平之后进行获利了结。操作与上面的止损说明类似。

（5）追踪止损。

也叫移动止损，是为了当开仓头寸向盈利的方向变动时，相应地不断跟进止损位，一旦遇价格回调到跟进后的止损位置，便可以及时执行平仓，以保住大部分盈利成果。此工具对下述情况尤其有用：价格向单一方向剧烈移动时（在没有深幅回调下具有明显的趋势）；没有可能密切监视市场变化的情况下。

设定追踪止损需执行"终端—交易"窗口的右键菜单"追踪止损"命令，选定一个期望的追踪点数（见附图 3-51）。从追踪止损设置的那一刻起，终端每接收一次报价都会核算头寸的盈利并跟进止损位置。每次自动修改止损设置都会在日志中做出记录。取消追踪止损，需要选中"终端—交易"窗口的右键菜单"追踪止损"中的参数"无"；若终止所有自动追踪止损功能，则需要选中"终端—交易"窗口的右键菜单"追踪止损"中的参数"全删"命令。

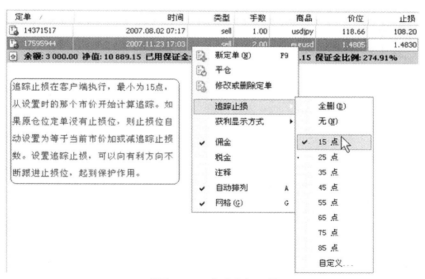

附图 3-51　追踪止损设置

注意：自动移动止损功能仅在客户端有效，不像止损和止盈在服务器有效。因此，若终端退出后，自动追踪止损功能将不再有效。

（6）锁仓。

也叫锁单、对冲，是新开仓一个与现有开仓定单方向相反的头寸，以锁住盈亏。

解锁时，平掉其中对预期不利的定单即可。锁单的好处是享受交易商提供的不占用保证金的政策，其他并无实际用途。

2. 平仓

平仓是交易的第二步，平仓以后才构成完整的交易。平仓有三种情况，分别是主动平仓、挂单平仓、强制平仓。

（1）主动平仓。

是自己根据对行情的判断认为平仓的时机成熟而手工市价平仓。在已开仓定单上点右键"平仓"或直接双击已开仓定单，打开平仓窗口，点"平仓"按钮即可完成以市价平仓（见附图3-52、附图3-53）。

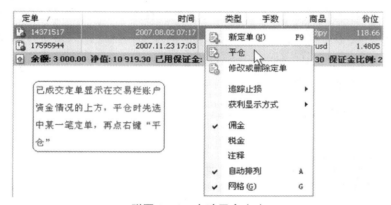

附图3-52　主动平仓（1）

附图3-53　主动平仓（2）

（2）挂单平仓。

是在已开仓定单设置了止盈和止损价格的前提下，当市价达到所设置的价格时，系统会自动平仓。挂单指令是在服务器端执行，无须人工干预。

（3）强制平仓。

当因为浮动亏损而导致账户净值低于平台规定的最低维持保证金水平时，系统会自动强制平掉所有仓位。需要注意的是，如果遇市场价格剧烈波动，可能会跳过强制平仓点平掉，而导致实际亏损金额高于理论数值。

九、智能交易系统、自定义指标和脚本

MetaQuotes Language 4（MQL4）是一种新的内置型，用来编写交易策略的程序语言。这种语言可以创建你自己的智能交易系统，使自己的交易策略能够完全自动地执行。而且，MQL4 还能自定义客户指标和脚本。MetaEditor 4 集合了编写 MQL4 程序代码的各种语句，它能帮助使用者方便地写出规范的代码。

MetaQuotes Language 4 可以编写不同作用的程序代码：

智能交易：是一种连接到特定图表的自动交易系统。这种交易系统能够在提醒用户可以交易的同时，将交易定单自动送到交易服务器。与大多数交易系统一样，它也能够用历史数据测试交易策略，并在图表上显示出来。

自定义指标：可用来编写新的技术指标，和内置的指标一样，它不能用来进行自动交易，只能作为分析数据的工具。

脚本：是执行单一功能的一段程序，和智能交易不同，脚本不能单独执行，只能被调用。

1. 智能交易系统

客户终端的智能交易系统（Expert-Advisor，EA）调用使用 MetaQuotes Language 4（MQL 4）语言开发的程序，可以自动分析和操作交易。智能交易系统可以以自动的模式进行市场技术性分析。除此之外，智能交易系统还可通过接收到的信号下单执行交易，并且监控开仓头寸。所有关于进行技术分析和交易的常规操作都可以交给智能交易系统执行。

内置的编辑器"MetaEditor"用于设计智能交易系统。在创建此编辑之后，智能交易系统作为文件被存储在"EXPERTS"文件夹中，文件名扩展为"MQ4"（源编码）和"EX4"（执行文件）。EX 的文件列表可以在"导航—智能交易系统"窗口中看到。

（1）智能交易系统的创建。

为了创建新的智能交易系统，应该先装载编辑 "MetaEditor"，打开 "Expert Advisor Wizard" 窗口，且在 "Expert Advisor program" 中填写对应的栏目。"智能交易系统" 编辑器可以通过以下几种方法调用：窗口 "导航器—智能交易系统—创建" 中的右键菜单指令，或主菜单中 "工具—MQ 语言编辑器" 命令，也可按 F4 键或 Insert 键。之后需设定智能交易系统的参数：

名称——智能交易系统的名称。

作者——有关作者的信息。

链接——开发者的网址。

参数——输入参数列表。加入新参数应按 "增加" 键，删除参数按 "删除" 键。

在 Expert Advisor Wizard 结束工作后，监控进入 MetaEditor，此时可以直接创建智能交易系统了。可以通过智能交易系统的右键菜单命令 "导航—智能交易系统—修改" 修改已有的智能交易系统。通过编辑器提供的应用源编码，智能交易系统可以重新编辑。创建后的智能系统文件必须编译成.EX4 文件后放到 MT4 安装目录下的 Experts 文件夹里才能使用。

（2）智能交易系统的使用。

Expert Advisor Wizard 可以使用以下几种方法附加到图形上：使用 "附加到图表" 的命令（见附图 3-54），或在 "导航" 窗口中对已选的智能交易系统双击鼠标左键，或选中智能交易系统使用鼠标拖拽技术附加在图表上。一个明显的附件微笑图标会显示在图形右上角。

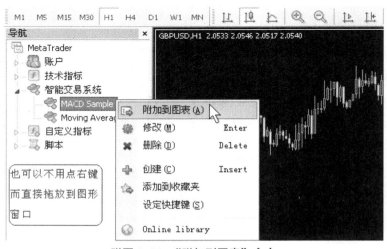

附图 **3-54** "附加到图表" 命令

如果要改变附加在图表上的智能交易系统的设置，可对微笑图标双击鼠标左键，或执行右键菜单命令"智能交易系统—属性"，或按 F7 键。附加上或改变智能交易系统的参数，客户可定制以下设置（见附图 3–55）：

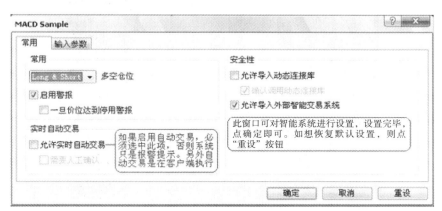

附图 3–55　设置参数

多空仓位——开仓部位的方向：

● 多仓和空仓（Long & Short）——两个方向。

● 仅开多仓（Only Long）——仅买入。

● 仅开空仓（Only Short）——仅卖出。

启用警报——启动/关闭报警信号。

● 一旦价位达到停用警报——仅发出第一次预警信号。

允许实时自动交易——允许智能交易系统进行实时交易。

● 需要人工确认——交易信号开始时要求确认。

允许导入动态连接库——允许/禁止从动态连接库文件输入的功能。

● 确认动态连接库功能调用——每次调用动态连接库功能都要求确认。

允许导入外部的智能交易系统——允许/禁止从外部智能交易系统输入功能。

另外在"输入参数"标签中可以修改输入变量。若需要删除附加在图表上的智能交易系统，可以在图表窗口中使用右键菜单命令"智能交易系统—消除"操作（见附图 3–56）。使用主菜单命令"工具—选项—智能交易系统—启动智能交易系统"，或"图形工具条上的 🔘 按钮，或使用快捷键"Ctrl+E"可以禁止（或启动）附加在图表上的所有智能交易系统的使用。在这种情况下，智能交易系统没有被删除。

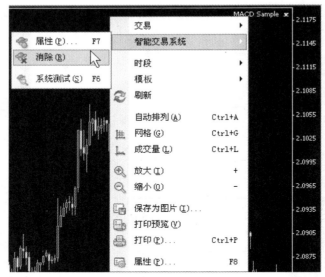

附图 3-56 "删除"操作

（3）智能交易系统测试。

为了核查智能交易系统的可操作性，可创建一个专门多功能"测试器"窗口。可以使用以下几种方法打开此窗口：主菜单"显示—智能交易测试"命令，或使用快捷键"Ctrl+R"，或按"标准"工具条中 ⑦ 按钮。该窗口不仅可以测试交易策略，还可以进行参数优化（见附图 3-57）。

附图 3-57 "测试器"窗口

★ "设置"标签。

智能交易系统——从列表中选择需测试的智能交易系统。为了能够执行此步骤，智能交易系统必须被编译及放置在/Experts 文件夹中。所有新创建的智能交易系统都被自动放置在此文件夹中。

商品——选择所要测试的交易品种。

时间周期——选择商品的时间周期。如果选择此项，则指定区间的数据将被运用。否则，将运用所有可利用数据。

复盘模型——选择棒图模型的模式。

优化——转换成优化模式，选择期望的输入变量参数在"智能交易属性—优化"窗口标签中列出。

复盘显示——测试的日期起止时间。

智能交易属性——设置测试系统的一系列选项及参数；在测试期间初始保证金和开仓方向可在"测试"标签中说明。参数优化的参数列在"优化"标签中。这些参数被预先确定，但它们的数值可以变动。可以在需要修改的数值上双击然后输入新值来修改。此外，参数名称左边的标记可允许修改/不修改数值。

商品属性——查看所测试品种的合约细则；此信息记录在一个 *.fxt 文件的顶部，被用于服务器模拟。

打开商品图表——为选择的品种创建新的图表窗口；开平仓图标、智能交易系统运用的对象和指标都可以在图表上画出。此图仅在测试结束后打开。

修改智能交易——打开编辑器"MetaEditor"编辑选择的智能交易系统。

开始——开始测试。点击开始后，此测试窗口会增加"结果"、"净值图"和"报告"标签。

★ "结果"标签。

测试结果列在一个表格中，此表包括所有交易执行的信息。表格包括以下几个栏目：

#——交易的次数排序。

时间——履行交易的时间。

类型——交易的类型（卖出、买入、止损、获利了结、修改、止损平仓等）。

定单——交易笔数排序。

手数——下单的手数。

价格——成交价格。

止损——定单止损价格。

止盈——定单止盈价格。

获利——盈亏金额。仅平仓时在该栏中会显示该数值。

余额——每次平仓后的资金余额，仅平仓时在该栏中会显示该数值。

★ "净值图"标签。

"净值图"标签包括自动画出的账户资金走势图表。该图表显示在测试交易策略期间的动态交易结果。如果在测试过程中交易手数有变化，手数图将会在此标签显现。

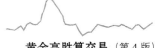
★ "报告"标签。

此标签中概括了以下测试结果和一些主要参数：

经测试过的柱数——历史的棒图的数量。

用于复盘的即时价数量——在测试时，Tick 模型的数量。

模型的质量——Tick 模型质量的百分比值。

起始资金——初始存款。

总净盈利——盈利减去亏损的数值。

总获利——所有盈利交易的盈利总额。

总亏损——所有亏损交易的亏损总额。

总净利润——盈利减去亏损的数值。

盈利比——总获利与总亏损的比值。

预期盈利——预期盈利。

绝对亏损——在余额下最大亏损值。

最大亏损——亏损交易的最大值。

交易单总计——总计交易的次数。

卖单（获利百分比）——建立空头头寸的次数和其中盈利单的百分比。

买单（获利百分比）——建立多头头寸的次数和其中盈利单的百分比。

盈利交易（占总百分比）——盈利头寸的数量及其占总交易数量的百分比。

亏损交易（占总百分比）——亏损头寸的数量及其占总交易数量的百分比。

最大的获利交易——最大盈利的交易。

最大的亏损交易——最大亏损的交易。

平均获利交易——所有获利交易的平均盈利。

平均亏损交易——所有亏损交易的平均亏损。

最大连续获利金额——最大的连续盈利交易的盈利总和金额。

最大连续亏损金额——最大的连续亏损交易的亏损总和金额。

最多连续获利次数——连续盈利交易总次数。

最多连续亏损次数——连续亏损交易总次数。

平均连续获利——连续盈利交易的平均数。

平均连续亏损——连续亏损交易的平均数。

★ "日志"标签。

在测试过程中的报告在此表标签中自动生成。除了在智能系统测试而不是在市场真实操作期间发布的信息以外，该日志与"终端"窗口的日志相同。在测试结束之后，数据输出在单独的 Tester/Logs 文件夹。

★智能交易系统优化。

智能交易系统的优化是系统通过连续的选择找出输入参数的最适合数值。若转换成优化模式，需要在"测试器—设置—优化"栏上标记选中，然后选择期望的输入变量参数在"智能交易属性—优化"窗口标签中列出。不仅初始值（开始），而且改变变量步长和最终限制参数（止损价位）均需定义后优化。注意如果止损价位或步长为零，或者止损价位不能达到（如止损价位比开始价位高，而步长为负数）这样的变量将不能被优化。在定义期望的参数之后，像正常的测试一样必须按"开始"按钮。由于优化过程中使用不同变量对智能交易系统进行多种测试，所以这一过程需花费大量时间。在优化过程结束后，可以在"优化结果"和"优化图表"中核查结果。

2. 自定义指标

自定义指标是使用 MetaQuotes Language 4 语言开发的程序，其具有技术分析指标功能。编辑器"MetaEditor"用于自定义指标的设计。自定义指标列表可在"导航器—自定义指标"窗口中看到。

创建一个新的用户自定义指标可通过启动"Expert Advisor Wizard"，在程序类型中选择"Custom Indicators（自定义指标）"。Expert Advisor Wizard 的下一步帮助自定义指标的普通设定。

名称——自定义指标的名称。

作者——有关作者的信息。

链接——开发者的网址。

参数——输入参数列表。增加一个新的参数应按"增加"键，删除参数按"删除"键。

之后需要定义新的技术指标是否创建在独立的图表窗口中，新指标的最大值和最小值（如果需要）及技术指标标记的数量。技术指标标记组中的数量对应在图表中显示线条的数量。换言之，当技术指标标记被定义后，用户自定义指标线条数也被定义了。

"Expert Advisor Wizard"在定义完成所有特性以后结束工作，转交控制到"MetaEditor"。现在网上有好多的自定义指标，如果是在网页上看到的指标源代码文本，则可以复制到记事本里，保存为.mq4 格式，而不必打开 MetaEditor 编辑器。自定义指标的修改类似于智能交易系统的修改，右键菜单中的"删除"命令可删除"导航

器—自定义指标"窗口的自定义指标。创建后的指标文件必须编译成.EX4 文件后放到 MT4 安装目录下的 Experts/Indicators 文件夹里才能使用。对于自定义指标的操作使用和系统自带指标是完全一样的。

3. 脚本

脚本是一种由 MQL4 语言编写的程序，为执行单一功能而设计。不像智能交易系统，脚本仅按需求执行一次，而不是按每笔报价执行。您可使用"MetaEditor"编辑器设计脚本。可用的脚本序列可在"导航器—脚本"窗口看到，其他部分，脚本监控类似于智能交易系统和自定义指标的监控。

注意：

如果在"导航"窗口中的程序图标显示为灰色，表示其不可用。为了启动并使用这一程序，必须在"MetaEditor"编辑器中编译脚本。在客户终端中提供几种用于示范"MQL4"语言的智能交易系统，用户自定义指标和脚本，但这些程序仅可用于学习。在修改智能交易系统（或自定义指标、脚本）之后，需要编译。否则，您就不能使用修改后的程序。

十、软件选项设置

定制用户终端的设置在菜单"工具—选项"中，这些设置非常重要，除非需要，不要轻易改动。它包含如下参数：

服务器（服务器页）。

图表（图表页）。

对象属性（对象页）。

交易（交易页）。

智能交易系统操作（智能交易系统页）。

电子邮件属性（电邮页）。

账户报告发布属性（公开页）。

系统事件通知（提醒页）。

（1）连接服务器参数设置（服务器页）。

连接服务器设置界面如附图 3-58 所示。

"服务器"栏应包含 IP 地址或服务器名和它的通信端口。字段应按照如下格式"[服务器地址]：[端口号]"。点击"变更"按钮能改变目前账户的密码。

"数据中心服务器"栏包含所使用的数据中心的地址。通过数据中心，用户终端能

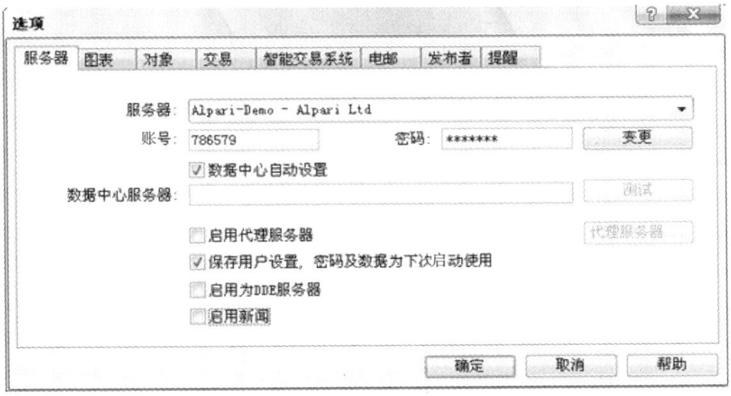

附图 3-58　连接服务器参数设置

接收新闻、报价、历史数据（图表）和下单。"测试"按钮通过指明的数据服务器来测试操作。"自动设置"标志允许通过数据中心来自动配置操作。在这种情况下，"数据中心服务器"栏和"测试" 按钮均被锁住。

"启用代理服务器"——选中此项，然后按下"代理服务器"按钮，进行如下设置：需要指明代理服务器的类型，地址（IP 或域名）和端口号，需要认证的代理还要输入登录账号和密码。和数据中心一样，"测试" 按钮能测试设置是否有效。设置完成后，终端通过代理服务器开始工作。

还可以在选项窗口中配置如下选项：

"启用新闻"——允许/禁止接收新闻。如果没有选中此选择框，程序将不会查询新闻。如果选中此项，但没有任何新闻出入，"新闻"标签表不会在"终端"窗口显示。

"启用为 DDE 服务器"——允许/禁止实时报价通过 DDE 协议（动态数据交换）输出，用户终端的目录下有一个有效的输出为 MS Excel 的例子，文件名为 DDE-Sample.xls。注意：历史数据不能通过 DDE 协议输出，最新的报价只有在用户端是运行状态时进行输出。

"保存用户设置，密码及数据为下次启动使用"——选中此项，则每次启动软件时自动按最后一次使用的账号和密码连接服务器进行登录。

（2）图表参数设置（图表页）。

图表参数设置界面如附图 3-59 所示。

所有图表的常规参数都在图表页里进行设置：

"交易单显示在图表上"——允许/禁止显示交易信息：定单数量及其位置（买或卖）。

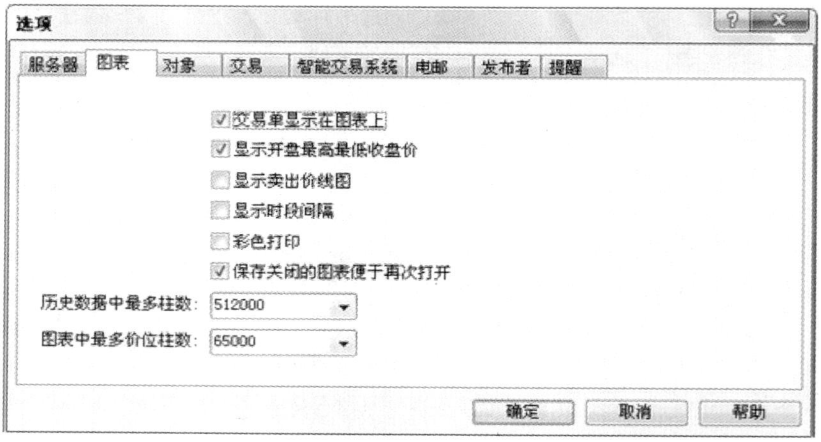

附图 3-59　图表参数设置

"显示开盘最高最低收盘价"——显示/隐藏 OHLC（开高低收）信息。此内容显示在图表的左上角。

"显示卖出价线图"——显示卖出价位水平线，这里选中的同时图表的属性窗口里也要选中才起作用。

"显示时段间隔"——在图表上零点时间坐标显示一条竖线，以示不同日期。在图表窗口"属性"栏选项中有相同操作功能，具体操作为"属性—常规—显示时段间隔"。

"彩色打印"——此选项可以让用户不再只能得到黑白打印图表，而是彩色打印。如果打印机支持，用户可以执行菜单"文件—打印"来打印图表。也可以在图表的右键菜单中选择相同的"打印"命令，或者按快捷键 Ctrl+P。

"保存关闭的图表便于再次打开"——允许/禁止使用删除图表模板。如果选中此选项，可以在"删除"目录恢复删除过的模板，而且，主菜单"文件—打开已关闭图表"也能打开删除的图表。

"历史数据中最多柱数"——可以设置保存在历史文件中的最多蜡烛数容量，而且，此历史数据可以被用来测试智能交易系统。

"图表中最多价位柱数"——设置图表中的蜡烛数，这些蜡烛图可用来配置技术分析指标。

（3）对象属性设置（对象页）。

对象属性设置界面如附图 3-60 所示。

在对象页中可以设置所有图形对象的常规属性：

"新建后显示属性"——允许/禁止在新建对象后打开属性窗口。

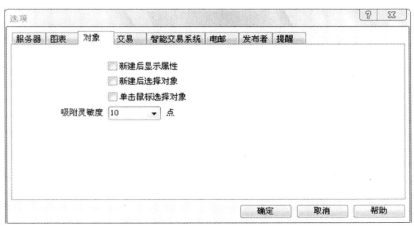

附图 3-60　对象属性设置

"新建后选择对象"——允许/禁止在新建对象后选择对象；对象的画线分析、文字、光标和几何图形在图表中可以调动。例如，趋势线精确表达位置。这样做需选定对象。选中此项则允许立即设定对象。

"单击鼠标选择对象"——允许/禁止单击鼠标选择对象；如果此项开启，单击选中全部对象。另外，双击对象打开属性窗口。如果此选项禁止，需双击选中所有对象。

"吸附灵敏度"——是指对象离棒图的最近价位（开盘价、最高价、最低价、收盘价）有多少像素。"灵敏度"的像素是被限定的。例如，如果指定的成交量为 10，灵敏度对象离棒图的最近价位（OHLC）为 10 像素。禁止此选项，需要输入数据参数为 0。

（4）交易参数设置（交易页）。

交易参数设置界面如附图 3-61 所示。

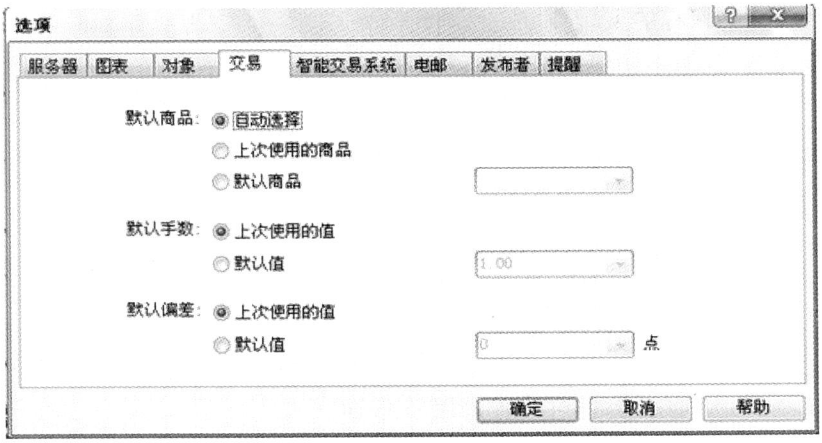

附图 3-61　交易参数设置

此选项用于设置打开交易定单窗口时的默认显示内容。选中"上次使用的商品"意思是当建立一个头寸时，最后一次交易的商品将被用作缺省商品。使用"默认商品"时，在未选中的下拉框中选择需要的商品名。用户设置初始的偏差值与此方法相同，标志"上次使用的值"允许使用上次交易的值，反之标志"默认的偏差值"来设置永久的偏差值。

（5）智能交易系统参数设置（智能交易系统页）。

智能交易系统参数设置界面如附图3-62所示。

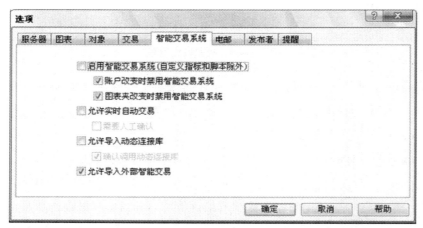

附图3-62　智能交易系统参数设置

在此页中设置基本智能交易系统的参数：

"启用智能交易系统（自定义指标和脚本除外）"——允许/禁止使用智能交易系统；如果禁止使用，当新记号进入时，开始将不会发挥作用。另外，在图表的右上方存疑符号将会代替交易名称的笑脸。

"账户改变时禁用智能交易系统"——这种保护机制是有用的，如从模拟账户切换到真实账户。

"图表夹改变时禁用智能交易系统"——因为图表夹可能包括智能交易系统，所以此选项也非常有用。

"允许实时自动交易"——是否允许智能系统自动下单，另外可设置是否需要人工确认。

"允许导入动态连接库"——允许从DLL中导入函数，当运行不清楚的智能交易系统时，建议禁止此功能。另外可设置调用外部DLL文件时要求确认。如果允许从DLL模块中插入，此选项将控制所有被调用的功能。

"允许导入外部智能交易"——允许从外部智能交易系统中导入不同的功能。

（6）电邮参数设置（电邮页）。

电邮参数设置界面如附图 3–63 所示。

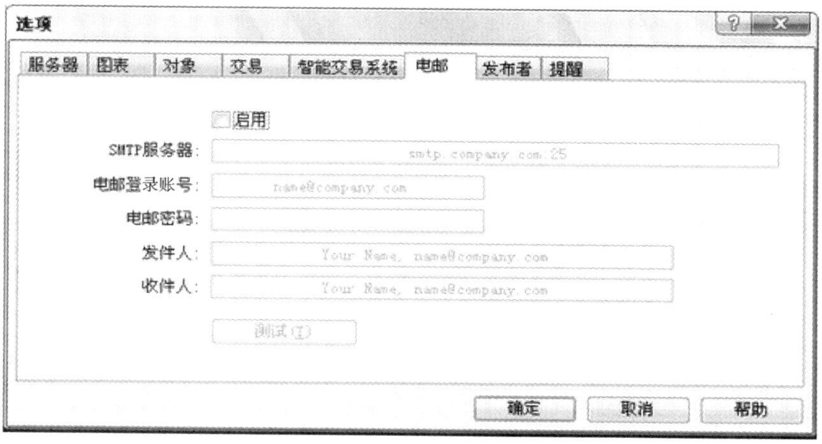

附图 3–63　电邮参数设置

在此页中，用户设置自己的邮箱参数以便在智能交易系统和预警信号产生指令时，能确保发送消息到邮箱中。这个功能就是自己给自己发邮件，发件人设为你上面 SMTP 的邮箱，收件人设成一样或者不一样都可以，你想哪个邮箱收就设哪个。另外，如果想多个邮箱收，则可输入多个邮件地址，但要用逗号隔开。用户可以利用某些邮箱服务商提供的手机绑邮箱功能，实现手机接收报警信号。启用此功能，用户需要选中"启动"，并且填写下列参数：

SMTP 服务器——SMTP 服务器地址。

电邮登录账号——邮箱地址。信息将会从这个地址送出。

电邮密码——邮箱登录密码。

发件人——给邮箱设定的发件人名称。

收件人——给邮箱设定的收件人名称。

测试——发出一个测试的电邮到所填的地址。

（7）账户报告公布属性设置（公开页）。

账户报告公布属性设置界面如附图 3–64 所示。

公开页中设置 FTP 服务器，发送账户报告信息，因此，必须选中"启用"，并且填写下列参数：

账户——活动账户名称。

附图 3-64　账户报告公布属性设置

自动更新于每几分钟——更新周期。

FTP 服务器——发送报告的目的服务器地址。

FTP 路径——FTP 服务器的路径名称。

FTP 登录——FTP 服务器的登录账号。

FTP 密码——FTP 服务器的登录密码。

被动模式——在标准 FTP 和被动模式的 FTP 间切换。积极 FTP 模式和被动 FTP 模式的主要区别是开通连接的传送数据。在积极的模式下，客户可以接受从 FTP 服务器连接。在被动的模式下，客户发起连接，服务器接收。

测试——使用上述设置发送一个账户报告，验证以上设置。

（8）系统事件提醒参数设置（提醒页）。

系统事件提醒参数设置界面如附图 3-65 所示。

附图 3-65　系统事件提醒参数设置

在此页中设置系统事件警示信号，选中"启用"能在终端中使用信号，"警报内容"栏显示预先定义的系统事件，"声音"栏显示事件的声音文件名。系统事件包括：

Connect——连接服务器。

Disconnect——断开服务器。

Email Notify——收到 E-mail。

Timeout——交易超时或遇到错误。

OK——交易成功。

News——收到新闻。

Expert Advisor——由智能交易系统进行的交易，当执行"移动止损"时，修正"止损"定单。

Alert——智能交易系统进行报警。

十一、附加功能

1. 历史数据中心

历史数据中心可以在主菜单中运行"工具—历史数据中心"。在窗口的上部，列出有历史数据的金融品种（见附图 3-66）。当打开对应的图表时，从服务器中取出历史数据。在任何品种上双击鼠标，此品种的历史价格将会显示在下面的窗口。这些历史数据可以通过"添加"、"编辑"、"删除"这些帮助按钮进行修改。也可以通过"导入"和"导出"进行输入和输出。历史数据文件按照 SSSSSSPP.hst（其中 SSSSSS 是品种的名字，PP 是时间周期）文件名格式保存在"History"目录下。这些文件在测试交易策略时能够有特殊的用途。

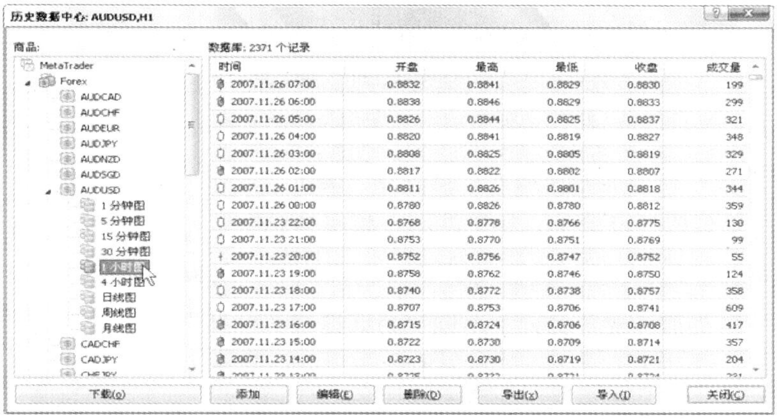

附图 3-66　历史数据中心

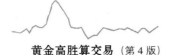

2. 行情输出

金融品种的动态价格行情是终端软件运行的基础。这些行情通过经纪商传输过来。这些价格数据可以画出金融品种的图表，研究金融市场，用于不同的交易策略和做出交易决定。

行情数据是一个有多条记录的文件，这些记录的格式为"SYMBOL、BID、ASK、DATE"（商品、买价、卖价、日期和时间），在连接上服务器以后，数据自动传输到终端上。

这个终端可以将最新的实时报价通过"DDE"（Dynamic Data Exchange，动态数据交换）协议的方式输出到另外的程序中。为了达到这个目的，必须将菜单中"工具—选项—服务器—启用 DDE 服务器"选中。

注意：历史数据不能通过 DDE 方式传输，并且最新的行情报价只有在终端软件运行的时候才能被传输。

DDE 执行的格式（"DDE–sample. xls"文件的例子）：

request BID：= MT4|BID！USDCHF result：1.5773

request ASK：= MT4|ASK！USDCHF result：1.5778

request HIGH：= MT4|HIGH！USDCHF result：1.5801

request LOW：= MT4|LOW！USDCHF result：1.5741

request TIME：= MT4|TIME！USDCHF result：21.05.02 9：52

request QUOTE：= MT4|QUOTE！USDCHF result：21.05.02 9：52 1.5773 1.5778 1.5776

十二、更换 MT4 服务器

MT 软件一个很重要的功能是可以添加其他公司的服务器，不需要再安装即可使用其他公司的服务。因每个公司提供的交易品种及软件稳定性不同，所以作为看盘工具有时候换个服务器是必要的。点菜单中"工具—选项—服务器"，在服务器编辑框把新服务器的 IP 地址（红字部分）输入，然后点"确定"按钮退出。重新注册模拟交易账户时，选择新服务器就可以了。如果已经有新服务器所属公司的用户名和账号，那直接选择新服务器登录就 OK。注意，MT 服务器只能更换同版本的，如 MT4 软件只能添加同样使用 MT4 的服务器。另外，不同交易商提供的杠杆选项不同，直接更换服务器不一定有交易商提供的杠杆比率，这时只能去下载交易商提供的版本了。更换服务器可以参考本书附录 1 的相关内容，祝大家在黄金交易的路上愉快前行！

附录4

贵金属分析常用网址

http：//www.kitco.com/

http：//www.kitco.cn/

http：//www.169gold.com/　黄金台

http：//www.goldtoutiao.com/　黄金头条

http：//www.dyhjw.com/　第一黄金网

http：//gold.hexun.com/research/　和讯黄金

http：//www.sharelynx.com/index2.php

http：//www.onlypricesmatter.com/

http：//www.tradingeconomics.com/united –states/real –interest –rate –percent –wb –data.html　美国真实利率

http：//stockcharts.com/h–sc/ui？ s=$ust10y：$ust1y　美国债长短期利差

http：//stockcharts.com/h–sc/ui？ s=$ust10y：$ust3m

http：//gold.forex.com.cn/index.php？ m=content&c=index&a=lists&catid=25　黄金深度分析

http：//blog.sina.com.cn/s/articlelist_1689050941_0_1.html　徐世维的博客

http：//bitcoincharts.com/charts/btceUSD　比特币走势

http：//stockcharts.com/h–sc/ui？ s=%24BPGDM　黄金多空情绪指标

http：//www.cboe.com/micro/gvz/introduction.aspx　黄金波动率指数

http：//blog.sina.com.cn/baitian2009　老白的博客

http：//www.diyizby.com/　第一纸白银网

http：//www.zhibaiyin123.com/　纸白银网

http：//www.zby.in/　纸白银论坛

http：//ag.cngold.org/　金投网　（白银频道）

http：//data.eastmoney.com/pmetal/cftc/baiyin.html　CFTC 贵金属持仓走势

http：//data.eastmoney.com/pmetal/etf/by.html　贵金属 ETF 持仓走势